FRONTEIRAS DA PARENTALIDADE E RECURSOS AUXILIARES

Blucher

FRONTEIRAS DA PARENTALIDADE E RECURSOS AUXILIARES

Pensando a clínica da primeira infância

volume 2

organizadora

Maria Cecília Pereira da Silva

Fronteiras da parentalidade e recursos auxiliares: pensando a clínica da primeira infância, volume 2

Publisher Edgard Blücher
Editor Eduardo Blücher
Coordenação editorial Jonatas Eliakim
Produção editorial Isabel Silva
Preparação de texto Amanda Maiara
Diagramação Negrito Produção Editorial
Revisão de texto MPMB
Capa Leandro Cunha
Imagem da capa iStockphoto

Blucher

Rua Pedroso Alvarenga, 1245, 4º andar
04531-934 – São Paulo – SP – Brasil
Tel.: 55 11 3078-5366
contato@blucher.com.br
www.blucher.com.br

Segundo o Novo Acordo Ortográfico, conforme 5. ed. do *Vocabulário Ortográfico da Língua Portuguesa*, Academia Brasileira de Letras, março de 2009.

Dados Internacionais de Catalogação na Publicação (CIP)
Angélica Ilacqua CRB-8/7057

Fronteiras da parentalidade e recursos auxiliares : pensando a clínica da primeira infância : volume 2 / organizado por Maria Cecília Pereira da Silva. – São Paulo : Blucher, 2022.
358 p.

Bibliografia
ISBN 978-65-5506-115-4 (impresso)
ISBN 978-65-5506-111-6 (eletrônico)

1. Psicanálise infantil. 2. Parentalidade. I. Silva, Maria Cecília Pereira da.

21-5030 CDD 150.95

Índices para catálogo sistemático:
1. Psicanálise infantil

Dedicatória

Para Izelinda Garcia de Barros, mãe de muitas gerações.

Para Luiz Henrique, Luiz Felipe, Luiz Artur, Julia, Maria Luiza, Beatriz e Pedro, pais das futuras gerações.

Agradecimentos

Finalizar um livro de tamanha envergadura só é possível com a colaboração de muitas pessoas.

Expresso aqui minha gratidão:

A todos os autores que participam dos dois volumes.

A Mariângela Mendes de Almeida, pelo prefácio, e Débora Regina Unikowski pelo posfácio.

Às palavras incentivadoras de Izelinda Garcia de Barros, Isabel da Silva Kahn Marin, Silvia Zornig, Regina Aragão e Rosa Tosta, da capa.

A Marie-Christine Laznik pela troca enriquecedora de tantos anos e sua companhia também na composição deste livro.

Às tradutoras dos artigos da Régine Prat apresentados na jornada, Tania Mara Zalcberg e Beatriz da Mota Tupinambá, e a Carla Braz Metzner pela tradução do artigo de Victor Guerra.

A Luana Callia e Maximiliano Guerra por cederem os artigos dos queridos Magaly Miranda Marconato Callia e Victor Guerra.

Às revistas que cederam os direitos autorais para esta publicação: *Revista Brasileira de Psicanálise*, *Jornal de Psicanálise*, *Revista da Sociedade Psicanalítica de Porto Alegre (SPPA)* e *Psychê: Revista de Psicanálise*.

A toda equipe editorial da editora Blucher, em especial a Isabel Silva pela paciência e pelo cuidado primoroso nas inúmeras revisões necessárias.

A toda equipe da Clínica 0 a 3 da Sociedade Brasileira de Psicanálise de São Paulo (SBPSP) pela parceria de tantos anos, que torna essa troca ainda mais apaixonante.

E a todos que ficam nos bastidores, embora presentes no coração.

Maria Cecília Pereira da Silva

Prefácio

É com o imenso prazer de um esperado reencontro que recebemos a coletânea que agora nos chega, em momento mais do que oportuno!

Desde o evento presencial que deu origem a este livro, anos de pandemia e isolamento social se passaram, desconstruindo a lógica habitual do tempo, desafiando as fronteiras da parentalidade e seus recursos auxiliares.

Como início de conversa, era maio de 2019 e nosso grupo da Clínica 0 a 3 da Sociedade Brasileira de Psicanálise de São Paulo (SBPSP), coordenado por Maria Cecília Pereira da Silva com colegas praticantes nesse campo clínico, já vinha há meses se mobilizando para conceber o evento e receber a convidada Régine Prat, em torno da qual os capítulos deste livro também se organizam.

A jornada "Fronteiras da parentalidade e recursos auxiliares: pensando a clínica 0 a 3" aconteceu antes da pandemia de covid-19 e, além da obra e de várias produções generosamente compartilhadas pela convidada internacional, muitos dos trabalhos aqui apresentados nasceram ou "se formaram família" em torno de nossos eixos pensados para aquele momento de reflexão sobre essa clínica dos primórdios da vida.

Embalados por imagens que aludiam à continência côncava de um bebê em rede de linhas e composições de formas e cores, anunciamos naquele momento: "A delicadeza e a força da clínica pais-bebês se re-inventam frente a novas fronteiras e desafios propostos à parentalidade. Neste encontro, discutiremos a diversidade de recursos que se propõem a auxiliar nas funções parentais..."

Figura 1 – Stage landscape *(1922), Paul Klee.*

Pouco (ou muito!!!) sabíamos o que estava por vir nos anos subsequentes que nos encontramos agora... Mais do que nunca, nossas fronteiras foram esgarçadas e nossos recursos demandados à exaustão, nos limites entre potencialidades e vulnerabilidades, nas encruzilhadas entre risco e resiliência, entre o inédito e o impensável.

Nesse sentido, os artigos podem ser olhados como produções capturantes de um tempo em constituição que nos instrumentalizam para o agora que se seguiu e para um futuro intangível... recursos auxiliares com toda a força de seu primitivo de acesso. Tal como as forças da natureza e nossos instintos animais captam sensorialmente os prenúncios de eventos cataclísmicos em suas fases primitivas e organizações arcaicas, evoco aqui imagens e sons de revoadas de pássaros antes de furacões, estados de alerta e comunicações infrassensoriais em momentos sensíveis a disrupções em processo de constituição, debandada de manadas em migrações frente a significativas ou repentinas mudanças na estabilidade de um hábitat natural... Tamanha sensibilidade e reações de proteção nos fazem pensar em comunicações infrassensoriais pré-catástrofes naturais vivenciadas instintivamente por animais, em suas conexões com nossos funcionamentos psíquicos e defesas naturais, incluindo aqui nosso instinto gregário e vincular para refletir conjuntamente e dar sentido a nossas angústias e aflições. Reconhecemos aqui esse estado muito praticado espontaneamente e de maneira constitutiva no campo da clínica do infantil.

Revisitando os artigos e rememorando algumas de suas discussões, não consigo afastar a instigante visão retrospectiva, claro que também no psicanalítico "só depois" de alguns elementos que passaram a, mais do que nunca, ou mais do que sempre, merecer nossa atenção: a cena clínica em trânsito, no tempo da transgeracionalidade; a transferência em trânsito, passando pelo corpo (também pelo nosso), pelo bebê e não só pelo psiquismo e representação dos pais; o *setting* ampliado, pela tela, pelo virtual, pelo tecnológico, recursos auxiliares e, mais do que isso, recursos que encarnaram o psicanalítico, não só veículos de condução, mas a re-emergência do toque como fio condutor dos afetos primeiros, reacendendo vivas polêmicas, a integração dos pais no tratamento das crianças, a reiteração dos vínculos, novas roupas para as técnicas interpretativas, os trânsitos no espaço, a ênfase no enquadre interno; a parentalização desafiada pela intensa convivência (oportunidade para desenvolver a continência lúdica ou se perder em multi-tarefas?), a relevância das intervenções psicanalíticas, o aumento crescente de demanda para nosso olhar e intervenção nos inícios da vida, nos vínculos e nos impasses da subjetivação, a abrangência do que nos ensina a clínica com bebês e seus pais para a atenção psicanalítica ao infantil em todos nós.

Convoco o leitor a visitar estes preciosos capítulos com visão binocular, em vários vértices, integrações e envolvimentos possíveis... Neste momento atual, quem sabe possamos falar até em visão trans-ocular? Podemos imaginar esse conjunto como um apanhado do estado da arte de anos de prática e aprofundamento conceitual no campo da clínica pais-bebês. Cada artigo condensa em si o sumo de uma experiência a ser comunicada, ancorada em referências integrando o clássico ao contemporâneo psicanalítico revisitado pela desafiadora modalidade pais-bebês em questão: o transgeracional transferido no aqui e agora da cena clínica ou observacional, aberto ao olhar em campo de pesquisa ou à intervenção ao mesmo tempo delicada e incisiva, tônica e vitalizante.

A maioria dos artigos se beneficia da modalidade de comunicação sintetizada e direta de uma apresentação oral para imediata discussão temática e retém esse frescor disponível ao leitor. Outros se aprofundam e permitem ao leitor um mergulho em referenciais básicos ou na detalhada microscopia da clínica da parentalidade e do fazer clínico conjunto com o bebê, a criança pequena, os pais, cuidadores, família estendida, entorno institucional e parcerias em coterapia.

São muitas as ofertas temáticas ao leitor, que transitará também pelos capítulos como em um evento presencial, encontrando conhecidos e novos pensadores, revistando presenças marcantes que deixaram contribuições importantes para a clínica com bebês, entre várias salas de convite ao pensar e ao intercâmbio de experiências: da observação à intervenção; da psicossomática flor da pele aos desafios propostos por estados sindrômicos no bebê; dos indicadores de risco ao trabalho clínico com os estados autísticos; da contemporaneidade tecnológica às suas incidências na construção da parentalidade; dos instrumentos nascentes a partir da consulta terapêutica à clínica transcultural; dos buracos negros, beleléus, barreiras e terras queimadas em traumatismos aos resgates pelos sonhos acompanhados; das reflexões acerca da ferramenta interpretativa em suas modalidades características da clínica de bebês aos aportes à psicanálise também de adolescentes, adultos e estados arcaicos, incorporando o diálogo das emoções encarnadas no corpo em campo transferencial; da nutrição simbólica compartilhada com o bebê e com a família aos alimentos oferecidos para a formação profissional de aprendizes clínicos psicanalíticos em trabalho conjunto.

Recomendo o passeio pelos textos que, acredito, apresentam de maneira viva todos os atributos que, como nos aponta Bernard Golse, caracterizam a clínica com bebês, sendo essa descritiva, interativa, contratransferencial, historicizante, transdisciplinar e transcultural. Golse, de maneira implicada, acrescenta à essa clínica mais uma palavra atualmente muito em voga: é contagiante! E como nestes tempos precisamos de bons contágios!

Gosto também de pensá-la como a clínica da delicadeza, porque mesmo a aproximação de aspectos dolorosos, violentos, sofridos, se faz com tempo e espaço, detalhes, nuances, vínculos e muito trabalho.

Percebemos prazerosamente esse contágio e essa dedicação, em nossas relações humanas, nos grupos de trabalho e nos projetos relacionados à essa área, como os grupos, encontros e parcerias que viabilizaram essa obra. Não à toa, grande parte dos artigos aqui apresentados foram não só escritos, mas realizados em duplas, grupos ou com retaguarda de uma estrutura institucional comunitária para a sua realização, que em sua base também são focados em relações vinculares.

Contagiante e delicado, sim, é esse campo das relações iniciais, porque atravessa a vida, que sempre se reinicia, seja ela como for, e nos atravessa a todos nesse viver e sonhar cotidiano, nos reenlaçando aqui, autores e leitores, nesse pensar e fazer psicanálise. Bom passeio!

Mariângela Mendes de Almeida

Conteúdo

Introdução

Maria Cecília Pereira da Silva

> *"Na barriga da mãe, não se tece apenas um corpo. Fabrica-se uma alma."*
>
> Mia Couto

Este livro foi escrito com o objetivo de compartilhar novos conhecimentos ligados ao nascimento dos bebês e de seus pais, a partir de vários trabalhos sobre a clínica da primeira infância e da parentalidade de autores brasileiros e estrangeiros. Régine Prat e Victor Guerra contribuem com trabalhos enriquecedores. A ideia da obra nasceu na Clínica 0 a 3[1] do Centro de Atendimento Psicanalítico da Sociedade Brasileira de Psicanálise de São Paulo (SBPSP), um

1 Participam da Clínica 0 a 3: Alessandra Gordon, Ana Balkanyi Hoffman, Beatriz Tupinambá, Celina Sforza, Cristiane Folino, Diva Aparecida Cilurzo Neto, Eliane Saslavsky Muszkat, Elsa Vera Kunze Post Susemihl, Fatima Maria Vieira Batistelli, Gabriela Zemel, Luciana Stoiani, Maria Cecília Pereira da Silva, Maria Cristina B. Boarati, Maria do Carmo M. Davids do Amaral, Maria Helena A. Hessel Pipponzi, Maria José Mazzonetto, Maria Lúcia Gomes de Amorim, Mariângela Mendes de Almeida, Miriane de Toledo Heinrich, Olivia

grupo que se reúne desde 2005 e tem se dedicado a pensar a clínica e a teoria da intervenção psicanalítica na primeira infância.

Antes mesmo que a pandemia chegasse, já nos preocupávamos com os recursos auxiliares às funções parentais – às vezes úteis, outras vezes excessivos – utilizados pelos pais e/ou cuidadores, nos nossos tempos. Uma jornada foi organizada para tratar desse tema em 2018. Régine Prat, nossa convidada, inaugurou as atividades com a conferência Fronteiras da Parentalidade e Recursos Auxiliares: Pensando a Clínica 0 a 3, que inicia o primeiro volume.

São trabalhos atemporais e também úteis para refletir sobre a parentalidade nesses tempos conturbados de covid-19, em que buscamos despertar o olhar para as necessidades dos bebês e para as relações iniciais com seus cuidadores.

Pensar a parentalidade e os recursos auxiliares em suas diversas dimensões nos leva a refletir sobre os vários aspectos da construção da parentalidade. Nós sabemos que a parentalidade não é dada. Não nascemos pais ou mães, tornamo-nos pais... O bebê "faz" seus pais, assim como os pais fazem o bebê existir. O bebê é um parceiro ativo na construção da parentalidade.

A parentalidade é um complexo processo psicológico implicado nos vínculos que têm por base a afiliação. Situa-se no encontro entre o psíquico e o social e envolve, portanto, preparação e aprendizagem. A criança, em seu desenvolvimento, constrói e parentaliza seus pais, demandando-lhes uma constante autorredefinição no tempo e na relação com o mundo e com os outros. Em função disso, os leitores são convidados a refletir sobre importantes questões que dizem respeito ao processo da parentalidade e às possíveis

---

Arno Caminoto, Monica Povedano, Patricia Elena Bertini Scomparin Rossetti, Raquel Andreucci Pereira Gomes, Maria Tereza Pinheiro Castelo, Wadad A. Hamad Leoncio.

intervenções terapêuticas, visando fortalecer o desenvolvimento das funções parentais e do bebê.

A construção da parentalidade se dá por meio das relações dos pais com seu filho, implicando níveis conscientes e inconscientes do funcionamento mental, que vão muito além do que costumamos denominar de função dos pais. Para além da procriação e da função biológica, a *parentalidade* é produto do parentesco biológico e do processo de tornar-se pai e mãe. É uma reflexão sobre a descendência que implica em um complexo processo psíquico-simbólico que articula diferentes perspectivas teóricas num contexto psicossocial. O conceito de *parentalidade*, portanto, contém a ideia da função parental e de parentesco, bem como a história da origem do bebê e das gerações que precedem ao seu nascimento (Solis-Ponton, 2004). Esse conceito oferece uma compreensão para as novas configurações familiares, com as famílias homoparentais, as famílias reconstituídas, as famílias monoparentais e os novos processos de reprodução.

O trabalho com pais e seus filhos pequenos difunde-se pelo mundo com nomes diversos: consulta terapêutica, intervenção precoce, intervenção a tempo ou oportuna, consulta educativa para pais ou, como optamos, intervenção nas relações iniciais pais-bebês. Mesmo com abordagens teóricas diferentes, todos os modelos psicanalíticos de intervenção se mostram eficazes e demonstram uma preocupação com que a criança ocupe um lugar de sujeito na família.

A intervenção nas relações iniciais, oriunda do modelo de consulta terapêutica de Winnicott (1971/1984) e de Lebovici (1986), se propõe a: ajudar os pais a olhar através dos olhos da criança; a compreender as ansiedades, as necessidades, os comportamentos e as comunicações das crianças; discutir a "moda de se medicar" para aliviar sintomas (a posição depressiva é fundamental para o desenvolvimento emocional); desenvolver a capacidade de mentalização (Fonagy et al., 2002); contribuir para que os pais discriminem os incômodos das crianças de transtornos ou desordens emocionais (muitas vezes as dificuldades da criança no desenvolvimento são vistas como doença). E, ainda, desenvolver a função materna e paterna e recuperar o infantil no adulto; discriminar os problemas dos pais que são projetados sobre as crianças; auxiliar os pais a lidar com situações de ansiedade impensável e encorajar a confiança em suas capacidades, buscando redes de sentido (Silva, 2002; Mendes de Almeida, Silva & Marconato, 2004; Silva, 2012; Silva & Mendes de Almeida, 2019).

Na Clínica 0 a 3, que recebe pais e seus bebês com queixas de transtornos indicativos de dificuldades no vínculo, distúrbios do sono, alimentação/amamentação, extrema agitação ou irritabilidade, atraso na fala ou dificuldade no relacionamento social, procuramos: favorecer a disponibilidade emocional da mãe para o cuidado do bebê e a identificação de suas necessidades físicas e emocionais; apontar as competências da mãe, legitimando a função materna ou oferecendo suporte diante dos conflitos com a figura materna; assinalar o espaço de cada um na dupla mãe-bebê especialmente quando a figura do pai for ausente; e contribuir para a subjetivação da mãe, indicando as mínimas competências no cuidado com o bebê (Silva, 2014).

Além disso, busca contribuir para a subjetivação do bebê, possibilitando que os pais identifiquem e atendam os diferentes significados das demandas físicas e emocionais do bebê; sinalizar aspectos inconscientes e duplas mensagens obstaculizantes do exercício da função parental e do desenvolvimento do bebê; desenvolver a função paterna para embalar a dupla mãe-bebê para a mãe maternar (pai e avós); e oferecer um modelo de atendimento pais-bebê ou terapia individual para a mãe, quando necessário (Silva, 2014).

Dentre os desafios dessa clínica está o abdicar de qualquer julgamento moral e ser capaz de compreender a parentalidade dentro do universo cultural, social e emocional dos pais, reconhecendo suas potencialidades e buscando um sentido para os percalços cotidianos da relação pais-crianças.

Buscamos com nossas intervenções contribuir para que os pais sejam capazes de: gerar amor *versus* incitar o ódio; promover a esperança *versus* semear desespero; conter a dor depressiva *versus* emanar ansiedade persecutória; e promover o pensar *versus* criar confusão (Meltzer & Harris, 1986/1990).

Nosso papel, portanto, é o de co-criar, co-construir e, juntos, poder trocar e confrontar nossas percepções com a dos pais e filhos para possibilitar modificações. Transformar as competências do bebê em performances (Lebovici, 1986, 1991, 1993) Não se trata de dizer como ser ou como é preciso fazer, mas de permitir que as capacidades dos pais surjam e que nós as sustentemos (Moro, 2005).

O leitor vai encontrar trabalhos instigantes sobre os recursos implicados no exercício da parentalidade nos tempos atuais, divididos em dois volumes abarcando várias fronteiras presentes nesse tema. A Parte I do primeiro volume, *Fronteiras da parentalidade e recursos auxiliares: pensando a clínica 0 a 3*, contém diversos capítulos que ilustram os recursos dessa clínica do *infans*, relatando detalhadamente a experiência clínica e a intervenção diante de sintomas dos bebês.

A seguir, na Parte II, estão os *Recursos interpretativos, teoria e técnica psicanalítica da Clínica 0 a 3*, em que são descritos instrumentos para incrementar as intervenções na clínica 0 a 3, uma clínica recheada de ações interpretativas, com várias situações clínicas.

Prosseguimos para o volume 2, com a Parte III, discutindo os *Recursos constitutivos do olhar psicanalítico: observando o psiquismo primitivo*, em que a clínica das emoções se apresenta com os estados arcaicos de mente, destacando a importância da observação de bebês segundo o método de Esther Bick e as contribuições do olhar psicanalítico dentro da observação de bebês.

Na Parte IV, os *Recursos psicanalíticos diante de indicadores precocíssimos de risco* chamam a atenção do leitor para a importância da detecção de riscos de autismo precoces e suas intervenções. Em *Recursos tecnológicos: andaimes construtivos ou substitutos imediatos dos cuidados parentais?*, Parte V, essa questão tão contemporânea da presença das mídias e dos aparatos tecnológicos, que auxiliam nos cuidados com o bebê, e também presentes nos contextos familiares e infantis, é discutida para ampliar nossas reflexões em favor de promover a intersubjetividade e a prevenção de encapsulamentos psíquicos. Com os *Recursos terapêuticos de uma clínica interdisciplinar*, Parte VI, procura-se mostrar como essa clínica da primeira infância conta com um trabalho em rede com profissionais de outras áreas e é, portanto, uma clínica interdisciplinar.

E por último, na Parte VII, *Recursos presentes na clínica transcultural*, ilustra-se a construção da parentalidade com uma família boliviana, contando com os comentários de Régine Prat sobre essa intervenção. Apresenta como a clínica transcultural contribui para o exercício da parentalidade no exílio, onde os elementos culturais se misturam e se imbricam com os elementos individuais e familiares de maneira profunda e precoce (Moro, 1998, 2005, 2015). Especialmente durante a gravidez, por seu caráter iniciático, os elementos míticos, culturais e fantasmáticos vêm à tona e reavivam representações por vezes adormecidas ou aparentemente superadas diante das mil e uma maneiras de acolher o bebê, apresentar-lhe o mundo e subjetivá-lo.

A partir de todos os capítulos o leitor descobrirá que, além de ser terapêutica, a clínica da parentalidade é fundamentalmente uma clínica preventiva que permite que desencontros iniciais não se cristalizem em sintomas que demandem cuidados secundários e interfiram no desenvolvimento emocional do bebê e nos sentimentos de confiança dos pais, tão necessários para o exercício da função parental.

Para concluir gostaria de assinalar que livros e orientações não faltam às famílias que nos procuram, mas muitas vezes carecem de uma base de sustentação emocional para que possam ser seguidas ou para que possam ser consideradas como significativas ou adaptáveis para cada momento da relação pais-bebês (Silva & Mendes de Almeida, 2009). A escuta dos aspectos emocionais e relacionais, cerne de nossa formação psicanalítica, nos convida a ir além da orientação e dos aspectos funcionais para captar o que está nas entrelinhas das queixas apresentadas pelos pais, reconhecendo as necessidades e demandas emocionais dos bebês e desfazendo os fantasmas presentes na relação (Fraiberg, 1975).

Assim, este livro, se constitui em um instrumento para a formação de todo profissional que trabalha com pais e crianças pequenas. Ao longo dos dois volumes o leitor encontrará diversos recursos e perspectivas para avançar nesse campo complexo que envolve a parentalidade, prevenindo a cristalização do sofrimento infantil. É também um convite para pensar na ligação social, na dimensão intersubjetiva e intrapsíquica para a construção de uma clínica da parentalidade como um lugar facilitador para o desenvolvimento das crianças que se tornarão adultos do século XXI.

Como uma grande barriga, parafraseando Mia Couto, esperamos que, com este livro, o leitor possa tecer uma trama consistente para uma clínica da primeira infância que gere uma verdadeira fábrica de almas!!!

Referências

Couto, M. (2015). *Mulheres de Cinza*. São Paulo: Companhia das Letras.

Fonagy, P., Gergely, G., Jurist, E., & Target, M. (2002). *Affect regulation, mentalization, and the development of the self.* New York: Other Press.

Fraiberg, S. (1975). Ghost in the nursey. *J. Amer. Acad. Child Psychiat.*, *14*, 387-421.

Lebovici, S. (1986). À propos des consultations thérapeutiques. *Journal Psychanalyse de l' Enfant*, *3*, 135-152.

Lebovici, S. (1991). Des psychanalystes pratiquent des psychothérapies bébés-parents. *Rev. Franç. Psychanal.*, *56*, 733-857.

Lebovici, S. (1993). On intergenerational transmission: From filiation to affiliation. *Infant Mental Health Journal*, *14*(4), 260-272.

Meltzer, D., & Harris, M. (1990). *Familia y Comunidad: Modelo Harris-Meltzer*. Buenos Aires: Spatia Editorial. (Publicado originalmente em 1986)

Mendes de Almeida, M., Silva, M. C. P., & Marconato, M. M. (2004). Redes de sentido: evidência viva na intervenção precoce com pais e crianças. *Revista Brasileira de Psicanálise*, *38*(3), 637-648.

Moro, M. R. (1995). Le fundaments théoriques de l'ethnopsyquiatrie parents-enfant. In *Parents en Exil* (pp. 47-94). Paris: PUF.

Moro, M. R. (1998). *Psycotherapies transculturelle des enfants et des adolescentes*. Paris: Dunod.

Moro, M. R. (2005). Os ingredientes da parentalidade. *Revista Latinoamericana de Psicopatologia Fundamental*, *8*(2), 258-273.

Moro, M. R. (2015). Psicoterapia transcultural da migração. *Psicologia USP*, *26*(2), 186-192.

Silva, M. C. P. (2002). Um self sem berço. Relato de uma intervenção precoce na relação pais-bebê. *Revista Brasileira de Psicanálise*, *36*(3), 541-565.

Silva, M. C. P. (2012). Embalando o sono do bebê: contendo as transferências das relações iniciais pais-bebê. *Alter: Revista de Estudos Psicanalíticos*, *30*(2), 83-95.

Silva, M. C. P. (2014). *A construção da parentalidade em mães adolescentes: um modelo de intervenção e prevenção*. São Paulo: Escuta.

Silva, M. C. P., & Mendes de Almeida, M. (2009). *Embalando o choro de pais e bebês: A demanda por uma escuta em rede:* Texto apresentado na jornada: O bebê hoje: rede parental e profissional. São Paulo: SBPSP.

Silva, M. C. P., & Mendes de Almeida, M. (orgs.). (2019). *Infância, vínculos e diversidade profissional: Espaços para interlocução*. São Paulo: Blucher.

Solis-Ponton, L. (dir.) (2004). *Ser pai, ser mãe: parentalidade: um desafio para o terceiro milênio. Uma homenagem internacional a Serge Lebovici* (M. C. P. da Silva, ver. técnica da tradução). São Paulo: Casa do Psicólogo.

Winnicott, D. W. (1984). *Consultas terapêuticas em psiquiatria infantil*. Rio de Janeiro: Imago. (Publicado originalmente em 1971)

Parte III

Recursos constitutivos do olhar psicanalítico: observando o psiquismo primitivo

15. O diálogo das emoções[1]

Régine Prat

Tradução: Nilde J. Parada Franch

Revisão da tradução: Luiz Carlos Menezes e Regina Weinfeld Reiss

Psicanálise e observação

É difícil ocultar o debate de fundo sobre o confronto entre a observação e a psicanálise. Numerosas e fecundas ocasiões de troca (Anzieu, 1985, p. 26) levaram-me a tentar precisar uma orientação e uma referência teórica específica na abordagem de uma certa maneira de observar bebês a partir de um pensamento psicanalítico (Prat, 1986).

* * *

O próprio termo – observação – está ligado implicitamente a metodologias diversas. É habitual opor-se a observação empírica à observação científica. O pensamento científico será resultante dessas duas ordens de experiências.

O problema que se coloca habitualmente a propósito da observação é o de sua objetividade: "O observador deve ser o fotógrafo

---

1 Publicado originalmente na *Revue Française de Psychanalyse, 53*(5), 1345-1372, 1989. Publicado também em *Jornal de Psicanálise, 25*(48), 129-159, 1992.

dos fenômenos; sua observação deve representar exatamente a natureza" (Bernard citado por Foulquié, 1969, p. 493).

No que concerne à teoria construída a partir da observação, o problema será colocado em nível da ligação entre teoria e fenômeno observado, isto é, trata-se do problema da validade da lei geral formulada a partir da interpretação dos fatos observados.

Quanto mais nos distanciamos de uma realidade observável, mensurável e suscetível de ser reproduzida em condições experimentais, mais facilmente se poderá questionar a objetividade da observação e a validade da teorização. É o problema das chamadas ciências "humanas" em que o objeto de estudo é constituído por fenômenos humanos apenas imperfeitamente mensuráveis.

* * *

A observação de que tratamos aqui situa-se no interior desse *corpus* geral das ciências humanas e, mais particularmente, em *filiação direta com a psicanálise* (essa filiação conduziu à formulação abusiva de "observação psicanalítica"). O postulado básico da psicanálise poderia ser assim formulado: a partir do material que reúne tudo o que é dado a ver e ouvir, trata-se de extrair o sentido latente, inconsciente, ligado aos conflitos infantis e aos movimentos pulsionais.

Mas o desvelamento dos processos inconscientes na psicanálise não tem sentido senão no próprio interior do campo teórico do pensamento psicanalítico e não pode se constituir em uma validação ou em uma demonstração dele.

O fundamento do pensamento psicanalítico não foi uma observação mais fina ou mais precisa das manifestações histéricas por Sigmund Freud; mas a interpretação dessas manifestações e o material da cura podem ser considerados como observação indireta que se confronta com a teoria, modulando-a e modificando-a.

Solicitando a seus discípulos e fazendo, ele próprio, observações diretas de crianças, Freud (1982a) tinha a esperança de uma validação: "Mesmo o psicanalista pode confessar o desejo de uma demonstração mais direta de suas proposições fundamentais, obtida por caminhos mais curtos" (a respeito das hipóteses sobre a sexualidade infantil).

Hoje somos obrigatoriamente mais modestos e parece-me que podemos falar de ilustração mais que de demonstração. Entretanto, o apoio em observações diretas parece ser ainda uma necessidade.

Pode-se dizer, assim, que a psicanálise se forja em uma dialética permanente entre suas proposições teóricas e os dados observáveis, direta ou indiretamente, na abordagem terapêutica.

* * *

A questão que se coloca, então, é saber *quais dados observáveis seria legítimo considerarmos* para confrontá-los com o modo de abordagem da psicanálise. A crítica sobre a observação feita por Bertrand Cramer deriva dessa questão. Assim, ao dizer:

> *Qual o valor simbólico do comportamento? Em que medida se pode comparar o valor semântico do gesto e da palavra? Que abertura sobre o inconsciente pode proporcionar a leitura do comportamento? Pode-se criar ou recriar uma fantasia inconsciente a partir do comportamento de uma criança de quinze meses, como se faria em análise, a partir de um conteúdo manifesto? (Cramer, 1979, p. 121-122)*

Ele coloca, com relação à observação direta, a mesma questão que alimentou, há alguns anos, inúmeras polêmicas sobre psicanálise de crianças. Seria legítimo considerar como um material as produções não verbais da criança como o brincar, os desenhos, e tratá-las da mesma maneira que tratamos as produções verbais do adulto, isto é, submetê-las à interpretação? Atualmente, a resposta parece positiva, o que não constituiu definitivamente uma demonstração da cientificidade da psicanálise de crianças (não mais que da psicanálise de adultos).

Sem querer dar a este texto uma dimensão muito polêmica, parece-me que só podemos nos surpreender com esses movimentos pendulares repetitivos no movimento psicanalítico. Um sociólogo ou um etnólogo talvez vissem aí sinal de uma necessidade de reasseguramento da parte de um grupo que, confrontado com uma crítica que não pode minimizar, nem refutar, só tem como solução para perpetuar sua existência definir um subgrupo, que ele exclui, aplicando-lhe a mesma crítica. É ainda essa mesma questão da legitimidade que é o vetor das discussões sobre a psicanálise de crianças muito pequenas, antes da aquisição da linguagem, ou das crianças sem linguagem estabelecida, psicóticas ou autistas (Tustin, 1986), e, de forma mais geral, de *pacientes que não têm acesso à simbolização.*

Os analistas que realizam esse tipo de tratamento preferem considerar que os comportamentos dessas crianças constituem o material: mesmo que não tenham para a criança um valor simbólico, no sentido cognitivo do termo, eles são, contudo, considerados como portadores de um sentido, sinais aparentes de movimentos pulsionais inconscientes e de angústias primitivas e, dessa forma, interpretáveis segundo o método psicanalítico.

Esta mesma questão vai ser aplicada à *observação de bebês*, com uma nuance: não se trata mais da legitimidade do confronto do que é visto do comportamento do bebê com o método psicanalítico, mas do confronto *hors cadre*[2] com o pensamento psicanalítico. Bertrand Cramer (1987) critica a observação de bebês da seguinte maneira:

> *Nesse enfoque, imagina-se que a proximidade com o bebê equivale à proximidade com o inconsciente.*
>
> *Isto pressupõe duas posições:*
>
> *a) Que se pode apreender o inconsciente diretamente, uma vez que não temos que nos ocupar da elaboração defensiva;*
>
> *b) Que o mais infantil é identificado com o mais inconsciente. Procura-se, então, atingir o inconsciente em estado bruto, como o ouro depurado das impurezas. (Cramer, 1987, p. 227)*

Ele parece, dessa forma, desconhecer a filiação analítica desse método tão particular de observação de bebês: aqui igualmente, trata-se de confrontar, a *posteriori*, os dados observados, que constituem apenas o manifesto, com o pensamento psicanalítico para tentar, por um caminho teórico e não mais terapêutico, extrair o conteúdo latente suposto, após a sessão de observação. Pretender observar as pulsões em estado nativo não teria o menor sentido: neste método, trata-se de *observar muito acuradamente movimentos mímicos e comportamentos*. Em um segundo momento, formular-se-iam hipóteses sobre os movimentos pulsionais, defensivos e identificatórios subjacentes.

O que se apresenta de muito diferente neste método é que não há retorno dessas hipóteses e também não há interpretação.

---

2 A autora se refere aqui ao fato de que a observação de bebês se passa fora do enquadre e dos propósitos de uma sessão de análise [N. R.].

O método de observação constitui uma das contribuições para aumentar "o conhecimento das crianças pelo pensamento psicanalítico" (inspirando-nos no título dado por Serge Lebovici (1977) à sua obra). André Green (1979) nos alerta para os perigos da reificação da criança e para a ilusão de que a infância constituiria um em si portador único e evidente de sentido.

> *Tudo que nos vem da infância é essencial para a teoria psicanalítica, mas essa reflexão só tem valor na medida em que nos leva a pensar, e o que ela fornece como alimento à nossa estimulação teórica dependerá sempre do enriquecimento daquele que se dedicou a seu estudo. (Green, 1979, p. 40)*

Ou ainda,

> *... à observação direta ou longitudinal, ao enfoque naturalista, à apreciação das relações familiares, faltará sempre uma dimensão essencial, a saber, a* dedução *do funcionamento intrapsíquico que, somente ele, poderá nos dizer não como alguém viveu tal situação ou tal evento, mas como interiorizou e interpretou aquele que foi seu ambiente humano. É esta a verdadeira ciência do sujeito para a qual a psicanálise pode contribuir. (Green, 1979, p. 32)*

A este alerta contra a reificação da criança é necessário acrescentar um outro, contra os perigos da reificação da teoria.[3]

---

3 A autora se refere aqui ao fato de que a observação de bebês se passa fora do enquadre e dos propósitos de uma sessão de análise (N. T.).

Uma teoria psicanalítica que se afirmasse como um dogma levaria à erradicação de toda criatividade em seu próprio seio, da mesma maneira que na prática psicanalítica o analista que estivesse, durante a sessão, dominado pela necessidade de confrontar suas teorias com o material de seu paciente seria incapaz de escutá-lo.

É nesse sentido que se pode compreender a atitude de *tabula rasa* recomendada por Esther Bick (1964) durante a sessão de observação.

Fazer *tabula rasa* dos conhecimentos teóricos não significa a obrigação de não ter nenhum conhecimento. Esse método bastante específico de observação de bebês tem um sentido de experiência formadora para os analistas. A teoria psicanalítica está, portanto, presente ali, preexistente na própria qualidade do observador-analista, sua experiência pessoal e sua experiência como terapeuta.

A atitude de tabula rasa consiste em ser tão livre quanto possível em relação aos próprios pressupostos pessoais e teóricos, a fim de poder observar as coisas mais inesperadas que podem aparecer, poder retê-las e em seguida pensá-las.

Isto constitui um paralelo absoluto em relação à atitude de neutralidade recomendada para o analista.

Corpus *teórico*

Se levarmos em consideração os trabalhos kleinianos e pós-kleinianos nos que formularam hipóteses sobre o desenvolvimento inicial do psiquismo, chegaremos a um *corpo* teórico que nos permite encontrar um sentido para o que podemos observar das primeiras manifestações de um bebê e que se revela um fecundo instrumento de trabalho no tratamento de crianças psicóticas e autistas.

A seguir, proponho um rápido exame dessas teorias, destacando alguns conceitos-chave que encontrarão apoio em minha própria experiência.

* * *

O mundo sensorial do bebê não começa com o nascimento, mas já na vida intrauterina. O próprio nascimento vai ser, então, vivido (Bion, 1962) como uma "mudança catastrófica", isto é, uma desordem total e súbita de todos os dados anteriormente vividos, uma *ruptura da continuidade*. Não se trata de uma nova teoria sobre o trauma do nascimento; o que é central, aqui, é investigar a natureza da experiência sensorial e emocional vivenciada pelo bebê.

O bebê vive essa sensação de perda continente junto com a descoberta da gravidade, como uma sensação de queda e de esfacelamento ou, mais exatamente, de derramamento por perda dos limites continentes.

* * *

Esther Bick (citada por Haag, 1980) desenvolveu amplamente essas noções e nos mostra que, para o bebê, o problema central será o de ser contido ou de se conter, para lutar contra suas angústias primitivas de queda, pondo em funcionamento o que ela chama de agarramentos,

> *de modo que o trauma do nascimento é constituído aproximadamente:*
>
> *a) do fato de que em nenhum outro momento posterior o bebê sentirá uma claustrofobia igual à que sente quando passa pelo canal genital para sair;*
>
> *b) e jamais sentirá uma agorafobia igual à que sente quando sai, ao encontrar o espaço infinito, e*

> *particularmente porque, não tendo vivido até então a sensação da gravidade que sentirá do lado de fora, ele é como um cosmonauta no espaço sem sua vestimenta espacial. (p. 27)*
>
> *O único meio de sobreviver, nesse primeiro momento, é colar-se, aderir . . . é uma identidade adesiva. (pp. 90-91)*
>
> *Quando se trata de uma mãe não suficientemente boa para contenção . . . o bebê tem que se agarrar a outras coisas, como por exemplo a uma forte luz, a um som ou aos objetos do quarto. (p. 165)*

Ou ainda enrijecendo sua própria musculatura realizando movimentos que Esther Bick (1980) chamou de "movimentos non stop" (p. 93).

Desse modo, então, o bebê deve encontrar à sua volta um "objeto-continente ótimo" que acalme suas angústias de queda, que lhe permita restabelecer a continuidade com os elementos da vivência pré-natal e a interiorização de uma "pele" que mantenha unidas as diversas partes da personalidade. Encontramos, nesse enfoque de Esther Bick (1980), a qualidade de *holding* da "mãe suficientemente boa" de Winnicott.

* * *

O que Esther Bick (1980) descreve como angústia de queda encontra equivalência na terminologia de Bion (1962) no que ele chama de "angústia catastrófica" ligada à ruptura da continuidade.

A busca da continuidade a partir dos elementos da personalidade pré-natal levou Bion (1962) a falar apenas em "censura" do nascimento, "o que nos ajuda a corrigir nossos preconceitos sobre uma visão catastrófica" (Meltzer, 1986). Se seguirmos a proposta do pensamento bioniano podemos, então, representar a vivência do bebê ao nascer da seguinte forma: o bebê é assaltado por uma multiplicidade de estímulos novos e violentos, tanto externos (ruídos, luzes) como internos (tensões, fome etc.), que de início, ele não tem recursos para integrar, para compreender. Trata-se de sensações corporais brutas e não organizadas que Bion (1963) denominou elementos beta.

Podemos, então, conhecer o que vai ser desenvolvido primitivamente pelo bebê como tentativas de sobreviver a essa violência, a esse caos, desembaraçando-se desses elementos.

A contribuição fundamental de Bion (1965) será situar esses mecanismos de evacuação no interior do próprio psiquismo e examinar de que forma serão constitutivos do aparelho psíquico; assim, aquilo que vemos no comportamento, a descarga motora, por exemplo, constitui a marca de um movimento psíquico que lhe é equivalente.

Esses elementos beta sentidos, não pensados e impensáveis:

> *. . . só podem ser evacuados, e isto acontece provavelmente por intermédio da identificação projetiva. Esses elementos betas são tratados por um processo de evacuação semelhante aos movimentos musculares, às mudanças de mímicas etc., que, para Freud, servem para descarregar a personalidade de um aumento de excitação e não para introduzir mudanças no ambiente. (Bion, 1962/1979, p. 31)*

A primeira ação do aparelho psíquico – que nesse estágio Bion (1962) chama de protomental – será, portanto, a *projeção de elementos beta.*

Esses elementos betas projetados deverão ser, em um segundo tempo, reunidos e transformados para serem carregados de sentido; isto só pode acontecer no encontro com um objeto continente do psiquismo e é este o papel que a mãe irá desempenhar. Bion (1962) se situa muito próximo da descrição da função materna feita por Winnicott (1971). O estado de hipersensibilidade da mãe torna-a capaz de se identificar com o bebê, mas, dentro da perspectiva bioniana, isso acontece como consequência de sua capacidade para receber as projeções desses elementos beta não organizados.

Prosseguindo o paralelismo com Winnicott (1971), pode-se dizer, então, que a mãe suficientemente boa deve assegurar ao bebê um *holding* físico satisfatório.

Essa atividade de pensamento que a mãe realiza a serviço do bebê, que Bion (1962) chama de "capacidade de *rêverie*", é que vai permitir a transformação do sem-sentindo em sentido, do não ligado em ligado, do não pensado em pensado.

O pensamento é, então, em sua essência uma atividade de ligação e de transformação.

A denominação função alfa permite caracterizar certos aspectos do funcionamento do pensamento correspondentes a essa atividade de ligação e de transformação de elementos da experiência emocional bruta primitiva: o pensamento criativo, as lembranças, a memória, o registro do pensamento, a linguagem, os pensamentos do sonho e esta função particular que Sigmund Freud havia pressentido e que Bion irá desenvolver: a "atenção".

Se Bion (1962, 1963, 1965) construiu, assim, um modelo de desenvolvimento do pensamento, seria um erro e um enfoque reducionista concebê-lo como um contínuo linear. No próprio interior do psiquismo vão coexistir ou se superpor momentos de funcionamento protomental, como na mentalidade de grupo, segundo o modelo do tratamento dos elementos beta-parte psicótica da personalidade – e momentos de funcionamento do pensamento, segundo o modelo da ligação, da transformação.

Assim, é a análise dos próprios processos de pensamento que pode ser empreendida e, em particular, a análise dos momentos ativos de destruição da capacidade de pensar ou dos momentos de desorganização da vivência do pensar.

No processo analítico, a análise da contratransferência poderá revelar uma das modalidades desses mecanismos relacionados com as projeções do paciente: o mecanismo de identificação projetiva (Meltzer, 1984a, 1984b).

É precisamente nesse aspecto primitivo da comunicação que estou mais particularmente interessada, a partir de uma experiência de observação de um bebê na família segundo o método de Esther Bick (1964).

As teorias sobre identificação projetiva me pareceram particularmente fecundas para trazer novas luzes a aquilo que agrupamos sob o termo intuição, sensibilidade, comunicação infra verbal ou transmissão afetiva (Wallon, 1991), e que utilizamos cotidianamente em nossa prática terapêutica.

Projeção – desorganização: os elementos beta

Inicialmente, algumas palavras sobre o método:

Um observador com formação psicanalítica se dirige a uma família que o tenha aceitado, família comum por assim dizer, em que não se notou, *a priori*, qualquer sinal manifesto de patologia.

Partindo essencialmente desses critérios, a família é sondada por um intermediário, que deixa os pais à vontade para recusar e deverá contribuir para estabelecer uma relação de confiança prévia com o observador.

O observador encontra a mãe no final da gravidez e, se for aceito, a observação terá início a partir do nascimento, com frequência de uma vez por semana. Prosseguirá por um ano ou dois, algumas vezes mais.

A "regra fundamental" do observador é jamais interferir, isto é, não interferir mesmo sob a forma mais leve, jamais fazer perguntas ou dar conselhos, fazer solicitações etc. Isso não significa, evidentemente, um silêncio que seria vivido como agressivo diante de eventuais questões da mãe, mas define um campo de palavras e expressões que deve ser preservado de riscos de interferência e de alteração da situação observada.

É uma situação peculiar em que o observador, despojado de seus modelos habituais de relacionamento e de seus esquemas de pensamento, entra semanalmente na intimidade de uma família, sem que se trate de uma visita social.

Aliás, o desejo de ver um bebê se desenvolver no seio de uma família é a solicitação formulada pelo observador e é uma situação radicalmente diferente de sua prática profissional, em que pacientes e pais solicitam seus serviços.

Evidentemente, não se faz nenhuma anotação durante a sessão, que dura geralmente uma hora. Ao fim desta hora, o observador redige um relatório, tão preciso quanto possível, de tudo que observou, tanto da relação como das manifestações do bebê, levando em consideração os mais ínfimos detalhes que tenha podido registrar e memorizar.

Cada um desses relatórios em seguida é apresentado a um grupo de trabalho. Nessa terceira etapa essencial, será extraído um sentido desse conjunto de dados observados. Todos os observadores confrontados com essa situação singular e paradoxal sentem com notável intensidade um impacto emocional frequentemente perturbador e sempre inesperado.

Desejo deter-me na análise dessa vivência emocional do observador e nas questões pertinentes a ela.

* * *

Desejaria partir de minhas *primeiríssimas impressões* tais como eu as vivi originalmente quando de minha primeira observação.

Eu já tinha encontrado a Sra. L., havia pouco mais de um mês, para uma visita pré-natal. Preparo-me para voltar a vê-la assim que o bebê nascer. Steren, a filha, está agora com 9 dias de idade. Antes mesmo de chegar, sinto-me invadida por uma onda de emoções que contrastam com meu desejo de iniciar esta experiência, preparada de longa data e que fazia parte de minha formação psicanalítica.

Encontro-me em um estado de inquietude febril exacerbada, acrescido de um sentimento de incapacidade total de estar à altura dessa tarefa.

Ao fim dessa primeira observação, no caminho de volta, sinto medo de estar inteiramente perdida e fico por um longo tempo parada em uma encruzilhada, hesitando quanto ao caminho a tomar, com o sentimento de não conhecer o lugar onde me encontro. Uma vez que a observação se realizava na cidade em que resido há muitos anos, creio que podemos falar de um estado de confusão.

Esses sentimentos de incapacidade e essa vivência de confusão são habitualmente descritos pelos observadores quando de suas primeiras observações. Aliás, parece-me útil informar que esses estados não me são habituais.

O confronto com bebês e suas mães não é uma novidade para mim e, por outro lado, eu própria sou mãe.

Nas observações posteriores, em ressonância com a percepção de elementos depressivos muito nítidos na mãe, fui invadida por sentimentos depressivos que emergiram especificamente em um momento de uma sequência de observações.

Poderíamos ver nisso, é claro, elementos reveladores de minha personalidade e de meus movimentos psíquicos, mas, sem negá-los, parece-me útil destacar os aspectos específicos da situação.

Sabemos, certamente, que as inquietudes e as dúvidas sobre suas capacidades são frequentes nas mães de bebês. A crise de identidade própria desse período, que é bem conhecida sob a forma de depressão e de transbordamento, ocupa frequentemente o primeiro plano.

Poderíamos pensar em uma relação apenas casual entre essas duas vivências: a da mãe e a do observador, ou seria legítimo ir mais longe e levantar a hipótese de uma relação, senão de causalidade, ao menos de sentido entre as duas?

Nesta fase, poderíamos falar, em termos não psicanalíticos, de simples capacidade de empatia do observador que, por razões pertinentes à situação e à sua própria sensibilidade, seria levado a tomar para si uma parte dos sentimentos vivenciados pela mãe. Isto revelaria, então, uma desorganização de seu próprio psiquismo.

Minhas reações frente à situação de observação podem ser compreendidas em termos de desorganização de minha capacidade de atenção e de memorização. A dificuldade paradoxal na situação de observação é precisamente a tendência a fugir da observação, deixar a atenção ser desviada para outra coisa que não o bebê: a presença de outra criança, as conversas da mãe, e mesmo a concentração sobre a própria vivência, que é igualmente uma maneira de desviar a atenção para si mesmo, deixando o bebê de lado.

Assim que tomei consciência desta dificuldade imprevista, tentei fazer um esforço voluntário para concentrar minha atenção sobre o bebê. Percebi, então, que, enquanto eu me forçava a observar certas mímicas do bebê, simultaneamente tinha a certeza absoluta de que não as registraria. Eu via, portanto, algo que não podia entrar em minha memória, em meu psiquismo.

Se pudermos falar, aqui, de inibição para ver, a outra face do mesmo fenômeno vai aparecer quando da redação do relatório, sob a forma de inibição para rever. A redação de um relatório pormenorizado se revela extremamente longa e difícil e supõe – para o observador – lutar contra essa inibição ou, mais exatamente, utilizar mecanismos psíquicos que descreverei mais adiante.

Os problemas que levanto aqui, quanto à técnica da observação, aparecem intensamente nos primeiros meses de observação, isto é, nos primeiros meses do bebê. Não se trata de um efeito do acaso, nem de um epifenômeno ligado a um período de aprendizado do método, mas de um efeito produzido pelo conforto com o psiquismo do bebê, sob a forma de uma desorganização do funcionamento psíquico do observador.

Se isso toma – como já descrevi – a dimensão de uma fuga da observação do bebê, podemos nos perguntar de que fugimos e, portanto, o que é mobilizado de maneira tão violenta pelo simples fato de olhar um bebê.

As manifestações corporais do bebê podem ser compreendidas como descargas motoras não organizadas, visando a evacuar as tensões, excitações internas, vivenciadas por ele; o observador está vendo "isso" e em consequência recebe um impacto violento, não organizado, que o solicita em nível de seu funcionamento psíquico mais arcaico, e daí a tendência a fugir e a inibição a ver, como autoproteção.

* * *

Levantarei a hipótese de que *o que é assim recebido é em boa parte o equivalente do que é sentido pelo bebê.* Alguns fragmentos de meu material de observação permitirão sustentar essa hipótese.

Steren tem 9 dias de idade e sua mãe está acomodada para amamentá-la logo depois de tê-la acordado. O bebê está deitado no colo de sua mãe, a cabeça apoiada no seu braço esquerdo, mamando no seio. A Sra. L. envolve o corpo do bebê com seu braço e o acaricia ora na perna, ora no pé esquerdo. Steren esfrega sua face direita na mãe, em um movimento como de escavar, e leva suas mãos ao seio materno. A Sra. L. precisa afastar o braço direito de Steren e fixá-lo sob sua axila para poder colocar o mamilo em sua boca, e faz um comentário sobre a rijeza dos bebês. Steren começa a mamar, depois abre os olhos, olha na direção do seio e faz movimentos amplos e redondos com o braço esquerdo, e a mão aberta, que lembrem o movimento de varrer. A Sra. L. olha o bebê e acaricia a parte posterior de sua cabeça com a mão direita. Começa a me falar dos diversos animais da casa. Noto que Steren se movimenta esfregando o calcanhar direito na parte superior do pé esquerdo e fazendo movimentos mais precisos de "varredura" com o braço em direção ao seio, mas desta vez com a mão fechada.

Tenho a impressão de que durante a conversa ela escorregou para mais longe do corpo da mãe.

O bebê mama menos ativamente e a Sra. L. me informa que ela dormiu. Ela continua conversando comigo, desta vez sobre o parto. Subitamente, Steren crispa todo o corpo, como que se encolhendo em torno do seio, projetando violentamente a cabeça e o tórax contra o seio, e colocando nele suas pernas encolhidas.

Eu estava sentada em uma poltrona, frente à Sra. L... Fui projetada para frente em um movimento que, *a posteriori*, me impressionou pela similitude com o do bebê. Esse movimento corporal involuntário de minha parte foi acompanhado de um pensamento que eu chamarei de pensamento-*flash* não elaborado: a certeza de que o bebê ia cair.

Desses elementos percebidos e vivenciados naquele momento podem emergir algumas hipóteses interpretativas: Steren acabara de ser acordada e procurava agarrar-se ao seio materno esfregando sua face nele e fechando as mãos sobre ele. Quando a Sra. L. fixa o braço direito de Steren, ela lhe tira o seio, mas o coloca em sua boca, com a mão esquerda, que está livre, Steren procura, pelo movimento de varredura, retomar o contato com o seio.

Mais tarde, quando ela parece deslizar, está, de fato, sendo segurada menos próxima do corpo da mãe, que não a acaricia mais, nem na perna, nem na cabeça. O bebê reage a essa sensação de desamparo procurando agarrar-se ao seio intensificando seus movimentos da mão esquerda, e agarrar-se a si própria crispando essa mão e esfregando o calcanhar no outro pé. Quando ela parece adormecer, a Sra. L., ligada no assunto de que me falava, desvia sua atenção da amamentação e o bebê fica mais afastado.

O movimento de projeção-junção em torno do seio constitui uma amplificação do movimento precedente. Podemos compreender essas sequências em termos de perda do objeto continente, na acepção de Esther Bick (1980), ou ainda de falha, naquele momento, do *holding* materno, no sentido de Winnicott (1971).

Diante de uma angústia de queda, ela procura encontrar uma contenção através de agarramentos musculares. Minha própria vivência corporal como manifestação imediata e não pensada de uma angústia de queda só terá sentido *a posteriori*, como sensação idêntica à do bebê.

Na sexta observação, Steren tem 1 mês e 13 dias de idade. Sua mãe acaba de dar-lhe o banho e se prepara para tirá-la da banheira. Quando ela a levanta para colocá-la no colchonete (sem nenhuma brutalidade, simplesmente da maneira eficaz e técnica como cuidamos dos bebês), tive um pensamento-*flash* do mesmo tipo daquele que descrevi, acompanhado igualmente de movimento corporal. Esse pensamento-*flash* tomou a forma de uma imagem-lembrança pessoal de uma queda de cavalo e de uma contração muscular dorsal de minha parte.

Sobre o trocador, o bebê teve um reflexo de Moro muito nítido e depois ficou com os punhos cerrados sobre o tronco, olhos escancarados, testa franzida, olhando o rosto da mãe.

Aqui também, parece que há uma perfeita ressonância em mim daquilo que o bebê vive: uma imagem de quedas se impõe a mim em correspondência com uma vivência de queda do bebê, ligada à ruptura da continuidade.

"Pensamentos-*flash*" desse tipo marcam ininterruptamente o início de uma observação de bebê, e os exemplos seriam numerosíssimos.

Quando Steren tem um mês e 6 dias, na 5ª observação, sua mãe interrompe a amamentação e a coloca no bebê conforto, em frente a mim, porque uma enorme vespa acabara de entrar no quarto. O bebê fica lívido, braços estendidos para trás na direção do encosto da poltrona, olhos escancarados, quase revirados, dando-me a impressão de não mais me ver.

Sou tomada de pânico, com medo de que ela entrasse em coma, tivesse uma indisposição, morresse. Ela, então, regurgita ligeiramente e eu tive medo de que ela ficasse doente e vomitasse.

Depois disso, tive um momento de abatimento acompanhado de sentimento de inutilidade e impotência. Independentemente da vespa, o bebê tinha em inúmeras razões para estar perturbado, e eu voltei mais adiante aos detalhes desta sessão.

O deslocamento súbito e a interrupção da amamentação, ligada à inquietude materna parcialmente relacionada à entrada da vespa, fizeram com que o bebê vivesse uma experiência dramática e violenta de perda de toda sustentação, certamente de perda vital, de angústia, de aniquilamento. De um modo ou de outro, essa vivência foi recebida e revivida por mim, sob forma de uma inquietude de que sua vida estivesse em perigo.

* * *

Vou agora abordar um outro tipo de vivência, organizada em um todo emocional, que irrompe durante a sessão e que o observador deverá enfrentar. Proponho acompanhar primeiro meu próprio trajeto emocional, tal como o vivi.

Trata-se da 4ª sessão. Steren tem exatamente um mês de idade. O bebê dorme, como já aconteceu durante duas sessões precedentes inteiras ou parte delas, e a mãe da Sra. L. está presente.

No primeiro momento tive um sentimento de mal-estar quando a Sra. L. me deixou com o bebê para retornar às atividades domésticas: senti-me inútil e culpada por olhar o bebê, que dormia. Ademais, experimentei um sentimento de contrariedade por ser deixada, pela mãe, sozinha com o bebê.

O local em que eu me encontrava era um terraço que dava para a sala principal. Percebi a avó olhando pela janela e fui tomada de um inexplicável sentimento de irritação contra ela.

Um momento mais tarde, ouvi barulho na cozinha. Imaginei, então, que a Sra. L., que saíra para o jardim, talvez fosse fazer um chá e oferecê-lo a mim. Tratava-se, na realidade, da avó.

Fiquei indignada pensando que essa avó não servia verdadeiramente para nada, projetando, assim, sobre ela, meu próprio sentimento de inutilidade sentido no início.

Mais tarde, escuto a Sra. L. falar com sua mãe sobre ir buscar as crianças na escola. Sou tomada pela cólera diante da ideia de ser abandonada e deixada com a avó.

A Sra. L. prepara uma mamadeira para ser dada a Steren em sua ausência.

Quando minha observação terminou, parti com um sentimento de frustação muito intenso, que eu não havia sentido até então, e tive dificuldade para redigir o relatório.

Relacionando, agora, o que observei dos movimentos do bebê, paralelamente à minha vivência:

O bebê vai ter primeiramente uma série de tremores do lábio superior seguidos de movimentos de franzir o nariz e de sucção. Pega, então, o polegar esquerdo, sem abrir os olhos, aproximando ao mesmo tempo seus dois pés e sacudindo a ponta do pé esquerdo dirigido para o alto, em movimentos rítmicos correspondentes aos movimentos dos lábios.

Depois de um tempo de sono, imóvel, ela se estira completamente, dirigindo pernas e braços à parte superior da cama, apertando fortemente a cabeça dos dois lados, dando-me, assim, a impressão de que ela é muito grande. Em seguida, fricciona o joelho esquerdo contra a abertura num movimento como o de escavar, abrindo a boca sem sucção.

Depois de um novo adormecimento sem se mexer, ela repete o estiramento, mas desta vez muito mais violento, virando a cabeça para trás como à procura de um apoio. Depois, estira os braços perpendicularmente num movimento violento que lembra reflexo de Moro.

Um momento mais tarde, observo o mesmo estiramento com extensão de pernas de um lado, as costas da mão esquerda friccionando a coberta à altura da cabeça, num movimento que evoca um gesto de judoca golpeando o solo.

Fará, em seguida, uma sucessão de movimentos rápidos de abertura e fechamento dos olhos, acompanhada de momentos da mão esquerda como se tocasse piano, no ritmo da respiração. Sua respiração se torna muito intensa e sibilante.

Depois de um novo momento de calma, ela se estira novamente para trás. Dobra violentamente as pernas contra o ventre apertando com força seus pés, ao mesmo tempo que me dá a impressão de enfiar a cabeça no pescoço, pressionando a parte superior da cabeça com as duas mãos. Seu rosto se contrai, ela fica vermelha. Sua respiração barulhenta se transforma em soluço.

Esta sequência se reproduz diversas vezes entrecortada por períodos de sono. Por fim, se transformou em agitação desordenada dos braços, com movimentos dos dedos da mão esquerda, como que para agarrar. Os soluços se transformam em choro.

Podemos pensar que estamos simplesmente diante de um bebê despertado pela sensação de fome. Parece-me que podemos ir mais longe e compreender esses movimentos como busca de contenção: autocontenção pressionando a cabeça, aproximando os pés, procurando um apoio atrás e depois recolhendo-se[4] violentamente sobre si mesma. O bebê vive, aqui, uma desorganização e procura desesperadamente reintegrar-se: o momento de flexão violenta evoca o

4 A autora usa a expressão "*se rassembler*", que quer dizer reunir, juntar as próprias partes. Na primeira passagem, optamos por "recolhendo-se" para descrever o movimento corporal do bebê; na segunda, a palavra "reintegrar-se" parece mais adequada, pois se refere a um movimento que expressa a sua tentativa de recuperar-se a unidade após uma vivência de fragmentação e desorganização [N. T. e R.].

primeiro movimento descrito quando da perda da contenção materna na primeira sessão.

Para mim, existe algo de novo e incompreensível nesse momento: o aparecimento dos soluços, da respiração sibilante e da vermelhidão me faz pensar, associado ao resto, em uma tentativa de lutar contra a angústia de queda, de abandono, de perda de um objeto continente. O bebê esforça-se para alcançar a mão e na realidade encontrará seu polegar.

Esta interpretação poderia estar induzida por minha própria vivência de frustração, por meu sentimento de abandono ao longo dessa sessão, o que seria uma projeção de minha parte.

Na sessão seguinte tomei conhecimento de que o bebê acabara de ser desmamado.

Parece legítimo, então, inverter as coisas e pensar que o bebê projetou seu sentimento, que eu o recebi e o vivenciei da maneira bizarra e violenta que descrevi. Se nos reportarmos às teorias de Bion apresentadas anteriormente, esse algo projetado, evacuado, pelo bebê, ainda não organizado em uma emoção coerente, corresponde ao que ele chama elementos beta.

Nessa mesma sessão, a mamadeira só aparece ao final, o que me parecera induzido pela necessidade ocasional da mãe de sair e deixar o bebê com a avó.

Naquele momento, eu não tinha nenhum elemento racional que me permitisse compreender e analisar corretamente a vivência do bebê. O que, ao contrário, estava em exata adequação com o que pude analisar em seguida como sendo minha vivência foi: sentimento de frustração, sede intensa e desejo de que me oferecessem chá. Poder-se-ia considerar como uma prova metodológica o fato de que só depois é que fui informada do desmame.

Se não nos contentarmos em falar de sensibilidade ou de empatia ou mesmo de telepatia, ou em recusar esses fenômenos como pura coincidência, poderemos, então, propor a seguinte hipótese:

Confrontado com uma experiência de ruptura de continuidade, com um sentimento de perda vital, de catástrofe, de queda, o bebê tem dois meios de resistir: conter-se a si próprio, agarrar-se ou tentar evacuar os aspectos maus da experiência projetando-os para fora de si, como elementos beta das teorias de Bion (1962, 1963).

Esses elementos projetados no espaço serão, então, suscetíveis de encontrar "alguém que esteja lá". Isso causará um impacto violento sobre o observador e desencadeará nele emoções de um nível mais ou menos elaborado de organização psíquica. Vimos nos exemplos citados emoções primárias sob a forma que propus chamar "pensamento-*flash*" ou então emoções organizadas em afetos complexos.

Penso que somente uma parte insignificante dessas emoções chega à consciência. Podemos considerar a hipótese de que se trata de um processo constantemente em elaboração, que desencadeia em nós mesmos a necessidade de tratar essas emoções primárias, arcaicas e não organizadas, seja evacuando-as do mesmo modo que o bebê, seja transformando-as.

Se o observador, nesta situação particular, se percebe no mínimo alterado em seu funcionamento psíquico pela vivência do bebê, podemos supor que a mãe vai viver a mesma desorganização, ampliada: a vivência pós-parto depressiva da mãe e as manifestações de desorganização psíquica revelando a crise de identidade desse período traduzirão, em parte, o acolhimento dos elementos não organizados do psiquismo do bebê e de suas angústias primitivas (Harris, 1979, 1983).

A hipersensibilidade materna de que fala Winnicott (1971), aspecto primeiro do que ele denominou preocupação materna primária, consistiria precisamente nesta capacidade de se deixar penetrar pelas emoções vividas originalmente pelo bebê.

Assim, nessa situação de observação, vai se dar um impacto direto do bebê tanto sobre a mãe como sobre o observador e um impacto deslocado, resultante das próprias tentativas maternas de tratar os elementos recebidos do bebê, projetando-os à sua volta.

O observador recebe, então, esse duplo impacto emocional.

* * *

Nas sessões seguintes, assistirei à confirmação, à instalação desses processos percebidos desde a 4ª sessão, que posso chamar "sessão do desmame".

Steren iniciará numerosos auto agarramentos: sua respiração se tornará muito forte e tomará o aspecto de um ronco intenso e descontínuo que inquietará a mãe e o ambiente. Paralelamente, verei aparecerem os soluços, particularmente ao término das mamadeiras, quando a mãe parecia reproduzir a situação do desmame, segurando-a de maneira muito precária.

Os movimentos de busca, por parte do bebê, evocaram claramente tentativas de agarrar e seu aspecto violento me sugeriu a imagem de movimentos de boxeador, particularmente os do braço esquerdo. Essas buscas intensas de algo a que se agarrar o levarão a encontrar uma fralda, cuja evolução e importância eu acompanharei desse momento até agora. Na 5ª observação, com 1 mês e 6 dias de idade, a mãe me disse que Steren se agarrava a essa fralda.

Paralelamente, ela começa a chupar o polegar, principalmente o esquerdo.

Vejamos o início da observação que sucedeu à 4ª sessão:

A Sra. L. começa a trocar Steren. Coloca-a de costas sobre seu colchonete e tira a parte de cima do pijama. Steren começa a respirar rápida e vigorosamente. Ela ronca. Seu punho direito está fechado. Com a mão esquerda aberta, faz movimentos de dedos como para segurar e grandes movimentos circulares de braço, lembrando movimentos de um boxeador. A Sra. L. começa a limpá-la com leite morno. Steren escancara os olhos e franze o nariz no ritmo de sua respiração. A respiração se amplifica e ela começa a chorar. Assim que a Sra. L. para, Steren para de chorar. Ela olha, então, sua mãe por um instante e depois seu olhar se desvia para o lado.

Observarei, nessa sessão, nas situações de cuidados corporais vividos manifestamente como desagradáveis pelo bebê, essa mesma fuga, através do olhar com o canto dos olhos.

Quando a Sra. L. a coloca em seu bebê-conforto para preparar a mamadeira, Steren pressiona os punhos fechados contra seu tórax, chora, depois desvia seu olhar e o fixa na direção oposta à de sua mãe: ela fixa um móvel escuro, envernizado. Esfrega alternadamente os calcanhares, em movimentos de pedalar, contra as bordas do bebê conforto. Conservando a mão direita fortemente pressionada contra o ventre, ela desloca a mão esquerda em um brusco movimento circular, aproximando-a de seu rosto. Ela pega seu polegar e o suga, acalmando-se, assim. Quando o perde, ela ronca, soluça e retoma os movimentos de fricção alternada dos calcanhares.

Vê-se aqui, além dos agarramentos que já descrevi, o desenvolvimento de mecanismos de expulsão: no nível psicomotor, o expulsar por baixo com a ajuda da descarga motora das pernas. Verei mais tarde inúmeras variedades desses movimentos de expulsão: parada súbita das duas pernas coladas depois de havê-las flexionado, fricções alternadas contra o suporte e furiosos movimentos de liberação e pedalagem.

Os olhares de esguelha mostram a rejeição frente à mãe que não pode conter as angústias do bebê, a impossibilidade de obter um reasseguramento pelo acolhimento de um contato ocular que permita a introjeção dos bons aspectos e uma busca de sustentação junto a objetos próximos.

Face à perda do seio, o bebê projeta no exterior os maus aspectos da experiência e desenvolve mecanismos de cisão[5] tal como Freud os definiu:

> *O sujeito toma em seu ego os objetos que se apresentam a ele como fontes de prazer, introjeta-os e, por outro lado, expulsa de si aqueles que em seu próprio interior ocasionam desprazer, através do mecanismo de projeção. (1952, p. 58)*

Vejamos agora um breve extrato, mais tardio, que me levará de volta a meu objetivo, a respeito do que é comunicado ao observador.

Décima primeira sessão. Steren tem 3 meses e 3 semanas de idade, e agita os braços na direção da mãe. Ela sorri e faz inúmeras vocalizações. A Sra. L. se inclina para ela sem pegá-la. Steren inicia, então, furiosos movimentos de pedalagem.

Um momento mais tarde, tendo a mãe saído, ela faz vocalizações, sorri na minha direção e eu falo com ela. Em seguida ela se imobiliza e me olha prolongadamente, de forma impressionante, com um ar sério concentrado.

Ela vira a cabeça para a direita em um movimento brusco, põe o polegar na boca e fecha os olhos. Em seguida, conduz seu olhar para uma viga situada acima dela. Ela a olha intensamente,

5 O termo *clivage* foi traduzido por cisão [N. T.].

sorri, faz numerosas vocalizações e agita os pés e os braços naquela direção.

Ela faz grandes movimentos circulares com a mão esquerda e agarra um *móbile* colocado em um dos lados do carrinho, no elástico do qual está pendurado um coelho de pelúcia, objeto novo para ela. Ela se imobiliza, olha o coelho intensamente e depois de um olhar de esguelha e por baixo, para mim, volta a cabeça para a direita, chupa o polegar e adormece imediatamente.

Sou invadida, então, por um sentimento de vazio e depressão. A princípio, temi tê-la perturbado. Depois, quando ela se voltou para o coelho, perguntei-me se os grandes olhos de vidro do coelho, voltados em sua direção, poderiam representar um observador permanente. Naquele momento, eu própria me senti como um coelho de pelúcia, desvitalizado e coisificado.

Na sessão seguinte, senti uma forte tendência a falar com o bebê como que para manifestar minha diferenciação em relação aos objetos. Vemos aqui o impacto dos mecanismos de cisão do bebê: senti, literalmente, ter-me tornado um mau objeto e não mais uma pessoa viva com a qual se pode entrar em relação. Os aspectos maus da situação são projetados sobre mim e Steren desenvolve uma relação com os objetos inanimados.

De modo geral, a mãe entrará em ressonância com os mecanismos de cisão do bebê, reforçando-os, propondo experiências estéticas e emocionais com objetos e não com pessoas, como um encorajamento precoce à independência. Assim, ela compreenderá os sorrisos que o bebê lhe dirige, como dirigidos à mamadeira, me falará do interesse do bebê por minhas roupas enquanto ele me olha no rosto, lhe dará a fralda quando ele chora, ou então colocará um objeto no berço, saindo do campo de visão de Steren.

No decorrer da observação, muitas vezes ela me mostrou momentos em que o bebê dormia como se se tratasse de um bebê que não precisasse de ninguém. Essa situação desencadeou em mim o sentimento de estar exilada, castigada, presa nesse quarto, sozinha com o bebê.

Reparei na mãe importantes sinais de desvalorização, quando ela disse por exemplo: "Ela é feia, mamãe" ou "Eu só te dou problemas", dirigindo-se ao bebê, como se lhe fosse muito penoso contê-lo, receber os elementos da vivência emocional do bebê projetados sobre ela e que ela procurava, por sua vez, evacuar.

Organização. transformação: função alfa

Assim, então, se considerarmos que os elementos betas são projetados pelo bebê e recebidos essencialmente pela mãe, mas igualmente pelo observador e de modo geral por todas as pessoas que têm contato com o bebê, qual será o destino desses elementos?

A reação imediata face a essa violência é evacuá-la, seja não a recebendo, fugindo da situação, seja reprojetando-a.

Como na primeira parte, vou – em um primeiro tempo – propor a análise dos elementos que operam na situação de observação, para em seguida examinar aqueles utilizados pela mãe.

* * *

Do ponto de vista técnico, perguntamo-nos através de que meios *o observador* conseguirá observar com grande precisão, memorizar e reconstruir a experiência em um relatório.

Em primeiro lugar, é importante marcar que, no momento da observação, não há qualquer recurso teórico: qualquer que seja sua formação, seu saber *a priori*, o observador se encontra em uma situação tal que aquilo que ele percebe não tem sentido naquele momento. A dificuldade reside precisamente aí: como ver, como lembrar-se de algo que não se compreende e que, por isso mesmo, se tem tendência a evacuar.

Os impactos emocionais vividos por mim não ganharam um sentido senão *a posteriori*. Na ocasião, foram vividos de modo brutal, violento, como uma emergência incontrolável, desorganizadora do psiquismo do observador.

Se observo criança maiores posso, a partir de suas posturas, mímicas, trocas etc., construir toda uma história; em outros termos, o que vejo é relativamente decodificável. Com um bebezinho, ao contrário, encontro-me – por pouco que possa observá-lo – confrontada com uma extraordinária riqueza mímica gestual dando a impressão de nunca vista e para a qual nenhum sentindo é atribuído, de início (Perez, 1986, 1987). Como proceder, então, para fixar essas imagens vazias de sentido?

Na sessão de observação me dou conta de que, para fixar as imagens, recorro mentalmente a palavras, tipo de comentário interiores puramente descritivos. Isto vai além de um simples procedimento mnemônico. Colocar palavras não esclarece quanto ao sentido, mas permite ligar meu funcionamento mental às imagens de minha percepção. É isso que me vai permitir gravar os dados da observação em minha memória como se, à falta de sentido real, isso fornecesse ao menos uma estruturação pela linguagem.

Na redação do relatório, frequentemente a palavra isolada de meu comentário interior retorna e suscita, assim, a evocação de toda uma sequência visual que eu havia esquecido. Por exemplo, observando os movimentos de mãos do bebê com um mês, eu os havia descrito no momento com a ajuda da expressão "movimentos em pinça" e quando da redação do relatório essa expressão me restituiu a lembrança da sequência.

Tudo se passa como se a associação indissolúvel entre a imagem percebida e o movimento evocado fizesse com que as percepções entrassem na memória permitindo o seu registro como engramas. Isso me permite fazer ligações entre fenômenos desprovidos de sentido, após o que restará a questão de dar significado a eles. Essa é uma maneira de pôr ordem no caos, de fazer ligações, de organizar as percepções fazendo-as entrar em meu funcionamento mental.

Aqui, citarei Bion (1963):

> *O nome é uma invenção que permite pensar e falar de qualquer coisa antes mesmo de saber o que essa coisa é . . . porque os fenômenos são desprovidos de significação e devem ser articulados para poderem ser pensados. (p. 87)*

Se seguirmos essa proposição, o colocar em palavras constitui, certamente, a forma primária do que ele denominou "função alfa": os elementos percebidos e sentidos podem entrar no psiquismo, no pensamento, na memória.

Isso supõe para o observador um grande esforço, que podemos generalizar como próprio das situações "naturais". Ficamos, assim, espantados pela universidade do fato de falar com um bebê, mesmo que se trate de alguém convencido de que o bebê não tem compreensão do que é dito.

Trata-se de uma tentativa forçada de fazer entrar o sem-sentido do bebê em uma organização de significados, de levar o bebê para um mundo onde as coisas têm ligações entre si, para um mundo de relações e, portanto, de palavras.

Isso se aplica, em primeiro lugar, à mãe: percebem-se claramente as manifestações de seus esforços para dar significado e relacionar os elementos percebidos no bebê a diferentes hipóteses que as mães formulam sobre o estado de seu bebê: "Ele deve ter fome, ele deve ter frio, ele quer ser consolado etc.".

* * *

Por meio dos exemplos citados no início, apresentei os aspectos que desencadearam em mim uma vivência emocional violenta, expressa sob a forma que denominei "pensamento-*flash*".

Podemos, agora, retomar esses mesmos exemplos salientando as reações da mãe a esses eventos.

Na primeira sessão, quando Steren teve aquele sobressalto encolhendo-se inteira contra o seio,[6] levando-me a fazer um movimento do mesmo tipo e desencadeando em mim uma ideia de queda, fiquei surpresa com a calma da Sra. L. e com sua ausência de reação. De fato, sem parecer notar nada de especial, ela simplesmente colocou sua mão direita sobre o ventre do bebê, enquanto o aproximava ligeiramente, dobrando seu braço esquerdo, sobre o qual o bebê repousava.

Se interpretarmos a vivência do bebê em termos de vivência de queda, levando a mãe a segurá-lo mais firmemente, permitindo-lhe sentir-se coeso e entregar-se ao sono, ela então terá dado uma resposta ao nível exato da angústia do bebê.

Na 6ª sessão, quando ao sair do banho o bebê tem um reflexo de Moro e agarramentos musculares, punhos fechados contra seu dorso, a imagem de uma queda de cavalo se impôs a mim.

Na sequência seguinte, a Sra. L. envolve cuidadosamente Steren em uma toalha e massageia suavemente seu ventre. Aqui,

6 A autora usa aqui a expressão "*sursaut de rassemblement contre le sein*" [N. T.].

também, sua reação de envolver o bebê tem um efeito calmante, pode-se dizer terapêutico, da angústia desencadeada no bebê pela ruptura da continuidade.

Na 5ª sessão, o episódio da vespa introduziu uma mudança muito nítida na atmosfera da sessão. Na primeira parte, a Sra. L. parecia tensa, inquieta (trata-se da sessão seguinte ao desmame), expressando as ideias de desvalorização a que já me referi. Notei numerosos agarramentos, movimentos de busca por parte do bebê e o aparecimento de cisões bem nítidas.

Depois do incidente da vespa, a Sra. L. pega Steren de forma mais aconchegante, envolvendo-a com seu braço, falando-lhe docemente, numa troca de olhares muito intensa e num contato muito caloroso. Ela aproxima particularmente seu rosto ao bebê e me dá a impressão de estar prestes a conseguir um sorriso do bebê, que responde fazendo numerosos movimentos com a boca e de protrusão dos lábios.

Por meio desses exemplos, pode-se pensar que a mãe percebeu, de modo infraconsciente, os sinais de desamparo do bebê. De forma não psicanalítica, pode-se dizer que ela foi tocada pelo que o bebê vivia. Analisando pelo ângulo do pensamento de Bion, pode-se dizer que ela recebeu o impacto emocional dos elementos beta projetados pelo bebê. A partir daí ela pode produzir respostas adequadas, isto é, pensar e efetuar ligações (função alfa) (Bion, 1962).

O bebê, como vimos, procura evacuar as coisas-em-si sentidas como impensáveis. A resposta da mãe permite que essas coisas ganhem um significado. A partir disso, existe algo que pode aliviar, compreender, intervir para que "isso acabe". O que é sentido pode ser pensado, ganhar valor de comunicação e, então, o bebê pode viver a experiência de que o que ele sente como violência pode ser transformado pela intervenção da mãe.

De início, o recém-nascido se manifesta sem intencionalidade. É a resposta da mãe que, permitindo-lhe restabelecer seu equilíbrio inicial, eliminando a tensão, transformará essas manifestações em expressões. É a partir de sua capacidade de receber, sentir, conter as primeiras projeções do bebê que a mãe pode utilizar sua própria capacidade de pensar para devolver ao bebê esses elementos carregados de sentido. Secundariamente, o bebê poderá, então, integrá-los em seu próprio funcionamento psíquico.

Pela intervenção da capacidade de pensar da mãe, função alfa de Bion (1962), os elementos betas impensáveis, passíveis unicamente de serem projetados, poderão ser transformados em elementos alfa carregados de sentido e permitir ao bebê desenvolver sua própria capacidade de pensar, lidar com as emoções utilizando seu funcionamento psíquico.

O mecanismo mental de identificação projetiva vem suceder à descarga motora e aos movimentos de evacuação constituindo-se, assim, no primeiro veículo da comunicação.

Podemos ver que esse processo não constitui desde o início como um processo contínuo. A própria violência do impacto dos primeiros fenômenos projetivos do bebê sobre o outro tem dois aspectos: um que podemos considerar como polo negativo, conduzindo à tendência à fuga, à evacuação, à cisão, representando um dos aspectos, claros aqui na reação da mãe às consequências do desmame, foram reforçados pelos acontecimentos traumáticos exteriores, por um luto vivido pela família. Na patologia, eles são maximizados. O outro polo, positivo, é o início do desenvolvimento de forças de ligação pela mãe e a entrada em um funcionamento mental.

As tentativas de fazer o bebê sorrir pertencem a essa mesma ordem de ideias. Quando o bebê sorri, ele anuncia que saiu do caso do *non-sens* e o alívio do ambiente é bem perceptível. Em minha observação, isso será bem visível a partir dos 4 meses de idade: a Sra. L. dirá, falando de Steren: "Agora acabou", e manifestará, ela também, uma saída da depressão e da inquietude pelo bebê. Ela proporá uma mudança de horário para a observação, aceitando, assim, assumir o risco de mostrar-me um bebê bem acordado relacionando-se com o ambiente.

O bebê, que era muito rodeado pela cor azul, começa a ser vestido de rosa, sinal do conhecimento e aceitação de sua identidade de menininha (muitos elementos vistos anteriormente faziam pensar que a mãe teria preferido um menino).

A capacidade da mãe de integrar o bebê em seu próprio psiquismo, emprestando-lhe seus processos de pensamento, interiorizando certos aspectos da observação, será ilustrada de maneiras quase simbólicas na 13ª sessão, estando Steren com 4 meses e 6 dias de idade, pelo aparecimento do livro de Brazelton (2009), *La naissance d'une famille*,[7] como livro de cabeceira.

No decurso da observação, isso se manifestará por uma facilidade muito maior, tanto na situação direta como na redação dos relatórios. Tudo se torna, então, muito mais confortável.

Conclusão clínica

Eu gostaria, agora, de fazer como conclusão um breve exemplo clínico extraído da psicoterapia de uma criança autista. Trata-se de uma patologia muito grave, tanto familiar como individual (Tustin, 1986).

A criança, separada da família desde o nascimento por sucessivas hospitalizações e intervenções cirúrgicas e depois colocada

7 Nascimento de uma família (tradução livre) [N. T.].

em diversas instituições para recuperação, é retomada pela família quando já tinha 1 ano de idade. Nesse momento, está com anorexia grave e apresenta um retardo considerável de estatura e peso, além de um estado autístico instalado.

Essa criança, com 7 anos de idade quando do início do tratamento, encontrava-se em estado absolutamente desencorajador: sujando-se com a comida, depois com tudo com que se pudesse sujar, regurgitando, vomitando, sempre precedida por uma onda de maus odores, provocava imediatos movimentos de aversão e repulsa no plano corporal.

Por outro lado, isolado ativamente do mundo de relações, ele não podia ficar, inicialmente, mais que cinco minutos comigo, chorando continua e profundamente, com enrijecimentos posturais permanentes.

De início, as sessões eram um caos de objetos aleatoriamente revirados, de gritos, de vômitos. Eu era violentamente solicitada, nesses momentos, em nível de minha contratransferência e confrontada com sentimento de repulsa e de inutilidade terapêutica.

Pouco a pouco, o conteúdo das sessões começou a ter um sentido para mim e as angústias primitivas de queda, a ameaça permanente que a menor aproximação representava, puderam ser trabalhadas.

Consegui, nesse momento, obter sua cooperação. O *setting* começara a ser vivido por ele concretamente como uma delimitação corporal suscetível de reintegrá-lo no espaço das sessões, como uma atenuação momentânea da angústia catastrófica emergente nos momentos de saída do estado autístico.

Ele desenvolve, então, grande sensibilidade aos finais das sessões e às separações: se eu começava a ser percebida como objeto, ele ficava proporcionalmente mais vulnerável à falta. A delimitação de um espaço interno e externo formava a base para as fantasias de perda do objeto e para os ataques contra mim enquanto mau objeto que o abandonava. Eu me sentia em um terreno que, por mais violento que fosse, pertencia ao processo terapêutico e então era "aceitável".

Isso significava o início de sua existência psíquica, e ao meu desânimo inicial se sucedeu um período em que me senti existir plenamente na função de terapeuta; a análise prosseguiu sobre os temas: dentro, fora, bom e mau.

Nesse contexto, fui tomada por uma violência completamente nova, muito diferente de meu desencorajamento inicial e incompreensível no contexto evolutivo da terapia, naquele momento.

Eu atendia essa criança pela manhã; era o primeiro paciente de uma longa jornada. Um dia, terminei uma sessão em que nada em seu conteúdo aparente a distinguia de outras dessa época, com sentimento de que eu não chegaria ao fim do dia, que qualquer coisa em mim estava completamente quebrada, deixando-me "sem energia".

Mais do que vazia, eu me sentia em frangalhos, incapaz de recuperar-me, incapaz de juntar meus pensamentos, nem juntar suficientemente as partes de meu corpo para me manter em pé.

Nada, em minha vivência pessoal da época, nem nos elementos de contratransferência em relação a essa criança, da maneira geral ou mais particularmente ligado a essa sessão, me permitia dar sentido ao que eu estava vivendo.

Eu tinha o sentimento paradoxal de viver completamente algo que, não obstante, não me pertencia. Esse momento se constituiu em um ponto de virada na psicoterapia, quando consegui compreender que se tratava de sentimentos projetados em mim pela criança, informando-me que eu me sentia exatamente nas mesmas condições em que ele se sentia.

Estávamos próximos das férias e essa perspectiva da perda da terapia como continente o enchia concretamente de coisas más, desorganizadoras e mortíferas, que o faziam viver uma enorme fragmentação. A partir daí, foi-me possível falar a ele não só de suas fantasias de ataque contra um objeto mau, mas de seu sentimento de ser ele próprio mau e estar partido em pedaços.

O conjunto da situação terapêutica vai evoluir, desde então, no sentido de coisas que me podem ser comunicadas sob outras formas: particularmente em torno de jogos de trocas e de investimentos em mim como pessoa capaz de reparar ou de ajudá-lo a reparar o que está quebrado.

Esse momento de partilha violenta de emoções tomou, assim, o sentido de primeira comunicação entre nós. Isso permitiu a saída parcial do mecanismo patológico de identificação projetiva massiva, no qual essa criança estava fechada, projetando no exterior violentos elementos beta que retornavam para ela de modo tóxico.

O fato de que esses elementos projetados pudessem ser sentidos por mim, na análise, e retornar para a criança, já compreendidos e carregados de sentido, vai permitir o início da mentalização por identificação (Bégoin, 1984) com esses aspectos continentes de meu funcionamento psíquico. A título de ilustração, essa criança, que tinha grandes dificuldades quanto ao sono, acordando sempre muito cedo, agora dorme tranquilamente e precisa ser acordada no dia da sessão.

Quando somos confrontados com tais perturbações psíquicas, que nos remetem a formas de organização ou de não organização tão arcaicas, quase sempre ficamos absolutamente impotentes pela ausência de material simbolizável.

Levar em consideração o impacto emocional sobre o analista como parte do material do paciente revela-se útil e até mesmo a única possibilidade de encontrar um sentido e de impedir que a situação analítica se torne um quadro vazio.

A garantia do trabalho analítico reside fundamentalmente na compreensão, pelo analista, de seus aspectos contratransferenciais com o intuito de evitar suas próprias projeções. Isso nos conduz, novamente, à ampla questão da formação.

Embora bem consciente dos perigos inerentes à vulgarização destas noções, espero ter contribuído para mostrar que esses mecanismos são constitutivos do funcionamento psíquico de toda criança e antecedem a instauração da comunicação entre as pessoas. O primeiro diálogo é, antes de tudo, um diálogo das emoções.

Referências

Anzieu, D. (1985). *Le moi-peau.* Paris: Dunod.

Bégoin, J. (1984). Repéres sur l'evaluation du concept d'identification. *Revue Français de Psychanalyse, XLVIII*(2), 483-490.

Bick, E. (1964). Notes on infant observation. *Internat. Journal of Psychoanalysis, 45*, 558-566.

Bick, E. (1980). L'éxperience de la peau dans les relations d'objets précoces (pp. 240-244) [trad. franc.] In D. Meltzer et al., *Explorations dans le monde de l'autisme*, Paris, Payot.

Bion, W. R. (1961). *Petits groupes.* Paris: PUF, 1982.

Bion, W. R. (1962). *Aux sources de l'expérience*, Paris: PUF, 1979.

Bion, W. R. (1963). *Eléments de la Psychanalyse.* Paris: PUF, 1979.

Bion, W. R. (1965). *Transformations.* Paris: PUF, 1982.

Bion, W. R. (1967). *Réflexion Faite*. Paris: PUF, 1979.

Brazelton, T. B. (2009). *La naissance d'une famille [nouvelle édition]: Ou comment se tissent les liens*. Paris: Points.

Cramer, B. (1979). Sur quelques présupposés de l'observation directe. *Nouvelle Revue de Psychanalyse, 19*.

Cramer, B. (1987). *Observation psychanalyse de l'enfant*, 3, pp. 227-232.

Foulquié, P. (1969). *Dictionnaire de la langue philosophique*. Paris: PUF.

Freud, S. (1952). *Les pulsions et leurs destins, Métapsychologie* (pp. 25-66). Paris: Gallimard.

Freud, S. (1982a). *Au-delà du principe de plaisir*. Essais de Psychanalyse, 7. Paris: Payot.

Freud, S. (1982b). Cinq Psychanalyses. *Le petit Hans* (pp. 93-198). Paris: PUF.

Green, A. (1979). *L'enfant modèle*. Nouvelle Revue de Psychanalyse, *19*, 27-48.

Haag, M. (1984). *À propos des premières applications françaises de l'observation régulière et prolongée d'un bébé dans sa famille selon la méthode de Mrs. Esther Bick: des surprises profitables*, I, 320, F, tirage privé, 18, rue Emile-Duclaux, Paris (15e).

Harris, M. (1979). *L'apport de l'observation de l'interaction mère-enfant* (p. 19), Nouvelle Revue de Psychanalyse.

Harris, M. (1983). *A la découverte des bébés et des jeunes enfants* (pp. 88-112). Paris: Clancier-Guénaud.

Klein, M. (1980). *Quelques conclusions théoriques au sujet de la vie émotionnelle des bébé*. In Développements de la Psychanalyse (pp. 187-222). Paris: PUF.

Klein, M. (1980). *En observant le comportement des nourrissons.* In Développements de la Psychanalyse (pp. 222-253). Paris: PUF.

Lebovici, S. (1977). *La connaissance de l'enfant par la psychanalyse.* Paris: PUF.

Meltzer, D. (1984a). Les concepts d'identification projective et de contenant - contenu en relation avec la situation analytique. *Revue Française de Psychanalyse, t. XLVIII*(2), 541-550.

Meltzer, D. (1984b). Distinction entre les concepts d'identification projective et de contenant-contenu. *Revue Française de Psychanalyse, t. XLVIII*(2), 551-570.

Meltzer, D. (1986a). Le conflit esthétique: son rôle dans le processus de développement psychique. *Bulletin du Gerpen*, 6, mars.

Meltzer, D. (1986b). *Studies in extended metapsychology.* Londres: Clunie Press.

Perez, S. M. (1986). *L'observation des bébés.* Paris: Clancier-Guénaud.

Perez, S. M. (1987). Observation psychanalytique du nourrisson. *Journal de la Psychanalyse de L'Enfant*, 3, 209-226.

Prat, R. (1986). *L'observation psychanalytique des bébés: apport à la compréhension des processus constitutifs du psychisme et des élements primitifs de la communication. IIIe Congrès Mondial de la Psychiatrie du Nourrisson et des Disciplines Alliées.* Stockholm (à paraître).

Tustin, F. (1986). *Les états autistiques chez l'enfant.* Paris: Seuil.

Wallon, P. (1991). *Transmission affective et développement* (ébauche d'une méthodologie), INSERM, Unité 69, inédit.

Winnicott, D.W. (1971). *De la pédiatrie à la psychanalyse.* Paris: Payot.

16. A pré-história da vida psíquica: seu devir e seus traços na ópera do encontro e no processo terapêutico[1]

Régine Prat

Tradução: Vanise Dresch

Revisão técnica: Luciane Falcão

> *Nosso espírito é um balde – na origem – vazio ou quase; e materiais entram nele através de nossos sentidos... acumulam-se e são digeridos.*
>
> Platão, 427 a 348 a.C, Teeteto

Introdução

A origem da vida psíquica foi, provavelmente, objeto de um questionamento fundamental e fundador nos primórdios da humanidade. Traços desse questionamento são encontrados nas preocupações filosóficas e religiosas relativas à origem da alma. A psicanálise assume a sua continuidade e, desde seu início, tem remontado no tempo, propondo hipóteses sobre as origens cada vez mais precoces do psiquismo.

---

1 Publicado originalmente em *Revue Française de Psychanalyse, 71*(1), 2007. Publicado também em *Revista de Psicanálise da Sociedade Psicanalítica de Porto Alegre, XV*(2), 2008.

Vittorio Bizzozero (2004) cita a nota introdutória do *Projeto*, escrita a lápis por Freud em 1895 e não publicada:

> *Esse projeto visa alcançar uma psicologia como ciência da natureza, isto é, representando os processos psíquicos como estados quantitativamente determinados de partículas materiais diferenciáveis, a fim de torná-los representáveis e não contraditórios. (p. 1652)*

Sabe-se que Freud foi um precursor da teoria do neurônio (que será elaborada por Waldeyer em 1891 e, posteriormente, pela noção de barreira de contato, também um precursor da ideia de sinapse proposta por Sherrington em 1897). Cada um de nós tem *seu* Freud interno originário, e, sem dúvida, *o meu* está feliz com os extraordinários avanços científicos, que confirmam uma grande parte de suas intuições sobre a origem do psiquismo humano (Pommier, 2004). Nos últimos trinta anos, a explosão das pesquisas sobre a vida fetal sustenta a ideia de uma vida que começa antes do nascimento oficial. Mais recentemente, desde os anos 1990, os progressos extraordinários dos sistemas de obtenção de imagens cerebrais (tomografia por emissão de pósitrons, ressonância magnética etc.) nos permitem visualizar o cérebro em sua atividade de pensamento, em tempo real, mostrando-nos uma realidade de conexões cuja complexidade e entrecruzamento remontam aos primórdios da constituição da unidade somato-psíquica, indissociável nos dois termos que a compõem.

Bizzozero (2004) propõe considerar as diferentes camadas sucessivas apresentadas por Freud no *Projeto* como uma *formatação* sobre a qual virão inscrever-se os primeiros estímulos sensoriais, que adquirem sentido ao passarem pelas camadas sucessivas. Propõe a ideia de uma primeira formatação físico-química, uma primeira formulação de um processo pré-psíquico, seguida de uma formatação sensorial com a formação dos órgãos dos sentidos e, por fim, do aparelho psíquico propriamente dito com as primeiras representações da pulsão.

Bizzozero (2004) situa-se, assim, na mesma abordagem de Freud e dos primeiros psicanalistas. Apoiando-se na embriogênese, Balint (1972) considera que o primeiro órgão formado por esse processo é a boca, deduzindo que "o desenvolvimento psicossexual começa, portanto, pelo modo de satisfação próprio dos gametas: a incorporação oral" (p. 26).

Isso supõe *fazer o trabalho do psiquismo remontar à necessidade de processar, de transformar, as primeiras informações sensoriais*, os primeiros *estímulos* que se tornarão excitações pulsionais.

Tratarei aqui dessas primeiras informações e de seu devir.

Hipóteses para as origens

O mundo intrauterino

Muitos trabalhos demonstraram a existência de uma *sensorialidade fetal* e os efeitos pós-natais dos dados da experiência primitiva. Sabe-se, assim, que o feto recebe informações sensoriais que conserva na memória depois do nascimento e procura reencontrá-las no mundo pós-natal. Desde os anos 1980, trabalhos sobre a vida intrauterina têm mostrado que o feto percebe elementos de seu meio ambiente, tanto intrauterino quanto externo (Busnel, 1982). Os resultados desses trabalhos são bem conhecidos e pesquisas posteriores confirmaram, aprofundaram e precisaram os resultados dessas primeiras pesquisas que mostram a preferência, no nascimento, por gostos, vozes, cheiros e sons conhecidos dentro do útero.

O nascimento

Na terminologia de Bion (1965), o nascimento será vivido como uma *mudança catastrófica*, isto é, como um abalo total e repentino de todos os dados do mundo conhecidos anteriormente, uma ruptura da continuidade de existir. Bion retoma a formulação freudiana da *cesura do nascimento*, indicando desse modo que o corte não é total.

Segundo Esther Bick (1968), o bebê viverá essa sensação de perda de continente, concomitante à descoberta da gravidade, como uma sensação de queda e fragmentação, ou mais exatamente, de escoamento por perda dos limites continentes: seriam estas as angústias mais primitivas. O bebê será obrigado a encontrar no meio ambiente um objeto continente ótimo que alivie suas angústias de queda e lhe permita restabelecer a continuidade com os elementos da vivência pré-natal e interiorizar uma pele que mantenha integradas as diferentes partes de sua personalidade.

Esse objeto continente ótimo, como nos diz Esther Bick (1968), será "o mamilo na boca, junto com a forma de segurar, falar e o cheiro familiar da mãe . . ." (p. 241).

Essa função continente foi descrita por Esther Bick como "uma função da pele" em seu artigo de 1967 [1968]. Didier Anzieu (1974) ampliará o conceito original, aprofundando-o sob o termo *eu-pele* e explorando vários prolongamentos deste.

Não encontrando um objeto continente ótimo na relação com a mãe, o bebê buscará freneticamente "um objeto, uma luz, uma voz, um cheiro ou qualquer outro objeto sensorial que possa reter a atenção, para assim ser vivido, mesmo que seja momentaneamente, como se essas partes da personalidade se mantivessem integradas" (Bick, 1968, p. 241). Esther Bick descreveu sob o termo de agarramento (*agrippement*) a primeira organização defensiva instalada para lutar contra as angústias primitivas. Ela se situa no prolongamento do psicanalista húngaro Imre Hermann (1972) que descreve todo o funcionamento psíquico como derivação, inibição ou simbolização daquilo que ele denomina o *instinto de agarrar-se*.

As ligações

Balint (1972) considera que a importância das primeiras relações de objeto remonta às camadas mais profundas do psiquismo e faz referência às abordagens de Abraham (1924) e de Hermann (1933).

Mais recentemente, Jean Bergeret (2004) surpreende-se:

> *Mas por que recusar a possibilidade de falar de um objeto do feto, de uma representação (certamente não visual) de que o feto seria capaz ou então de afetos (certamente muito particulares) que o feto poderia experimentar . . . tudo isso com os meios de que dispõe . . . quer persista ou não uma forma qualquer de representação, pode-se perguntar como conceber uma relação sem objeto, isto é, uma relação entre um sujeito e um nada. (p. 267)*

Na mesma linha de abordagem, Jean-Marie Delassus (2006) considera que *o feto nasce antes de nascer* e desenvolve-se nas mesmas condições da vida, numa conjunção que ele chama de *equação fetal humana*. Essa *estrutura neurontológica*, em que se entrecruzam o patrimônio genético e os dados da experiência impressos sob a forma de engramas nos territórios corticais livres (que representam cerca de 30% do nosso córtex), "resulta da interação do meio de vida pré-natal homogêneo, ao qual o feto é precocemente sensível, com as capacidades de memorização dos neurônios virgens próprios das áreas associativas" (p. 78).

Experiências clínicas da haptonomia (quaisquer que sejam as necessárias reservas relativas ao edifício teórico correspondente a essa prática) levam obrigatoriamente à interrogação sobre a *busca ativa de contato* por parte do bebê dentro do útero: de fato, quando a mãe *chama* o seu bebê colocando a palma da mão em diferentes pontos do ventre e exercendo leves pressões rítmicas, o bebê se desloca, vem encostar a cabeça na mão da mãe pela parede abdominal e depois continua acompanhando os deslocamentos dessa mão.

Mas que relação é essa? O que pode ser esse bebê que, mesmo ainda não existindo, dá a impressão de buscar ativamente o contato com o outro? Para ele, o que pode ser esse outro? Será que ele pode ter necessidade de um outro enquanto está num ambiente que supostamente satisfaria qualquer necessidade?

Essas experiências confirmam a existência de uma *necessidade primária de contato*, conforme a conceitualização de Bowlby (1978).

Porém, tal necessidade fundamental é indissociável da própria vida e surge antes do nascimento.

Prolongamentos e hipóteses pessoais

Situando-me na linha desses trabalhos e na mesma lógica de pensamento, proponho um enfoque que considero inédito. Mostrarei como a necessidade primária de contato surge desde a origem da vida, estando, portanto, na origem do psiquismo. Ela constituirá sua *formatação sensorial: as próprias características do tato formarão o fio condutor de todo o desenvolvimento psíquico*, agindo durante toda a vida nas relações intersubjetivas e, principalmente, na relação terapêutica da qual será o motor.

Elementos de embriologia

Balint (1972) não estava errado em considerar a boca como elemento central de sua conceitualização, mas hoje sabemos, graças ao desenvolvimento dos conhecimentos sobre a embriogênese, que sua importância não se deve ao fato de ser o primeiro órgão maturativo e, sim, ao fato de nela se localizarem os primeiros receptores táteis. De fato, estes se tornam funcionais na região peribucal já na 7ª semana do desenvolvimento embrionário.

> *A sensibilidade tátil começa a surgir apenas no lábio, estendendo-se por toda a face e na polpa dos dedos na 11ª semana. Em aproximadamente 14 semanas, está presente no corpo inteiro, exceto no dorso e na cabeça, que mesmo assim estão em contato com a parede uterina. Já em seu surgimento, a sensibilidade tátil é preferencialmente ventral. (Wolff-Quenot, 2001, pp. 191-192)*

Os trabalhos de pesquisa do Dr. Kerstin Uvnäs-Moberg (2006) mostraram o papel das estimulações táteis da zona ventral, principalmente no rato, no desencadeamento da produção da oxitocina, hormônio que intervém em todos os comportamentos de apego. A extrema precocidade do desenvolvimento embriológico do tato faz dele o primeiro órgão de transmissão das informações sobre o mundo, portanto, a primeira base do desenvolvimento psíquico.

Na 8ª semana do desenvolvimento fetal, o embrião tem reações de afastamento quando a zona bucal é estimulada, mas entre a 11ª e a 14ª semanas, a mesma estimulação provocará uma aproximação da cabeça. A partir de 14 semanas, todo o corpo reagirá à estimulação tátil da zona bucal (lembremos que em 8 semanas de desenvolvimento fetal, todos os órgãos estão formados: o embrião se torna feto e mede 3,5 cm).

Características: reciprocidade e ligação

Esse sentido, o mais antigo, desempenhará um papel fundador nas primeiras características do psiquismo, confirmando as palavras precursoras de Havelock Ellis em 1902:

> *O embriologista concorda com o poeta neste caso, ao observar que o que o homem tem de mais profundo é sua pele; assim, a pele, essencialmente oriunda da membrana superficial do embrião com duas membranas, é o primeiro órgão dos sentidos a se formar e também o mais vasto de nossos meios de comunicação com o exterior, uma vez que representa uma superfície de troca de cerca de 2 m² no adulto. Se acreditarmos na lei segundo a qual quanto mais precoce for o desenvolvimento de um órgão, mais este será fundamental, então o revestimento externo do corpo e o revestimento interno do tubo digestivo são essenciais. Tanto a sensibilidade tátil, quanto a digestiva e a respiratória estão sujeitas aos fenômenos alérgicos. (Wolff-Quenot, 2001, p. 137)*

A particularidade desse órgão em relação aos outros órgãos dos sentidos é o fato de ele ser obrigatoriamente recíproco: não podemos tocar sem sermos tocados ao mesmo tempo, *a própria sensação de contato supõe e inclui o encontro.*

Desde o início da vida, portanto, as primeiras experiências sensíveis logo se inscrevem numa dualidade e são feitas da alternância entre *estar em contato* e *estar sem contato*. Estão indissociavelmente ligadas à ritmicidade dos encontros com quem se tornará o outro ao longo do desenvolvimento, mas que já existe no plano sensorial desde a origem. Poderíamos considerar que essa dualidade remonta, antes mesmo da constituição dos elementos da organogênese, a uma primeira pré-formatação *físico-química*, para empregarmos os termos de Bizzozero (2004). Soulé e Soubieux (2006) ilustram assim a descrição feita por Bergeret (2000) da *violência fundamental*:

> *O embrião humano, trazendo como metade de seu patrimônio genético as características paternas, constitui um enxerto heterogêneo que o corpo biológico da mãe, desde os primeiros minutos, procura rejeitar por todos os meios. O corpo materno secreta anticorpos contra o embrião, e este, por sua vez, graças às células do seu trofoblasto, primeiro esboço da sua placenta, deve secretar uma molécula (HLA-G) que garantirá sua implantação no músculo uterino e, assim, sua sobrevivência (o genoma paterno tem como efeito a ativação da formação do trofoblasto). Essa molécula opõe-se à ação anti-enxerto da mãe. Permite ao óvulo fecundado incrustar-se no tecido uterino. (p. 138)*

Desde a origem, a questão é estar ou não em contato! *A primeira formatação introduz o futuro sujeito numa relação com o outro*. Isso colocaria a proposta da *terceira tópica* (Brusset, 2006) em primeira posição na pré-história do sujeito e a pele como primeira linguagem (Montagu, 1979).

O primeiro trabalho psíquico

As primeiras excitações a serem transformadas dirão respeito, portanto, aos elementos táteis na alternância binária contato/perda de contato. Cria-se assim um modelo de base, um protótipo que será declinado quando os outros órgãos dos sentidos atingirem a maturidade (em ordem cronológica, cito o equilíbrio, o olfato, a gustação, a audição e, por fim, a visão). Estes ampliarão a gama das modalidades perceptivas que permitem estar em contato/perder o contato e constituirão modalidades de transformação desse primeiro princípio de funcionamento.

René Roussillon (2001) propõe uma formulação muito clara:

> *A percepção é assim inseparável de um processo de transformação que torna possível o tornar-se consciente e resulta de um processo ativo de organização do sujeito, o que confirma todos os trabalhos que são dedicados à percepção. (p. 138)*

Ser agarrado – ser largado

É provável que as primeiras diferenciações em termos de presença-ausência se estabeleçam de um modo essencialmente receptor-passivo. A evolução das experiências do tocar se dá no sentido de um *aumento da atividade do sujeito.*

- As experiências de *estar em contato/perder o contato* constituirão o alicerce da vivência de *ser segurado/ser largado*, relacionada com a aleatoriedade da presença/ausência do objeto;

- Ainda dentro do útero, o bebê pode experimentar atividades *autônomas*. Pode iniciar atividades de contato com as paredes, com partes do seu corpo, que poderão conduzir a experiências ativas de *pegar/atirar*, num *fort-da* intrauterino: por ecografia, viu-se que bebês dentro do útero *brincam* com o cordão, com uma gota de sangue produzida durante uma amniocentese, como se *jogassem* bola, ou pegam a gota nas mãos para atirá-la para cima, voltar a pegá-la e recomeçar... Minha hipótese é de que se trata de uma transformação ativa do primeiro *ser segurado/ser largado* em um *pegar/atirar*;
- Essas experiências constituem o mais arcaico fundo comum e vão ser o fio a partir do qual será tecido todo o desenvolvimento posterior. *São indissociáveis da relação com o outro e redefinem constantemente as características dessa relação na alternância presença/ausência do objeto.*

Pré-concepção do objeto

O mundo intrauterino oferece assim possibilidades de experiência ricas e variadas do bebê consigo mesmo e com os outros elementos do mundo que permitem determinado nível de *organização de um eu pré-natal* (Righetti, 1999) e determinado nível de concepção das experiências de contato com:

- objetos além de si diretamente acessíveis (por exemplo, a placenta);
- objetos além de si indiretamente acessíveis (como o contato com a mão da mãe por meio da parede abdominal);
- outros, por fim, que poderiam prefigurar o *eu* e ser acessíveis de maneira já organizada ou voluntária: por exemplo, sabe-se atualmente que o feto suga o seu polegar dentro

do útero, demonstrando assim que se trata de uma experiência primária, que não pode ser a reativação dos traços mnésicos ligados à satisfação da fome.

Ritmo

A alternância do ser segurado/ser largado determina um ritmo que permite uma *conformação arcaica que restabelece uma continuidade* a partir de elementos descontínuos. Em sua etimologia grega originária, *ruthmos* significa *forma*. O ritmo permite reunir em uma forma unitária elementos disparates da experiência vivida.

Já em 1936, Piaget faz do ritmo uma estrutura fundamental da vida psíquica, que "marca o ponto de junção da vida orgânica com a vida mental"; trata-se de um primeiro organizador da experiência mental interna do sujeito.

A percepção da ritmicidade interna permitirá ao feto (e depois ao bebê) articular suas próprias atividades e movimentos com o ritmo da mãe e, de forma mais ampla, com o do parceiro relacional, e fazer associações, ligações entre fatores que provêm de diferentes modalidades sensoriais.

Primeiras transformações

Essa *formatação* será revista a partir do amadurecimento dos outros órgãos sensoriais, nesses três aspectos do ritmo, da pré-concepção do objeto e da elaboração do ser segurado/ser largado.

Minha hipótese é de que as alternâncias de vigília e sono e a percepção dos movimentos da mãe permitem ao feto introduzir *diferenças qualitativas nas alternâncias da presença-ausência.* Da mesma maneira, o amadurecimento dos órgãos da gustação enriquecerá a presença-ausência com uma ritmicidade na modificação dos sabores do universo: sabe-se que, desde o 3º mês, o bebê engole líquido amniótico, cujo sabor varia em função da alimentação materna. São bem conhecidas as experiências que mostram a preferência, depois do nascimento, de bebês indianos pelo curry ou de bebês mediterrâneos pelo alho. Constitui-se assim uma *configuração primitiva complexa tato-movimento-paladar-olfato.*

A psicanalista italiana Suzanne Maiello (2000) pensa que *o encontro com os sons* permite ao feto perceber diferenças entre ruídos ambientes, regulares e permanentes, e sons aleatórios.

> *A percepção da voz materna poderia representar a primeira experiência de alteridade da criança durante a vida pré-natal, uma vez que ela não tem nenhum poder sobre a presença ou a ausência da mãe, tampouco sobre sua qualidade emocional ou mental. (p. 79)*

A partir de seus importantes trabalhos sobre os bebês e de dados da vida fetal que mostram que eles percebem ruídos cerca de um mês antes de perceberem vozes, ela considera que "os momentos iniciais do surgimento e da diferenciação do aparelho mental em relação ao estado primordial de união fusional psicofísica estão justamente ligados à dimensão acústica" (Maiello, 2000, p. 79).

Considerando minhas próprias hipóteses, já se trataria de uma correspondência estabelecida com elementos anteriores: é dada assim uma nova forma, desta vez sonora, a uma pré-concepção do mundo e do objeto oriunda da *formatação* do tato.

A visão só estará verdadeiramente pronta após o nascimento, mas o feto mexe os olhos desde os 7 meses de idade, abrindo e fechando as pálpebras; ao perceber luzes fortes, desvia os olhos. Tem a capacidade de fazer variar as características visuais de seu mundo, abrindo ou fechando os olhos, isto é, exercendo uma ação autônoma e dando uma forma visual aos processos de presença/ausência.

O sono agitado, equivalente ao sono paradoxal do adulto, aparecerá mais ou menos simultaneamente. Mauro Mancia (1989) vê nisso os processos que organizam as formas mais primitivas da memória e que "começam antes do nascimento, durante as fases REM do sono fetal, contribuindo para dar um sentimento de continuidade ao núcleo afetivo do *eu*" (p. 9). Isso poderia representar o traço de um modo de processamento das informações e, principalmente, de acordo com minhas hipóteses, uma elaboração das alternâncias de presença/ausência por meio de imagens. Levando então as conceitualizações de Jean Guillaumin (1981) para antes do nascimento, proponho que se trata do traço de um trabalho psíquico que:

> *como todas as experiências de trabalho, visa a* enfrentar uma ambivalência. *Ambivalência esta que encontramos tanto no luto quanto no quadro do estado amoroso . . . na vivência da gravidez e da criação, naquela das principais fases de mutação da vida e também no longo processo psicanalítico. (p. 159)*

É essa ambivalência fundamental e originária, informada pelo tato, das alternâncias do ser *segurado/ser largado* que, desde o início e mesmo antes do início, deve poder ser elaborada.

> *Constitui-se assim desde o originário . . . um organizador simbólico que permite estruturar a diferença e a semelhança, ambas envolvidas no processo de comunicação. É precisamente aí que se esboça, no* avant-coup,

o lugar do terceiro [tiers], por vocação paterna em nossa espécie sexuada e destinada a uma transmissão gerativa em que a perda e a falta são a condição de qualquer nova aquisição e interiorização. (Jean Guillaumin: apresentação pessoal em 14/04/05)

O destino do ser segurado/ser largado: do tocar físico ao tocar emocional

Os órgãos sensoriais ocuparão suas funções e permitirão manter contato à distância com o objeto. O desenvolvimento das capacidades de representação psíquica permitirá manter contato mesmo na ausência do objeto, na realização do paradoxo de segurar para poder largar.

Transformações pós-natais

A primeira transformação após o nascimento permitirá ao bebê manter contato à distância com o objeto, fazendo surgir da indiferenciação inicial linhas organizadoras principais. Em trabalhos recentes Friemel (2004) estudou a evolução dos meios de exploração visual nos 3 primeiros meses de vida dos bebês. Os bebês de um mês segurados no colo em posição de atenção, após a amamentação, tomam contato com o mundo externo varrendo visualmente o ambiente, sem focalizarem pontos precisos. Quando a relação com a mãe é julgada de boa qualidade, o que é demonstrado nas interações consideradas sincrônicas mãe-bebê, a atenção se focalizará, a partir do segundo mês, no rosto da mãe e, a partir do terceiro mês, nos objetos do ambiente. Os autores desses trabalhos levantam a hipótese de que a atenção dirigida pelo bebê (ao objeto) de certa maneira prolonga a fascinação exercida pelo rosto materno. Quando as trocas mãe-bebê são satisfatórias, o rosto da mãe fornece um ponto de centralização para a exploração visual do bebê. Em contrapartida, quando as interações são consideradas assincrônicas, essa focalização é dificultada, e os bebês olham menos para a mãe aos 2 meses, mantendo no terceiro mês um modo de exploração visual indiferenciada.

Podemos pensar que, nesse período em que do *flou* indiferenciado surgem formas significantes que poderão ser conhecidas e reconhecidas, o olhar substitui o contato tátil, ou mais exatamente, a ele se sobrepõe. Mas esse caminho percorrido pelo bebê depende muito da qualidade do *holding* e da interação com a mãe, que lhe permitem sobreviver às angústias de queda e evitar aprisionar-se no recurso a agarramentos (Bick, 1968).

Os trabalhos de Geneviève Haag (2000) nos ajudaram a melhor compreender as primeiras etapas integrativas percorridas pelo bebê. A partir da constituição de uma *primeira pele* (Bick, 1968; Anzieu, 1974), o bebê deverá reunir os dados esparsos de sua experiência sensorial: junção mão-boca, união dos hemicorpos direito e esquerdo em torno de uma linha central de clivagem vertical e, por fim, união da parte superior e inferior do corpo em torno de um eixo de clivagem horizontal. Esse considerável trabalho psíquico só se torna possível se for sustentado pela solidez e pela credibilidade da atenção do ambiente e, principalmente, da mãe.

A percepção da ritmicidade interna permitirá ao bebê articular suas próprias atividades e movimentos com o ritmo da mãe e, de modo mais geral, com o seu parceiro relacional. Nesse ajuste recíproco, há uma criação rítmica a dois, e cada díade terá seu próprio ritmo e seu estilo temporal. A situação de cuidados, de *nursing*, de amamentação é o protótipo disso: a *articulação profunda dos ritmos do bebê com os da mãe* compõe uma dança e uma música que acompanham o *texto* das palavras.

Poderíamos falar do papel de espelho desempenhado pela mãe, segundo Winnicott (1975), da comunicação primitiva, como Joyce McDougall (1989), da coreografia do encontro, de acordo com Roussillon (2003). Os trabalhos de Daniel Stern (1985) evidenciam experimentalmente esses aspectos rítmicos da comunicação mãe-bebê, ao que ele chama de *sintonia afetiva.* Confirmam as intuições de Donald Meltzer (1986) que falava da origem da linguagem em "um nível primitivo de canto e dança (a forma mais primitiva de formação do símbolo), visando a comunicação dos estados emocionais por intermédio do mecanismo de identificação projetiva normal" (p. 181).

Maria Rhode (2002) descreve o processo de identificação no acompanhamento da mamada pelas vocalizações rítmicas e melódicas, como fundamento da simbolização, tomando como referência os trabalhos de Meltzoff e Barton (1979), que mostram a capacidade dos bebês para identificar visualmente objetos de formas diferentes que eles apenas tinham sugado. Ela faz observações notáveis que evidenciam a necessária capacidade da criança de manter um vínculo interno com a pessoa ausente. Isso permitirá o acesso ao símbolo e à instalação da linguagem. Na minha própria terminologia, trata-se de desenvolver a capacidade psíquica de *segurar* o objeto para poder *largá-lo* concretamente. Os trabalhos de Geneviève Haag (1986) (situados no prolongamento daqueles de Donald Meltzer, 1986, e de Tustin, 1989) mostraram claramente a importância dessas primeiras articulações da interpenetração dos olhares com as experiências de envelopamento na construção do psiquismo (ou em sua reconstrução nos tratamentos de crianças autistas).

A aleatoriedade na continuidade da atenção materna faz o bebê viver alternâncias imprevisíveis de ser segurado/ser largado, nas quais se constitui o *complexo da mãe morta* (Green, 1983). Inversamente, *a reciprocidade permite viver uma experiência de interpenetração* de seu ritmo no ritmo do outro, sem arrombamento ou intrusão em seu espaço interno. A confiança em si mesmo e no outro (e por extensão, no mundo) são indissociáveis e se constituem nessas experiências precoces de ser largado sem, contudo, deixar de ser segurado.

A articulação do ritmo próprio com o ritmo do outro é o que permite viver o encontro, no plano mais profundo da intimidade de cada um, o mais próximo das descobertas com os aspectos da simbiose primitiva. Posteriormente, isso corresponderá aos sentimentos de harmonia interna, tranquilidade e segurança, ligados a contextos próprios de cada um.

Isso favorecerá a construção de um verdadeiro pano de fundo da confiança e da segurança na relação intersubjetiva. Constitui o alicerce da comunicação interpessoal, ligado aos processos que permitem a um sujeito receber emoções primárias provenientes do outro (Prat, 1989). O mecanismo de identificação projetiva, conceitualizado por Bion (1979) em seus aspectos *normais*, constitui a base psíquica do que costumamos chamar de *empatia*: *tocar emocionalmente assume assim a função de tocar fisicamente.*

Essa interpenetração rítmica estabelece uma relação em que cada aspecto de um é recebido, tomado e contido pelo outro, numa relação de sustentação, de *holding* psíquico: o que Geneviève Haag (2002) denomina *o teatro das mãos*[2] é uma conformação proto-simbólica dessa experiência. Ao contrário, os desajustes ocorridos

2 Sobre este tema, ver artigo traduzido e publicado na *Revista de Psicanálise da Sociedade Psicanalítica de Porto Alegre*, *10*(1), abr. 2004 [N. R.].

no encontro com o objeto primário adquirem o sentido de entrave precoce ao trabalho da simbolização.

Marita Torsti-Hagman (2002) mostrou que os bebês de 4 meses de idade já têm capacidades de re-(a)presentação em cinestesias gestuais da experiência relacional, especialmente no acompanhamento da amamentação (são movimentos ritmados da mão). É particularmente surpreendente que essas cinestesias gestuais, pré-formas da simbolização, não se manifestem nos bebês para os quais a experiência relacional no momento da amamentação tenha sido considerada pouco satisfatória, principalmente do ponto de vista do ajuste e da sincronia.

A ópera do encontro

Propus a metáfora da ópera para explicar a *imbricação de vários níveis de comunicação*, que podem entrelaçar-se de forma coerente ou, ao contrário, dissociar-se: assim, se a comunicação entre duas pessoas pode ser representada como um fio de sustentação, rompimentos parciais representarão o ser largado.

> *Toda comunicação entre duas pessoas (inclusive entre paciente e analista) pode ser representada como uma estrutura de vários níveis:*
>
> *– o nível superior da comunicação corresponde ao texto, às palavras trocadas e aos seus enunciados, incluindo o trabalho interpretativo e as relações de sentido.*
>
> *– o nível subjacente é constituído pelas trocas não-verbais, das quais eu destacaria dois aspectos: (a) a prosódia infiltra-se no próprio texto: as rupturas dentro da frase, os tempos de latência nas respostas,*

> *as modificações da entonação e do fluxo contribuem assim para a composição de uma música pessoal subjacente que vem entrecruzar-se com a música do interlocutor, na harmonia de um acompanhamento ou na desarmonia de um antagonismo; (b) o segundo aspecto diz respeito a esse mesmo acompanhamento na espacialização corporal: os movimentos de aproximação ou de afastamento entre os dois protagonistas aparecem claramente nos deslocamentos físicos, mas também de maneira mais sutil nas trocas ou nas rupturas de olhares, nas atitudes de abertura ou de retraimento corporal demonstradas pelas posturas e pelas modificações da tonicidade global. (Prat, 2002, p. 1614).*

Os trabalhos de microanálise e de eto-psicanálise

William Condon (1984) mostrou, a partir do estudo minucioso de curtas sequências relacionais, que há uma tendência *natural* a articular seu estilo e seu ritmo gestuais com os do outro, estabelecendo assim uma *dança harmônica*: "Os ouvintes se movem em harmonia com a estrutura articulatória da palavra do locutor . . ." (p. 157), a sincronia interacional parecendo comum à espécie humana e provavelmente às espécies animais também. Assim, a linguagem, em seu aspecto natural sob forma de palavra, nunca é desencarnada, é sempre expressada por um comportamento. Podemos ver nisso uma sobrevivência dos gestos de acompanhamento, descritos por Wallon (1942) como identificação perceptivo-motora e que precedem à imitação no plano desenvolvimental.

Jacques Cosnier (1991), em seus trabalhos sobre a comunicação não verbal, fala de uma *atividade de ecoização corporal* como base da atribuição de afetos: assim, "a adoção de mímicas, de posturas, ou a realização de certas atividades corporais [é] suscetível de gerar afetos específicos, estes também suscetíveis de induzir representações mentais específicas" (p. 63). Isso constitui, segundo o autor, uma base objetiva para o fenômeno da empatia. Concordo com esse ponto de vista, que é interessante confrontar com as últimas descobertas em matéria de neurofisiologia do cérebro e de imagem cerebral.

Os novos dados sobre a neurofisiologia do cérebro

Decety (2002), Damasio (2003), Vincent (2005) e outros evidenciam as bases neurológicas da empatia:

> *O sistema de correspondência entre observação e execução, baseado nas respostas viso-motoras dos neurônios-espelho, poderia ser o fundamento da comunicação interindividual pelos gestos (Rizzolatti et al., 1997, citado por Fadiga et al., p. 316) e da função linguística. (Rizzolatti & Arbib, 1998, citado por Fadiga et al., p. 316)*

As imagens obtidas pelas tomografias por emissão de pósitrons permitiram visualizar as regiões do córtex cerebral, principalmente frontal, solicitadas pela representação mental de uma ação, bem como aquelas solicitadas *em espelho* pela observação de uma ação realizada por outro sujeito. Então, quando um ato intencional é realizado por alguém, vemos que o mesmo neurônio que é ativado na realização do ato é estimulado em *espelho*.

Os trabalhos realizados sobre o contágio do bocejo observado são particularmente interessantes, pois o bocejo não é um ato intencional. Seu contágio assemelha-se à decifração de uma emoção, num nível automático não consciente, denominado pelos pesquisadores de *empatia instintiva involuntária*, que permite entrar em ressonância com afetos inconscientes e repousando numa comunicação implícita. Essas linhas de pesquisa são novas, mas parecem promissoras para elucidar os substratos neurofisiológicos dos modos de comunicação não verbal que vêm sendo descritos há muito tempo nos trabalhos citados anteriormente.

Ópera dialética

Os estados afetivos primários e sua perturbação transmitem-se pela desorganização, pela *dissociação dos três níveis de comunicação* e serão transmitidos ao interlocutor por sinais corporais que fogem à consciência. Poderemos então perceber a dimensão de ambivalência quando esses diferentes níveis, em vez de convergirem, divergem ou contradizem-se, como vemos claramente na dimensão emocional comunicada numa ópera (cf. a análise de Tosca em Prat, 2002).

Assim, um fluxo que se torna muito rápido, um olhar que desvia e uma postura que se arqueia equivalem a portas fechadas, a abandonos indicados ao parceiro sobre o sujeito em questão (diretamente ou de modo mais complexo nas associações pessoais de cada um). Ivan Fonagy (1983) mostrou bem *as bases pulsionais da fonação* e considera que certa maneira de pronunciar uma palavra, na verdade, é uma mensagem independente, pré-consciente ou inconsciente, integrada à mensagem verbal consciente, veiculada por meios linguísticos.

Da parte do receptor, da mesma maneira, todo o seu sistema de comunicação é envolvido nesses três níveis: ele se vê *responder* inconscientemente, abrindo ou fechando sua entonação, suas posturas, seu olhar, deixando entrar nele ou recusando a entrada, convidando assim a prosseguir ou rompendo a troca no nível subjacente (na vida corrente, sabemos bem que podemos concordar com alguém sobre o texto ou as ideias, e nada compartilhar *no fundo*: a troca, então, não é uma experiência vivida de interpenetração).

Implicações clínicas

Ferramenta de compreensão

O que denominamos *intuição* é a capacidade de decodificar esses níveis de comunicação ao mesmo tempo e de maneira imediata sem analisá-los. No meu entendimento, é esse mecanismo que permite compreender a transmissão intergeracional dos fantasmas descritos por Torok e Abraham (1987), as mensagens enigmáticas descritas por Laplanche (1986) e aquilo que de modo geral e indeterminado chamamos de *comunicação de inconsciente para inconsciente*. Na clínica psicanalítica, passamos a dispor de um conjunto considerável de dados que mostram a ocorrência desses fenômenos no dispositivo terapêutico – a figurabilidade dos Botella (2001), a dupla corrente da transferência de Godfrind (1994), o copensamento de Widlöcher (2003), o afeto compartilhado de Catherine Parat (1996), o objeto transformacional de Bollas (1996).

Isso nos permite entender os meios de transmissão que estão em funcionamento no que Jean Guillaumin (1994) denomina:

> *a parte silenciosa e clandestina da transferência [que], na maior parte das vezes fora da interpretação e até mesmo com a nossa total inconsciência, desempenha um papel não só auxiliar, mas também principal, não exclusivo, mas determinante na evolução analítica, inclusive após o término da análise. (pp. 1509-1510)*

Jean Guillaumin (1988) encontra a polissemia do termo alemão para a transferência: *Übertragung* não significa apenas deslocamento, mas também contágio, contaminação e transmissão, o que remete às transmissões psíquicas de afetos. Procedente do mesmo princípio, a contratransferência é o seu contraponto. Tanto uma quanto a outra, como nos diz Guillaumin (1994), passam pelo abalo, pela mudança do eu do outro do paciente na proximidade.

As linhas gerais que destaquei permitem, ao que me parece, sustentar o mecanismo em ação nas transmissões inconscientes dos aspectos não simbolizados do funcionamento psíquico do paciente pelos meios não-verbais descritos anteriormente, vestígios de um mundo organizado segundo a forma binária de estar em contato/perder o contato. Isso faz com que os elementos da contratransferência do analista passem à posição de ferramenta principal de compreensão. Não retomarei aqui esses aspectos, já desenvolvidos por mim em outra ocasião em que propus uma classificação dos níveis de simbolização presentes nesses modos de reações do analista em sessão, equivalentes, para mim, numa reação empática inconsciente, ao próprio modo de organização psíquica do paciente (Prat, 2004).

Ferramenta terapêutica

Aprofundando minhas reflexões sobre esses temas, penso que podemos ir mais além e refletir sobre o uso desses aspectos *importados* para o psiquismo do analista e sua transformação em ferramenta terapêutica nas modalidades do trabalho interpretativo.

No trabalho com os bebês, em qualquer patologia, a simbolização está em vias de construção por razões desenvolvimentais:

> *As terapias mãe-bebê nos obrigam a considerar como parte integrante do material as ações recíprocas exercidas pelo bebê e pela mãe. Esses atos têm um forte sentido de comunicação e constituirão em grande parte o material das sessões de terapia. Proponho chamá-los de* atos relacionais. *(Prat, 2000, p. 20)*

Isso abrange o campo daquilo que Lebovici (1994) designou sob o termo de *se-faisant*, mais recentemente aprofundado sob o conceito de *enactment* nas modalidades de intervenção terapêutica.

Parece-me legítimo, atualmente, fazer deste o modo de interpretação essencial nas situações em que os processos de simbolização são entravados, tanto na clínica de crianças quanto na de adultos, e aqui incluo o trabalho analítico. Trata-se de reconstruir o pano de fundo da comunicação interpessoal no espaço intersubjetivo da sessão. Na maioria dos casos, com os tratamentos ditos *standard*, esse trabalho se efetua *silenciosamente* e não precisamos tomar consciência dele. Todavia, não se pode afirmar que não constitua o vetor terapêutico essencial. Segundo Michael Parsons (2005), a qualidade do engajamento do analista (tanto em relação ao processo analítico em geral quanto em relação ao seu paciente em particular) demonstra sua disposição interna profunda. Ele defende o ponto de vista de Nacht, segundo o qual "o que ele é [o analista] é mais importante do que o que ele diz" (Parsons, 2005), preocupando-se em separar *o que ele é* de *o que ele diz.*

O que *ele é*, a meu ver, diz respeito justamente a esse pano de fundo e à capacidade do analista de entrar em consonância emocional com o outro a fim de promover uma experiência de interpenetração subjetiva. Como Israël (1993):

> *Estou convencido(a) de que, através de nossos gestos ou de nossas palavras, uma parte de nossas fantasias de desejo inconsciente passa para o espaço analítico e que todas essas mensagens não podem ser consideradas – por definição – senão como sendo enigmáticas. Já que não se pode esterilizar o campo analítico dos efeitos da sedução inconsciente, então é melhor antecipá-los e talvez utilizá-los. (p. 61)*

A partir de sua prática do psicodrama, Israël deu a esse tipo de intervenção no trabalho analítico com adultos o nome de *interpretAção*, que me parece ser muito eloquente e bem adaptado ao meu propósito (Israël, 1996). Isso suporia considerar como ferramenta terapêutica as modalidades transformacionais do analista *meio maleável* (Roussillon, 2001), no uso que este pode desenvolver das *palavras que tocam* (Quinodoz, 2002).

No que tange aos pacientes cujas capacidades de transformação simbólica foram entravadas ou não amadureceram, devemos trabalhar essencialmente nesses níveis, sob pena de vermos desenvolver-se (no melhor dos casos da evolução terapêutica) um falso-*self* analítico. Se considerarmos as reações do analista como manifestações empáticas, contratransferenciais, em consonância com o aspecto mais inconsciente, primário, do funcionamento psíquico do paciente, podemos conceber o processo analítico como uma gestação psíquica, que permitirá o desenvolvimento das partes do psiquismo do paciente que não nasceram ou que foram abortadas, a reconstrução do pano de fundo oriundo dos primeiros modos de contato com o mundo sob a forma de ser segurado/ser largado e a harmonização dos diferentes níveis de comunicação.

Referências

Abraham, K. (1924). Esquisse d'une théorie du développement de la libido. In *Oeuvres completes*, 2, pp. 255-313. Paris: Payot.

Anzieu, D. (1974). La peau: du plaisir à la pensée. In: R. Zazzo, *L'attachement* (pp. 140-154). Paris: Delachaux et Nestlé.

Balint, M. (1972). *Amour primaire et technique psychanalytique* (p. 26). Paris: Payot.

Bergeret, J. (2000). *La violence fondamentale*. Paris: Dunod.

Bergeret, J. et al. (2004). *Le foetus dans notre inconscient*. Paris: Dunod.

Bergeret, J., Soule, M., & Golse, B. (2006). *Anthropologie du foetus*. Paris: Dunod.

Bick, E. (1968). The experience of the skin in early object-relations. *International Journal of Psychoanalysis, 49*, 484-486.

Bion, W. R. (1965). *Transformations*. Paris: PUF.

Bion, W. R. (1979). *Eléments de psychanalyse*. Paris: PUF.

Bizzozero, V. (2004/5). Le processus prépsychique. *Revue Française de Psychanalyse, 68*, 1651-1656.

Bollas, C. (1996). *Les forces de la destinée: la psychanalyse de l'idiome humain* (p. 283). Paris: Calmann Lévy.

Botella, C. & Botella, S. (2001). Figurabilité et régrédience. *Revue Française de Psychanalyse, 65*(4), pp. 1149-1239.

Bowlby, J. (1978). *Attachement et perte: l'attachement, t. 1* (p. 539). Paris: PUF.

Brusset, B. (2006). Métapsychologie du lien et troisième topique? *Bulletin de la Sociéte Psychanalytique de Paris, 78*, 23-88.

Busnel, M.-C. & Herbinet, E. (1982). L'Aube des sens. *Les Cahiers du Nouveau Né,* (5). Paris: Stock.

Condon, W. S. (1984). Une analyse de l'organisation comportementale. In Cosnier & Brossard. *La communication non-verbale* (p. 40). Lausanne: Delachaux & Nestlé.

Cosnier, J. (1991). Du coté du non-verbal. *Revue de Psychothérapie Psychanalytique de Groupe, 17,* 97-99.

Damasio, A. (2003). *Spinoza avait raison: joie et tristesse le cerveau des émotions.* Paris: Odile Jacob.

Decety, J. & Nadel, J. (2002). *Imiter pour découvrir l'humain.* Paris: PUF.

Delassus, J.-M. (2006). Le fœtus à l'origine de l'homme. In J. Bergeret et al., *Anthropologie du fœtus.* Paris: Dunod.

Fadiga, L. et al. (2000). Représentation interne de l'action: nouvelles perspectives. *Psychologie Française, 45*(4), 307-317.

Fonagy, I. (1983). *La vive voix.* Paris: Payot.

Fonagy, I. (1988). Dire l'indicible: messages du style verbal. *Revue Française de Psychanalyse, 20,* 421-432.

Friemel, E. & Nguyen, T. (2004). Exploration et interaction mère/bébé: du visage à l'objet. *La psychiatrie de l'enfant, 47*(2), 589-609.

Godfrind, J. & Cosnier, J. (1994). Les deux courants du transfert. *Revue Française de Psychanalyse, 59*(1), pp. 289-294. Paris: PUF.

Green, A. (1983). *Narcissisme de vie, narcissisme de mort.* Paris: Les Editions de Minuit.

Guillaumin, J. (1981). Le travail du rêve comme deuil des objets de la veille: crise d'objet et nouvelle création. *Revue Française de Psychanalyse, 45*(1), 161-185.

Guillaumin, J. (1988). Du contre-transfert et de l'identification primaire de l'analyste à l'originaire du patient. *Bulletin du Groupe Lyonnais,* 11, 3-9.

Guillaumin, J. (1994). Les contrebandiers du transfert. *Revue Française de Psychanalyse, 58*(4).

Haag, G. (1986). Hypothèse sur la structure rythmique du premier contenant. *Gruppo, 2,* 45-53.

Haag, G. (1991). De la sensorialité aux ébauches de pensée chez les enfants autistes. *Revue Internationale de Psychopathologie, 3,* 51-63.

Haag, G. (2000). Réflexions sur une forme de symbolisation pris maire dans la constitution du moi corporel et les représentations spatiales, géométriques et architecturales corollaires. In B. Chouvier, *Matière à symbolisation: art, création et psychanalyse* (pp. 75-88). Lausanne: Delachaux et Nestlé.

Haag, G. (2002). Communication au 6e Congrès international sur l'observation des nourrissons selon la méthode d'E. Bick. Cracovie, 2002.

Havelok, E. (1902). Un corps vivant. *British Medical Journal,* 19 juillet, p. 137.

Herman, I. (1972). *L'instinct filial.* Paris: Denoël.

Israël, P. (1993). Interpréter l'interprétation, effets de style, création de sens. *Revue Française de Psychanalyse, 55*(1).

Israël, P. (1996). Changements psychiques et créativité: remarques techniques. *Revue Française de Psychanalyse, 60*(4), 1161-1169.

Laplanche, J. (1986) De la théorie de la séduction restreinte à la théorie de la séduction généralisée. *Études Freudiennes,* 27, mar.

Lebovici, S. (1994). Empathie et "enactment" dans le travail de contre-trasnfert. *Revue Française de Psychanalyse, 58*, n. spécial congrès, 1551-1561.

Maiello, S. (2000). Trames sonores et rythmiques primordiales. *Journal de Psychanalyse de l'enfant, 26.*

Mancia, M. (1989). Vie prénatale et naissance du Soi. In W. Pasini et al., *Le fœtus et son entourage* (pp. 5-11). Genève: Médecine et Hygiène.

McDougall, J. (1989). *Théâtre du corps*. Paris: Gallimard. (Folio essais, n. 429).

Meltzer, D. (1986). *Studies in extended Metapsychology* (p. 181). Perth: Clunie.

Meltzoff, A. N. & Barton, W. (1979). Intermodal matching by human neonates. *Natur, 282*, 403-404.

Montagu, A. (1979). *La peau et le toucher*. Paris: Éditions du Seuil.

Parat, C. & Gougoulis, N. (1996). *L'affect partage*. Paris: PUF.

Parsons, M. (2005). Du contre-transfert de l'analyste au processus thérapeutique. *Conférence SPP*, 18 jan. 2005.

Piaget, J. (1942). *Revue Suisse de Psychologie et Psychologie Appliquée,* (1-2), 9-21.

Pommier, G. (2004). *Comment les neurosciences démontrent la psychanalyse*. Paris: Flammarion.

Prat, R. (1989). Le dialogue des émotions. *Revue Française de Psychanalyse, 5*, 1345-1369.

Prat, R. (2000). Le temps de voir, le temps de penser: thérapies mère-bébé et observation. *Devenir, 12*(3), 19-45.

Prat, R. (2002). Un rythme à deux: opéra de la séance, opéra de la vie. *Revue Française de Psychanalyse, 5.*

Prat, R. (2004a). Abécédaire de l'empathie chez l'analyste: repérages cliniques dans la séance. *Revue Belge de Psychanalyse, 45*, 55-80.

Prat, R. (2004b). Le fonctionnement psychique de l'analyste en séance: tendance à l'expulsion, envers de la fonction contenante. *Revue Française de Psychanalyse, 68*(5), spécial Congrès, 1735-1742.

Prat, R. (2005). *Conférence SPP Lyon: Opéra de la rencontre dans le partenariat affectif*, 5 mar. 2005.

Quinodoz, D. (2002). *Des mots qui touchent: une psychanalyste apprend à parler*. Paris: PUF.

Rhode, M. (2002). Sensory aspects of language development in relation to primitive anxieties. In *Conference on Language Development*, (19). Bristol.

Righetti, P. L. (1999). La vie psychique et émotionnelle du foetus. *Le Carnet Psy, 50*.

Roussillon, R. (2001a). L'objet "médium malléable" et la conscience de soi. *L'autre, 2*(2), 241-254.

Roussillon, R. (2001b). L'objet, l'expérience de satisfaction et l'inintelligibilité. *Revue Française de Psychanalyse, 65*(4), 1379-1387.

Roussillon, R. (2003). Séparation et chorégraphie de la rencontre. In: A. Barbier, *La séparation* (pp. 121-135). Paris: In Press.

Sherrington, C. S. (1897). *The integrative action of the nervous system*. New York: Charles Scribner's Sons.

Stern, D. (1985). *Le monde interpersonnel du nourrisson*. Paris: PUF.

Torok, M. & Abraham, A. (1987). *L'écorce et le noyau*. Paris: Flammarion.

Torsti-Hagman, M. (2002). Aux sources des processus de symbolisation. Le psychanalyste comme observateur de traumatismes précoces. *Revue Française de Psychosomatique, 21.*

Tustin, F. (1989). *Le trou noir de la psyché: barrières autistiques chez les névrosés* (p. 281). Paris: Seuil.

Uvnäs-Moberg, K. (2006). *Ocytocine: l'hormone de l'amour: Ses effets sur notre santé et nos comportements.* Gap: Le Souffle d'Or.

Vincent, J-D. (2005). *Le coeur des autres: biologie de la compassion.* Paris: J'ai Lu.

Waldeyer, H. W. G. (1891). Ueber einige neuere Forschungen im Gebiete der Anatomie des Centralnervensystems. *Deutsche Medicinische Wochenschrift, 17.*

Wallon, H. (1942). *De l'acte à la pensée: essai de psychologie comparée.* Paris: Flammarion.

Widlöcher, D. (2003). La personne du psychanalyste et les processus d'empathie et de co-pensées. *Bulletin de la Fédération Européenne de Psychanalyse, 57*, 89-96.

Winnicott, D. (1975). Le rôle de miroir de la mère et de la famille dans le développement de l'enfant. In D. Winnicott, *Jeu et réalité: l'espace potentiel.* Paris: Gallimard.

Wolff-Quenot, M. J. (2001). *In utero: mythes, croyances et cultures.* Paris: Masson.

17. *From touch to couch*: a marca do toque: primeiro organizador do psiquismo, fio condutor da vida afetiva e relacional?

Régine Prat

Na clínica atual, tanto o trabalho com adultos como com crianças nos confronta com manifestações comportamentais e/ou sintomáticas que sugerem um fracasso dos processos de representação da vida relacional e dos afetos. Privada de seu potencial polissêmico e metafórico, a linguagem é ineficaz, ou insuficiente, para refletir a riqueza de uma rede de representações ligando afetos; afetos não simbolizados, ou não simbolizáveis, que são "expulsos" em ações e, de modo geral, no corpo.

Nas crianças, junto com demonstrações explosivas "barulhentas", podemos encontrar patologias "silenciosas", pouco diferenciadas, em que a sintomatologia é pouco visível, às vezes mascarada sob uma falsa boa adaptação à realidade. Estamos na presença de quadros clínicos que confirmam os modos de desorganização mental descritos por Marty e M'Uzan (1994), do Instituto de Psicossomática de Paris, como estados operatórios, combinando depressão essencial e pensamento operatório. Podemos considerar estes trabalhos como precursores daquilo que agora podem parecer problemas relacionados à falta de capacidade de simbolização primária, os quais podem assumir várias formas sintomáticas e muitas vezes nos confrontam com o que poderia ser chamado de uma clínica sem demanda.

Um consenso parece estar a emergir para as situações clínicas designadas por patologias narcísicas, estados limite, personalidades psicossomáticas..., como perturbações das modalidades de simbolização: trata-se de um obstáculo à capacidade de transformar as sensações vividas e cruas, em emoções, afetos, sentimentos, suscetíveis de serem comunicados a um parceiro e, portanto, de serem compreendidas. O trabalho de René Roussillon (1999/2014) sobre a simbolização primária fornece uma base essencial para se pensar e teorizar sobre este assunto. Durante o Congresso da IPA (*International Psychoanalytical Association*) em Boston, em 2015, em sua conferência, "para introduzir o trabalho sobre a simbolização primária", ele considera "a evolução da concepção e do modelo de atividade de simbolização, que controla em grande parte o trabalho de subjetivação no centro da prática psicanalítica" como "uma das principais mudanças que afetam a psicanálise".

O modelo metapsicológico freudiano, organizado em torno do tríptico afeto-representação-recalque, revela-se limitado para a compreensão dessas organizações não neuróticas. Isto nos encoraja a retroceder no tempo à questão das origens do psiquismo, na busca de uma "pré-história da vida psíquica" (Prat, 2007) que possa iluminar os eixos fundamentais do desenvolvimento e os pontos que impedem e dificultam o processo de desenvolvimento. O lugar do "trauma" precoce – que vai além da questão "dos traumas" – orientado por eventos nos leva a examinar aqui as origens pulsionais do funcionamento psíquico e a propor um modelo para a organização conjunta da pulsão e do psiquismo.

O lugar do "traumático" inicial, que vai além da questão dos "traumatismos", no sentido de acontecimento orientado por eventos, leva aqui a examinar as origens pulsionais do funcionamento psíquico e a propor um modelo para a organização conjunta da pulsão e da psique.

A reflexão, é essencial para a psicanálise atual e está na adequação de nossas ferramentas teórico-clínicas para estes modos de funcionamento psíquico, a fim de abrir novos caminhos de elaboração no lugar daqueles que fizeram prova de seu valor para as chamadas curas "típicas" da esfera neurótica. O processo terapêutico haverá de ter um lugar ao nível dos primeiros processos de transformação psíquica, e de suas vicissitudes, na formação do símbolo. Trabalhando, a partir da sensação, o material bruto que será transformado pela implementação de funções psíquicas, ocupará, portanto, um lugar central.

A sensação, genealogia do afeto (Prat, 2016)

Desde as primeiras sensações *in-utero*, a personalidade começa a organizar-se transformando sensações brutas em elementos de conhecimento do mundo e de si mesmo a partir do modelo do toque.

Vou propor uma viagem às origens, que mostra claramente a vida desde o início em um componente somático inseparável da vida psíquica.

As sensações nos trazem de volta à origem da própria constituição do eu: "*O eu é finalmente derivado das sensações corporais, principalmente daquelas que têm sua fonte na superfície do corpo*" (Freud, 1927, p. 270). Podemos rastrear desde muito cedo este conhecido enunciado de Freud em "O Ego e o Id".[1] De fato, desde os trabalhos dos anos 1970 e 1980, sabemos que as sensações do

1 Em português, "*le Moi et le Ça*" é traduzido por "Eu e o isso" [N. T.].

mundo que nos rodeia já estão presentes *in-utero*: o desenvolvimento sensorial permite que os elementos ambientais sejam percebidos, guardados na memória e resgatados após o nascimento. O trabalho do psiquismo pode ser concebido como a necessidade de "lidar", de transformar as primeiras informações sensoriais, as primeiras "excitações" que estão na origem da organização pulsional. Do mesmo modo, as informações fornecidas pelos órgãos dos sentidos aportam os elementos primitivos do conhecimento do mundo. Pode-se supor que as primeiras modalidades de experiências sensoriais constituirão um primeiro traço, ao qual estarão ligadas as experiências futuras.

Com base em dados embriológicos do calendário sensorial maturacional, propus a hipótese de uma organização sensorial baseada no modelo do tato, o primeiro órgão dos sentidos, esboçado muito cedo na embriogênese: segundo os embriologistas, os primeiros receptores táteis são funcionais na região perioral (bucal), a partir da 7ª semana do desenvolvimento embrionário.

Com 8 semanas de desenvolvimento fetal, o embrião tem reações de distanciamento ao estímulo da região bucal, mas entre 11 e 14 semanas, a mesma estimulação fará com que a cabeça se aproxime mais, e então todo o corpo. Assim, entre 8 e 11 semanas, passamos de uma "evitação" de contato a uma "busca" de contato: primeira transformação, primeira marca de movimento orientado e, portanto, primeiro tratamento "psíquico" de um experimento sensorial.

Minha hipótese central é que a dualidade de presença/ausência do contato determina um primeiro ritmo que eu chamo de "seguro/solto": esta primeira experiência sensível determina uma forma que será organizadora de todo desenvolvimento psicosensorial posterior, baseado em um mundo descoberto em termos de presença-ausência.

O toque é um sentido reflexivo, não se pode tocar sem ser tocado ao mesmo tempo. A experiência do toque define assim uma forma primitiva (Prat, 2007),[2] que inclui o encontro, o qual instituirá o desenvolvimento de todos os outros meios de conhecimento do mundo: o "segurar/largar" será declinado nas outras modalidades sensoriais quando estas atingirem a maturidade; expandirá o leque de modalidades perceptuais que permitem perder/guardar contato com o objeto à distância. O apoio do desenvolvimento sensorial sobre a forma primitiva do tato permite localizar no início da vida a organização de um modelo, que poderia ser chamado de precursor do *fort-da*.

Assim, quando a audição estiver operacional, às 26 semanas de desenvolvimento fetal, ela permitirá que o bebê enriqueça a sua forma de estar em contato e viver experiências de contato sonoro com elementos contínuos e descontínuos. Suzanne Maiello acredita que o feto pode experimentar a distinção precoce dos aspectos previsíveis do ruído de fundo regular e permanente, e dos aspectos imprevisíveis e aleatórios do mundo sonoro. Em particular, ". . . a percepção da voz materna pode representar a primeira experiência de alteridade da criança durante sua vida pré-natal, visto que ela não tem poder sobre sua presença ou ausência, nem sobre sua qualidade emocional ou mental". Baseando-se em seu importante trabalho sobre bebês, e em dados da vida fetal que mostram que os bebês percebem ruídos cerca de 1 mês antes de perceberem vozes, ela considera que "os momentos iniciais do surgimento e da diferenciação do aparelho mental em relação ao estado primordial de fusão psicofísica estão precisamente relacionados à dimensão acústica" (Maiello, 2000, p. 79).

---

2 Proponho neste artigo a noção de "formatação" que substituí depois pela de "forma primitiva".

Se seguirmos a minha hipótese, é uma versão auditiva do "segurar/soltar", aumentando o leque de modalidades de contato, e continuando por meio da audição o trabalho de diferenciação psíquica empreendido desde o início da vida.

A integração de novas possibilidades sensoriais, permite manter a invariável do modelo "segurar/largar", e ao mesmo tempo converte a experiência numa outra sensorialidade, isto é, a desloca, transformando o objeto inicial em um outro objeto sensorial. A enciclopédia Universalis define "símbolo" como segue: "... a *concretização* (objeto, animal, figura...) de uma realidade abstrata (virtude, estado, poder, crença...)".[3] O conceito de "estar em contato" está concretizado em vários objetos sensoriais: na minha opinião, estamos a lidar com uma simbolização primitiva. Assim, começa uma função, que será operante e central ao longo da vida: o "prender/soltar" é o fio condutor da organização da personalidade pela experiência de guardar-perder o contato com o que se tornará o outro. Todos os sentidos serão utilizados para manter o contato com o objeto, e prefigurar as capacidades de mentalização que cumprirão a mesma função: sucessivamente, olfato, audição e visão permitirão a experiência do jogo entre ficar em contato/perder o contato com o objeto.

O movimento do corpo, contemporâneo e indissociável do início do tocar, é essencial para exercer a busca ativa de contato

"As imagens de ultrassom mostram-nos o aparecimento de um comportamento independente a partir das 6 ou 7 semanas", Alessandra Piontelli (1992, p. 233) recorda que para Prechtl (1989) os

3 Disponível em: https://www.universalis.fr/encyclopedie/symbole.

primeiros movimentos visíveis são detectados com cerca de 7,5 semanas, e consistem em flexões e extensões da coluna vertebral que levam a movimentos passivos dos braços e pernas. O repertório de imagens se expande rapidamente e pode ser considerado completo com 15 semanas. Com 10 semanas há contato da mão com o rosto, alongamentos, bocejos, abertura do maxilar e movimentos da língua; com 12 semanas há contato da mão com a boca, movimentos finos dos dedos e movimentos de sucção e deglutição: "o feto já tem o repertório completo de movimentos que serão observados após o nascimento" (Piontelli, 1992, p. 29).

As incríveis observações da ecografia pré-natal mostram que *in-utero* estamos lidando com comportamentos organizados complexos, sustentados por diferenças individuais significativas, o que nos permite falar de personalidade fetal:

- A ecografia do "feto com a bola" mostra um feto de 15 cm aos 3,5 meses "brincando" de pegar e largar um coágulo de sangue, resultante de uma amniocentese:

  > *. . . que, na escala deste feto, parece ser uma bola. Observamos movimentos da mão palpando a "bola" que é então colocada na frente do rosto, depois sobre os joelhos e empurrada para as pernas. Assistimos este "jogo de bola" repetido durante todo o período de observação. (Farges, 2007, pp. 22-23)*

- Alice é descrita pelo ecografista, com 24 semanas de desenvolvimento embriológico, da seguinte forma:

  > *agora a mão dela está perto da cabeça, tocando seu rosto... volta à parede abdominal... volta ao rosto... depois volta à parede abdominal... depois volta ao rosto... talvez ela esteja sentindo a diferença... essa sou eu, isso não sou eu, eu, não sou eu... ela move todos os*

> *dedos um a um, o polegar o dedo indicador, o médio, o dedo anelar, o dedinho. A mãe ri e diz que o marido gosta de tocar piano. (Piontelli, 1992, p. 128)*

A preconcepção inata, conceptualizada por Bion (1979b), que "corresponde a um estado de espera", resulta de experiências realizadas de forma contínua antes do nascimento: o tempo em repouso do feto é essencialmente ocupado com a manutenção ativa do segurar/largar

Pier-Luigi Righetti (2000) fala de um certo nível de organização, de um Eu Pré-natal. As experiências de contato com objetos – diferentes de si – diretamente acessíveis (placenta, cordão umbilical, parede abdominal...), ou indiretamente (como o contato com a mão da mãe por meio da parede abdominal, sons e ruídos, familiares ou inesperados...), permitem ao bebê chegar ao nascimento com o início de organização de um Eu primitivo, resultante das experiências vividas, e ativamente conduzidas, de confrontação com o outro que não eu, consigo próprio e com os elementos do mundo. Piontelli (1992) considera que "a partir do momento em que o feto começa a ter experiências sensoriais, parece manifestar preferências e reações altamente individuais" (p. 233).

Romana Negri (1999) mostra em sua pesquisa que os movimentos de introjeção e projeção começam *in-utero*. Se seguirmos a minha hipótese, seria a psíquisação do "segurar/largar" primitivo: "uma propensão a processos introjetivos", portanto também projetivos, levando a maiores capacidades relacionais e de aprendizagem à medida que a criança cresce. Meltzer (1986) afirma que as crianças que parecem ter um "bom" objeto desde as primeiras fases da vida fetal têm melhores capacidades introjetivas e, portanto, melhores capacidades projetivas.

Na vida intrauterina, o bebê já experimentou de sobra um nível de conhecimento do mundo e de si mesmo. A evolução se move em uma direção cada vez mais ativa articulada com o desenvolvimento de funções psíquicas equivalentes: de segurar e largar, de pegar e jogar, depois colocar dentro e colocar fora. O problema para o bebê, após a "cesura do nascimento", será o de encontrar os conceitos do mundo conhecido e estabelecidos antes do início oficial da vida.

Origens da organização sensorial

As modalidades rítmicas temporais e a passagem de uma modalidade sensorial para outra, são as ferramentas do primeiro desenvolvimento.

Com o desenvolvimento da sensorialidade do tato, a pele se configura como o primeiro órgão dos sentidos, como o primeiro lugar de encontro com o outro e de busca da reprodução do prazer.

> *A pele é o primeiro órgão dos sentidos formado . . .*[4] *Mas não é um órgão localizado, é a base de todos os outros, que ela recobre e que se desenvolvem ao abrigo da pele. A pele... é a primeira que nasce dos nossos*

4 "Mas ela é mais do que um órgão, pois ela é o envelope de todo o corpo fetal e o limite dos apêndices (placenta, membranas). A pele está sujeita a diferentes estímulos e não tem qualquer proteção externa. Por outro lado, os outros órgãos sensoriais desenvolvem protegidos (pela pele): o epitélio olfativo está no fundo das narinas bloqueado por um tampão. A língua na cavidade oral. A orelha interna protegida por uma ficha auditiva. O olho protegido atrás das pálpebras" (Wolff-Quenot, 2001).

> *órgãos sensoriais e também o maior dos nossos meios de comunicação com o mundo exterior, já que representa uma superfície de troca de quase 2 m² no adulto. De acordo com a lei que estabelece que quanto mais cedo se desenvolver um órgão, mais fundamental será, o revestimento exterior do corpo e o revestimento interior do tubo digestivo são essenciais; sensibilidade tátil, sensibilidade digestiva ou respiratória, todas sujeitas a fenômenos alérgicos. (Wolff-Quenot, 2001, p. 137)*

No útero, podemos ver o feto sugando o polegar, o cordão ou a placenta, tendo movimentos masturbatórios, independentemente de qualquer satisfação alimentar ou autoconservação. A busca da satisfação da zona erógena não se apoia na satisfação de uma necessidade vital, o que nos obriga a repensar a teoria psicanalítica do apoio e confirma as intuições de clínicos e pesquisadores que se interessaram por bebês.

O papel da pele é conhecido há muito tempo: é formulado como hipótese no trabalho de Balint (1972) etc. Bowlby (1979) realçou o papel crucial do contato com a pele desenvolvendo suas propostas teóricas sobre o apego junto ao trabalho dos etólogos, particularmente o de Harlows em macacos. É de salientar que a função continente foi descrita por Esther Bick (1968) como uma função da pele. Didier Anzieu (1974) vai desenvolver ainda mais esse conceito original, aprofundando-o com o termo "eu-pele", e explorando suas numerosas extensões. Montagu (2014) fala da pele como primeira linguagem.

Sabemos agora que o contato com a pele estimula a formação de oxitocina, que está envolvida em todos os comportamentos de apego; o impacto das separações precoces é conhecido há muito tempo (e, mais recentemente, o impacto das separações ocorridas logo após o nascimento) e está fortemente relacionado com os padrões de apego.

O ritmo, na origem das primeiras trocas relacionais, requer um modo particular de conversão sensorial baseado em uma função específica de atenção, que definirá a capacidade de sintonia.

Freud levantou a hipótese que os órgãos dos sentidos "têm a característica de elaborar apenas quantidades mínimas do estímulo externo, eles só processam uma amostra do mundo externo; podemos talvez compará-los a tateadores que se aproximam do mundo externo tateando, e depois se retiram" (Freud, 1920, p. 299). Esses "tateadores" teriam o papel de coletar "pequenas quantidades" de informação. A atenção é central para esta função de recolher dados do mundo exterior, permitindo-nos compreender o amplo espectro das diferenças interindividuais.

Eu proponho a hipótese de que esta pequena quantidade retirada será o denominador comum de todos os estímulos externos: amostra essa que mobiliza a capacidade de atenção e diz respeito a uma invariante mínima comum. Na minha opinião, o ritmo é esta invariante: pequena quantidade, mas comum a todos os estímulos, é possível que seja como um "transportador" de uma modalidade sensorial para a outra. Isto permite um modo de percepção chamado "amodal", ou "sinestésico", bem destacado pelos estudos do desenvolvimento. O bebê atento tem a capacidade de processar a informação recebida em uma modalidade sensorial e de traduzi-la para outra. Assim, ele será capaz de reconhecer visualmente uma chupeta que ele apenas tocou, ou transpor o ritmo de uma apresentação melódica para uma apresentação visual.

Estudos realizados por Vilayanur S. Ramachandran (2006) encontraram concordâncias persistentes das modalidades sensoriais em autistas. Os criadores e poetas conservariam esta modalidade perceptiva amodal sete vezes mais que a população geral. No entanto, todos nós guardamos um traço desse passado "amodal" que nos permite apreciar a poesia, usar metáforas. Uma experiência na qual pedimos para dar o nome "kiki" ou "bouba" a duas formas, uma arredondada e outra pontiaguda, mostra que 95% das pessoas, transferindo elementos visuais em elementos de som, atribuirão o nome "kiki" para o objeto pontiagudo e "bouba" ao objeto arredondado.

Este trabalho de comodalisação acontece no sulco temporal superior, na zona de reconhecimento do rosto do outro (e das emoções sentidas por ele) e na voz humana, precisamente descrita como anormal durante os estados autistas.

"O fator decisivo para a sensação é o grau de diminuição ou aumento ao longo do tempo". Freud introduz um fator qualitativo, à percepção do tempo, essencial no aumento e diminuição da tensão, na alternância prazer/desprazer: "Nós estaríamos bem mais avançados em psicologia se pudéssemos indicar o que é este caráter qualitativo. Talvez seja o ritmo, o fluxo temporal nas mudanças, aumentos e diminuições na quantidade de estímulo" (Freud, 1920, p.12). Ele conclui cuidadosamente por: "não sabemos". Acontece que o progresso do conhecimento, em campos relacionados à psicanálise, significa que agora sabemos mais sobre essa questão, e que podemos confirmar a intuição de Freud (1920). Stern (2002) considera a percepção do tempo como um verdadeiro "sexto sentido" e afirma que "sem a dimensão temporal, não poderíamos ter as experiências sensoriais que conhecemos" (p. 18). A capacidade de transformação de um sentido em um outro, assim como o ritmo, é a base de trocas entre mãe e bebê que Stern chamou de "sintonia". Descobertas consideráveis foram feitas nos últimos vinte anos, particularmente em torno do ritmo que acontece na comunicação entre duas pessoas.

Tocar, ver, e o sentido da realidade:

> *O começo é o tato, o contato com a pele, quando se é segurado, a firme pressão do corpo da mãe (mas ainda não vivido como o Outro). É o núcleo do real. Devemos imaginar que ela é vista através dos olhos, no início, mais ou menos separada do que sentimos através da pele. A integração de imagens visuais e experiências corporais táteis é algo a ser aprendido. (Wright, 1991, p. 56)*

Este aprendizado pela experiência é fundamental e o seu ritmo é amplamente determinado pelas características da relação. Isso vai permitir compreender os entraves precoces à construção do psiquismo e da ligação com a realidade, pelas modalidades de contato muito apertadas ou soltas demais, as quais mobilizarão, precocemente, a concepção de um mundo não ajustado, intrusivo ou abandonante.

> *O estabelecimento da identidade está imediatamente ligado ao outro, a pulsão necessita imediatamente do encontro para desempenhar seu papel intermediário entre soma e psique. Ritmo e território constituiriam assim o primeiro nível de conceitualização das experiências sensoriais, e os pontos relevantes para o estudo da ligação e não-ligação da psique-soma: eles constituiriam os eixos das primeiras configurações permitindo a transformação dos dados do vivido da pessoa e o elo intermediário essencial à representação. (Prat, 2014, p. 55)*

As primeiras representações se manifestam, se colocam em cena, pelo corpo: o "fazer-se"[5] permite uma ação autorreflexivante,

5 Termo inicialmente proposto por Lebovici, na clínica pais-bebê, antes que ele

todos os sentidos participam da promulgação do pensamento para modificá-lo, especificá-lo e ajustá-lo.

O que Geneviève Haag (2002) chama "o teatro das mãos" é uma formação proto-simbólica da experiência, que vai continuar ao longo da vida e ocupar esta função. Sabemos agora que as atividades de sucção do polegar acompanham e constituem uma verdadeira atividade de representação pela qual o bebê pode "se endossar e endossar sua pele no fundo dos olhos e da cabeça do outro . . . na concomitância do suporte costas-pescoço e na intensa dupla interpenetração entre boca/mamilo/olho a olho do segundo mês de vida" (Haag, 1990, pp. 245-248).

Em suas atividades motoras e psicomotoras, o bebê constrói uma coerência entre as diferentes partes de seu corpo, ancoradas na articulação com seu pensar. Já não se trata simplesmente do "ato de pensar" (Haag, 2018), mas do pensar em ato, e isto desde o início da vida.

O início precoce da premência de tocar o outro pode ser desenvolvido como uma pulsão, muito antes que esta seja sexualizada. O contato, a pele, fazem do vínculo o local simultaneamente fundador e processual das operações de transação entre as excitações somáticas e a pulsão.

Em seu confronto com o trabalho de Bowlby (1979) sobre o apego, Didier Anzieu (1974) se pergunta em seu famoso artigo *Pele: do prazer ao pensar*: "A psicanálise não cometeu um erro ao privilegiar a pulsão sexual? A pulsão de vínculo não seria tão primária quanto a pulsão sexual?" (p. 140). As pré-formas da pulsão, organizadas em torno do contato e dos fundamentos do vínculo, constituiriam a vertente instintiva da pulsão, primeira modalidade

---

retomasse toda a sua concepção sob os termos "enacment" e "empatia metaforizante".

de transformação das excitações somáticas. Então, a resposta do outro introduzirá diferenças qualitativas nas modalidades de presença-ausência: essas modalidades de presença vão "iluminar" certos setores, dando-lhes uma existência, e anulando outros em um não reconhecimento, um desvio, uma clivagem. Podemos ver nestas complexas e contraditórias modalidades de resposta do outro, a via de passagem das "mensagens enigmáticas" descritas por Laplanche (1987) no confronto do bebê com o inconsciente dos pais. A pulsão teria assim dois organizadores: um seria a excitação endógena ancorada em fontes somáticas, e o outro seria exógeno, libidinal, vindo de informações de adultos em geral, e da mãe em particular (Israël & Prat, 2009, p. 7). "Falar de pulsão de apego nos permite considerar os efeitos dos encontros, tanto do lado do sujeito, como do objeto", disse Bernard Golse (2007).[6]

Pensar no toque não apenas como fundador, mas como a base permanente de todo o futuro, tem consequências importantes sobre como podemos pensar nas vicissitudes do desenvolvimento psíquico e no aspecto geral (jeitão) do andamento dos tratamentos.

Tato, contato e comunicação

A dimensão da troca é o ponto comum central desses três termos; na etimologia latina *communis*, que pertence a todos, que é compartilhado, está o fato de estar em contato com o outro com quem partilhamos o objeto em comum.

As obras de Colwyn Trevarthen (1999) e Daniel Stern (1999) são fundadoras do que vamos chamar de intersubjetividade.

6 Entre a psicanálise e o vínculo, o conceito de pulsão de vínculo como meio de pensar a simbolização na ausência e presença do objeto.

O bebê precisa "tocar" o outro, no sentido emocional dado a esta expressão, que é uma tradução e extensão do tocar sensorial.

As obras de Malloch e Trevarthen (2009) sobre o que eles nomeiam "musicalidade comunicativa", demonstram a capacidade de intuição dos bebês de antecipar o processo rítmico; a reciprocidade no ritmo é semelhante entre os parceiros de uma improvisação de jazz e nas trocas mãe/bebê.

A resposta do outro é indispensável: Pesquisas recentes, bem numerosas e convergentes, mostram que a resposta do outro permite à criança construir o seu sentimento de identidade e é essencial para que os bebês identifiquem o seu próprio sentir sensorial.

O bebê precisa ver no outro a manifestação do seu sentir emocional e sensorial para identificá-los e apropriar-se deles.

O trabalho de Gergely e Watson (1996) sobre o *affect-mirroring* mostrou que o bebê precisa que o parceiro forme seu próprio vivido emocional para que ele mesmo (o bebê) possa reconhecê-lo e interiorizá-lo. Para diferenciá-las do seu parceiro, as respostas deste devem ser congruentes com o afeto manifestado pelo bebê e possuir qualidades (marcação) semelhante ao ato de "fingir". É, portanto, toda a capacidade de interiorização e de representação adequada do sentir que ocorre por meio do contato com o outro. As distorções serão distorções profundas na construção da identidade e da representação do mundo interno. (A experiência do *still-face* mostra a desorganização no bebê quando a mãe reage com um rosto impassível às suas manifestações). Esta forma não é uma cópia ou uma imitação, mas utiliza as modalidades de transformação transmodal: é a afinação como um todo que está envolvida (por exemplo, diante de um bebê feliz a reação da mãe não será apenas um sorriso, mas uma transformação dos afetos de vitalidade percebidos no bebê em uma pequena dança, por exemplo, que vai envolver o corpo todo).

O bebê precisa ser o agente dos estados mentais do outro: não é apenas ver seu reflexo em um espelho parental passivo, ele precisa ser o ator do sentir emocional do outro.

Ele precisa desencadear as sensações análogas, em modo amodal, àquelas que ele sente: não é uma imitação, um simples espelho, mas uma transferência para outras modalidades sensoriais, um eco e uma transformação. Quando nos envolvemos naquilo que chamamos de proto-conversas entre mãe e bebê, testemunhamos uma dança em harmonia entre o bebê e o seu parceiro, na qual todo o campo sensorial participa, voz, ritmo, gestos, posturas...: o imperativo, para o bebê, é alcançar o outro. O fato de ser um "agente precoce" (Rochette, 2014) baseia-se no princípio de uma percepção muito precoce de ser o agente dos estados mentais do outro. Nessas experiências, o bebê vai construir uma autoconfiança e uma confiança no mundo. Estes estudos confirmam a intuição freudiana: "Tenho notado que as pessoas que se sentem privilegiadas ou ilustres pelas suas mães têm na vida uma autoconfiança particular e um otimismo inabalável".[7] Freud antecipa Winnicott: "Um bebê *não existe*!", isto é, não existe sozinho.

Os traumas precoces assumem o aspecto sutil de uma harmonia bloqueada (Prat, 2015). O impacto sobre o desenvolvimento do bebê dos traumas psíquicos com a mãe pode surgir como consequência da falta de sintonia.

As descobertas recentes sobre a memória, bem como estudos catamnésicos, confirmam as intuições dos clínicos sobre a transmissão transgeracional, a compulsão de repetição traumática. O que eu chamo de "ritmo e território" refere-se a duas modalidades do traumático, espacial e temporal, conforme os aspectos

7 Referência à nota de Delrieu adicionada em 1911 ao livro *A interpretação dos sonhos*.

determinantes da constituição da identidade, que constituiriam o que eu tinha inicialmente referido como "*le blanc du traumatisme*" (a parte "branca" do traumático) (Prat, 2005).

- A intrusão precoce no seu espaço e ritmo constituiria um trauma, uma espécie de violação pré-sexual.
- O não encontro (objeto que desaparece, que está ausente ou sem sintonia) confrontaria, de forma muito precoce, algo que prefiguraria a depressão, o sentimento de inutilidade de si mesmo e da própria ação.

O eu é marcado por dois tipos de angústias, diz André Green (1999): "Por um lado as angústias de separação e, por outro, as angústias de intrusão" (p. 39).

Bowlby (1979), com base no seu trabalho sobre o apego, descreveu a constituição do que ele chama "modelos internos operantes" (MIO)[8] a experiência do ritmo do segurar/largar, no ajuste, permite ao bebê construir um modelo, uma "instrução de uso" do conjunto dos movimentos relacionais. O segurar/largar é a base da constituição dos modelos internos eficazes.

> *Desde os primeiros meses de vida, os bebês internalizam modelos de relacionamento baseados em suas experiências com o ambiente familiar. Eles retêm o efeito que eles produzem nos outros emitindo sinais de apego e, de modo geral, as sequências de interações que eles têm com seus entes queridos. (Miljkovitch, 2001, p. 7)*

Os MIO se revelam extremamente sólidos com o tempo. Muitos procedimentos experimentais têm demonstrado sua persistência, não apenas no estabelecimento de vínculos de apego na infância,

---

8 MIO: *internal working models* [N. T].

mas igualmente na adolescência, na idade adulta, na determinação das escolhas amorosas, na capacidade de estabelecer uma relação de confiança. Do mesmo modo, são decisivas para a forma como o sujeito, uma vez que se torna pai (ou mãe), se relaciona com os seus próprios filhos e no olhar que tem sobre eles. (As correlações variam de 65% a 80%).

O que resta desse vocabulário primordial do contato com a pele e do movimento?

Temos dados de campos convergentes que nos permitem fazer hipóteses a respeito da sobrevivência, nos nossos modos de comunicação, das experiências primitivas e dos primeiros modos de contato com o outro.

A partir do estudo meticuloso de curtas sequências relacionais, William Condon (1984), em um trabalho antigo e precursor, mostrou que existe uma tendência "natural" de articular o seu estilo e ritmo gestual sobre o do outro, estabelecendo assim uma dança harmoniosa:

> *Os ouvintes movem-se em harmonia com a estrutura articuladora do discurso do orador . . . a sincronia interativa parece ser geral na espécie humana, e provavelmente também nas espécies animais. Assim, "a linguagem, em seu aspecto natural, na forma de palavra, nunca é desencarnada, mas é sempre expressa através de um comportamento. (Condon, 1984, p. 34)*

Jacques Cosnier, em seu trabalho sobre a comunicação não verbal, fala de uma "atividade de eco corporal" como base de atribuição de afetos: assim, "a adoção de mímicas posturais, ou a realização de algumas atividades corporais [é] susceptível de dar origem a afetos específicos, eles mesmos suscetíveis de induzir representações mentais específicas". Segundo ele, isto constitui "uma base objetiva para o fenômeno da empatia".

Pesquisas em psicologia cognitiva (Gelder, 2007) mostraram que o movimento corporal, apresentado pelo registro de pontos de luz colocados nas articulações, permite reconhecer não apenas o tipo de movimento efetuado, mas também se é um homem ou uma mulher e as emoções expressas.

Jacques Lecoq, fundador de uma importante escola de criação teatral baseada em sua experiência corporal de esportista de alto nível, fez com que os atores trabalhassem de máscaras para aprender a "linguagem dos gestos", portadora e transmissora de emoções: "devemos olhar como os seres e as coisas se movem e como se refletem em nós". Na sua abordagem pedagógica, tudo se refere ao movimento (subida, descida, ritmo) como portador e tradutor de emoções (encontramos a etimologia de *emovere*), bem como o olhar que o recebe e o decodifica. Tudo que o homem faz em sua vida pode ser resumido a duas ações essenciais: "puxar e empurrar", que ele declina, em suas várias vertentes, na forma do que ele chama de uma "rosa de esforços", na qual eu encontro aquilo que se origina na forma primitiva do "segurar/largar".

A palavra em si só pode ser concebida como encarnada, a voz representa o corpo do verbo. "A fala é um sinal parcimonioso... ela inclui silêncios de suspiros, rosnados, ruídos, risos... tudo acompanhado de manifestações corporais" (Rivet, p. 89). Uma grande quantidade de pesquisas mostra que a fala não é apenas auditiva, mas também visual: o reconhecimento do tom emocional na prosódia aumenta levando em consideração toda a postura; da mesma forma, o reconhecimento da expressão emocional do rosto aumenta o reconhecimento da prosódia, e é aumentado quando a expressão corporal é congruente.

A Ópera do encontro, um modelo da comunicação intersubjetiva empática: o ritmo segurar-largar, principal vetor do encontro entre duas pessoas, comunica, sem o conhecimento do emissor, afetos não elaborados, que serão recebidos pelo outro, também sem seu conhecimento.

Teremos assim um nível profundo, subterrâneo, clandestino..., inconsciente, de comunicação entre duas pessoas que, mais do que uma dança, assemelha-se à ópera: o tocar corporal, sensorial, torna-se toque emocional, e informa o pegar e o largar do contato nas relações. Como na ópera, estamos lidando com três níveis indissociáveis de comunicação:

- o libreto: o texto, o sentido, o manifesto, a história contada, a que podemos escrever;
- a música: prosódia, verdadeira linha musical do texto, as acentuações, as entonações ascendentes e descendentes, pausas, acelerações do fluxo;
- a encenação: colocação do espaço corporal, gestos, postura, aproximações, distanciamentos, mas também micro manifestações, piscadelas dos olhos, desvios posturais discretos que veiculam o soltar.

Nestes dois níveis de linguagem não verbal, corporal, é o ritmo que é o vetor essencial da comunicação. Os sentidos veiculados por estes diferentes níveis podem ser convergentes, apoiar-se mutuamente para reforçar o sentido da linguagem, ou ser, pelo contrário, divergentes, expressar ambivalência, conflito interno. Em particular, os afetos que não puderam acessar a um nível de simbolização pela linguagem serão comunicados pela linha de fundo musical e corporal e pelo seu desenganche do nível manifesto do texto. Assim, o fechamento, a liberação, se comunicam por meio da linguagem corporal, de microssinais, como na comunicação entre mãe e bebê. Os níveis "música e dança", de que fala Donald Meltzer (1986, p. 181), traduzem os aspectos comunicados "apesar de si", cujo conteúdo não foi necessariamente traduzido, ou não totalmente, para o simbolismo das palavras. Um sentido de "passageiro clandestino" (Guillaumin, 1994) é transmitido: o texto, o libreto, a história contada, podemos dizer que o sentido manifesto ou manifestado será cancelado de forma infraliminal pelas mensagens traduzidas pelo corpo.

Os sinais transmitidos no sentido do soltar (microdirecionamento do olhar, modificação da prosódia, entonação caindo, microretraimento postural) são recebidas pelo interlocutor e alimentam sua intuição: liberar os olhos e retomar, liberar os olhos, mas manter a voz..., uma dança na qual nos largamos e retomamos..., nos perdemos, ritmo assim como relações, abre e fecha as portas para o exterior por meios dos órgãos de sentido e habilidades motoras. Assim, um fluir rápido demais, um olhar que se desvia, uma postura que encolhe, equivalem a umas tantas portas fechadas, "derrubadas" indicadas ao parceiro, sobre o assunto em questão. Ivan Fonagy (1983, 1988) mostrou claramente as "bases pulsionais da fonação" e considera que "uma certa forma de pronunciar uma palavra é, na verdade, uma mensagem independente, pré-consciente ou inconsciente, integrada à mensagem verbal consciente, transmitida por meios linguísticos" (p. 422).

Do lado do receptor, da mesma forma, envolve todo o seu sistema de comunicação nestes três níveis: o encontramos "respondendo" sem ter conhecimento, aumentando ou diminuindo sua entonação, suas posturas, seu olhar, deixando entrar em si ou não deixando; no nível subjacente, ele convida a continuar ou romper a troca.

A capacidade de decodificar esses três diferentes níveis de comunicação ao mesmo tempo, imediatamente, sem analisá-los, está no centro das relações humanas, especialmente na comunicação entre paciente e psicanalista. Isso nos coloca no caminho de uma ferramenta clínica importante, uma vez que os estados afetivos primários e seus distúrbios serão transmitidos por meio da desorganização, da dissociação desses três níveis de comunicação.

É particularmente interessante comparar estes dados com as descobertas da neurofisiologia cerebral e imagem cerebral: neurônios espelho e o cérebro direito.

Pesquisadores que trabalham com "neurônios espelho" destacam uma "empatia instintiva involuntária" baseada na percepção de sinais corporais visualizáveis emitidos pelo outro: "O sistema de correspondência entre observação e execução, baseado nas respostas viso-motoras dos neurônios espelho, poderia ser a base da comunicação interindividual através de gestos" (Rizzolatti et al., 1997) e da função linguística (Rizzolatti & Arbib, 1998).

Schore (2011) destaca a dupla organização e os níveis implícitos de comunicação. "O desenvolvimento precoce do cérebro direito gera o eu implícito, o inconsciente humano" (Schore, 1994, 1997, 2003, 2005, 2007). Os pesquisadores atuais da neurociência concluem: "O hemisfério direito foi ligado ao tratamento implícito da informação, em oposição ao tratamento mais explícito e consciente ligado ao hemisfério esquerdo (Happaney, Zelazo & Stuss, 2004, p. 7). Os pesquisadores em psicofisiologia relatam: "Descobrimos que o hemisfério esquerdo mais do que o direito pode ser o mediador na elaboração consciente . . ." (Schore, 2011, p. 75).

Apesar da atribuição do hemisfério verbal esquerdo como "dominante" devido à sua capacidade de gerir os processos da linguagem, é na realidade o hemisfério direito com a sua função de comunicação e gestão implícita da homeostase e autoconservação, quem é verdadeiramente dominante na existência humana" (Schore, 2011, pp. 76-77). As transmissões contratransferenciais representam estas comunicações não conscientes entre cérebro corpo espírito direita.

Schore (2011) conclui que "a cura pela fala é de fato uma cura pela comunicação" (p. 78). Isso define a base para uma das ferramentas técnicas mais confiáveis e eficazes que os clínicos conhecem bem, mesmo que ela não tenha sido suficientemente teorizada: a intuição. Hans Welling (2005) descreve os cinco passos do processo de intuição do ponto de vista cognitivo, mostrando a parte da criatividade na aquisição do conhecimento da fase de detecção, no qual a atenção é atraída por um detalhe incongruente até à elucidação do significado oculto. A intuição nos conecta aos aspectos que ficaram sem transformação simbólica. A referência a Reik (1948) situa esse nível implícito de comunicação no centro do próprio mecanismo da relação transferencial e da própria essência da "3ª orelha".

Reik (1976) ligou o

> *tato que determina o momento em que uma interpretação é feita, ao tempo e ritmo, e considerou que a falta de tato, ou seja, a ruptura do ritmo, era um tipo particular de ato falho. O analista percebe, mesmo sem querer ou saber, o ritmo das moções pulsionais de seu analisando, e esse conhecimento inconsciente lhe indica o momento propício para a comunicação. (p. 163)*

Consequências para os tratamentos

Vamos ter de refazer o caminho do desenvolvimento em tratamentos não neuróticos, (ou nos momentos "limite" dos tratamentos neuróticos) para os quais a supressão do recalque *não é* suficiente, e abrir aquilo a que René Roussillon (2005) chama de "escuta polifônica" na qual: "Nenhum conteúdo psíquico é a priori privilegiado, nem a priori excluído, e da mesma forma, nenhum tipo de intervenção é *a priori* prescrito ou proibido" (p. 366).

Isto significa que o percurso terapêutico é centrado no restabelecimento da capacidade de contato direto, autêntico e profundo, em dois níveis:

- Recuperação do contato do paciente consigo mesmo;
- Recuperação do contato com o outro.

Este trajeto terá de ancorar o sentido nos elementos não verbais da linguagem em que o ritmo será central, como espero ter demonstrado que foi central na primeira constituição dos vínculos: trata-se de restaurar a capacidade de tocar o outro, e ser tocado, no plano emocional.

A escuta de uma associatividade reduzida aos elementos verbais da linguagem, faz com que os pacientes corram o risco de ser forçados a uma paródia de "cura-tipo", levando a um falso *self* psicanalítico: o paciente que é tratado desta forma, pode tornar-se um "lacerado do divã" (Baranés, 2003). Os elementos não verbais, percebidos e operantes, mas ignorados pelo terapeuta, provocam o risco de uma espécie de intuitividade selvagem, induzindo ao risco de passagem ao ato, particularmente na reprodução de mecanismos originários do traumático, sob a forma de intrusões ou sensação de queda.

A construção de um limite torna-se o principal instrumento terapêutico para reconstruir os contornos da identidade; em muitos aspectos, trata-se de refazer o caminho de desenvolvimento. Parece-me importante ressaltar que isto vai além da questão do enquadre, ou de qualquer coisa que implique "estabelecer" limites:

aqui o limite não é algo que se lembra, ou se expressa, mas algo que se constrói e se torna parte intrínseca do processo analítico.

Isto leva um posicionamento diferente do analista: saber onde estamos como analista, não apenas tradicionalmente "na transferência", mas face à pessoa. Desvendar, nas histórias, os "limites" do território pessoal poderá servir de guia para as intervenções e comentários. Entender como "ataque ao *setting*" o fato de o paciente não conseguir entrar no enquadre que propomos, leva a um impasse: devemos nos perguntar qual seria o enquadre mais apropriado para permitir um processo associativo e uma mobilização da dinâmica psíquica.

Para o paciente, o material será estendido a manifestações corporais, atos, e qualquer outro modo de expressão não ou pouco simbolizado.

O analista deverá prestar atenção aos mínimos detalhes, e não apenas uma atenção "flutuante", às pequenas manifestações não verbais para ampliar seu "vocabulário" (Prat, 2004) e sua compreensão neste campo, sob um duplo registro: primeiro reconhecendo a função primária destas comunicações do paciente, e depois utilizando-as no trabalho analítico de transformação interpretativa, a serviço do processo analítico. No próprio material verbal aprenderemos a considerar a prosódia, o jeito rítmico das verbalizações, rupturas, direções do olhar, postura e tônus postural que os acompanham. Estes aspectos, que alimentam nossa intuição clínica, serão particularmente destacados aqui. Se trabalharmos com pacientes em que a verbalização não permitiu restaurar a coesão do conjunto pulsão/representação, usaremos esses dados perceptíveis como material a ser transformado e simbolizado, exigindo nossas próprias capacidades de simbolização.

O gesto portador de sentido: Laura fez várias análises, muitas formações de grupo, terapia familiar etc. que não permitiram que ela saísse de colapsos recorrentes, de uma obesidade recorrente, alcoolismo intermitente e uma enorme dificuldade para viver.

Poucos meses depois de retomar o tratamento face a face comigo, com duas sessões por semana, ela se recorda das precárias figuras de apego da sua infância, uma empregada que ouvia "coisas" no rádio: ela pontua o nome do cantor do qual a empregada era "fã", com um gesto repetido de varredura com as mãos. Eu "agarro" este gesto com minha mão, para quebrar o fio de um discurso que certamente foi repetido muitas vezes; pergunto-lhe se ela se lembra das canções, e ela volta ao movimento de varredura mostrando que isso não importa. Eu digo: "Não devíamos falar sobre isso?"; "uh... não", diz ela em um tom inseguro; mas ela não se lembra mais... "Era algo de amor, super comum". Eu cantarolo a melodia que creio ser aquela. Ela exclama: "É isso!". Eu dou assim o direito de mencionar as "coisas" não apenas proibidas, mas indizíveis: em sua casa escutava-se música clássica e ela se sentia mal-amada; a empregada sonhava com um mundo de amor, de confiança e acreditava na força dos sentimentos: isso era o que era varrido para longe, em sua memória; ela indicava, pelo seu gesto, que não devíamos parar por aí, ainda hoje, aqui comigo.

Para o analista

> *a simbolização primária em curso na sessão, não é apenas um feito do analisando, do seu trabalho de sonho da sessão, ela resulta também do que acontece entre analista e analisando, no trabalho de simbolização primária, no seio da relação intersubjetiva. (Roussillon, 1995, p. 1480)*

Estender o material do paciente ao sentir do analista durante a sessão abre um nível muito profundo de compreensão do impacto das projeções do paciente sobre o funcionamento psíquico do analista, no trabalho da sessão. Essas projeções dizem respeito não apenas às emoções primárias em seu aspecto mais inconsciente, mas também, ao modo utilizado pelo paciente no tratamento psíquico dessas emoções (Prat, 1989, 2004). O mecanismo de identificação projetiva, conceitualizado por Bion (1962).

Em seus aspectos "normais", constitui a base psíquica da empatia, ou da intuição: o contínuo "diálogo das emoções" na sessão, constituirá a base da comunicação interpessoal vinculada aos processos que permitem a uma pessoa receber emoções primárias provenientes do outro. Nestas situações, trata-se de fato de uma questão de limites: o analista sente afetos que pertencem ao paciente que o próprio paciente não sente.

A sra. L chegou com um pedido de análise que também poderia ter um propósito profissional. Ela já tinha feito uma longa análise há alguns anos, longa e real, mas ela está passando por momentos de depressão e de dúvida sobre sua vida que a levam a se questionar sobre o retorno ao trabalho analítico. Primeiro eu sugiro um encontro semanal, face a face, para pensarmos juntas o que pode ser melhor para ela.

Ela fornece um rico material associativo, no qual as ligações transferenciais aparecem claramente, testemunhando uma flexibilidade de suas adaptações defensivas e uma boa capacidade de *insight*, indicando que ela poderia se envolver em um tratamento analítico "padrão". Porém, do ponto de vista da transferência, as coisas não são tão simples assim. Tenho a sensação de não conseguir me "enganchar" realmente com esta paciente e me sinto perdida. Sou então invadida por uma estranha percepção de minha voz: me ouço com voz de "falsete", como quando cantamos errado. Minha voz parece ter sonoridades esquisitas e incomuns, que eu sinto como se estivessem fora de sintonia.

Fico pensando que essa sensação deve estar ligada ao horário matinal da sessão: em geral, nesse dia, quando a recebo, ainda não falei com ninguém. Resolvo então "aquecer" minha voz antes de recebê-la fazendo vocalises. Precisei de três semanas para perceber que antes de recebê-la... eu sempre recebia outros pacientes neste mesmo horário, sem nunca me sentir como se estivesse "falando em falso". O que será meu...? O que está contido no meu funcionamento psíquico durante essas três semanas...? Durante as quais fiquei me contando essa história?

Pensar que esta falsidade não me pertencia, mas que eu recebi uma parte separada pertencente à paciente, me permitiu estar atenta a esse aspecto e abordar o tema de falsidade nas sessões. Isto abrira uma zona de funcionamento psíquico que ficara intocada no trabalho analítico anterior, que dizia essencialmente respeito à parte neurótica e aos níveis edípicos.

Descobrimos então um bebê que sofre, ignorado por uma parte precocemente adulta desenvolvida em "falso *self*"; um bebê desesperado, que chora sem esperança de receber uma resposta de uma mãe deprimida e ocupada com o nascimento de outros bebês muito próximos. Essas lágrimas se fundem, em memórias posteriores, com sentimento de pânico, numa experiência de enchentes e desastre.

Isto nos permitirá dar sentido a ser regularmente tomada pelas lágrimas na sessão, sem que fosse possível ligá-las aos afetos. Poderemos então empreender um trabalho de reintegração no funcionamento psíquico, destes afetos clivados do sofrimento primitivo, na continuação de um trabalho terapêutico mais intensivo, primeiro face a face, e depois num *setting* analítico.

Atenção ao corpo como canal de comunicação com o analista em uma perspectiva de reconstrução da ligação entre o psiquismo do paciente e seu corpo.

O trabalho pressupõe, então, que podemos observar e formular algo das disfunções corporais, muitas vezes evocadas como externas ao processo, e não tendo lugar no trabalho analítico, e isto sem necessariamente esperar que o próprio paciente traga o assunto. Lombardi (2018) enfatiza "o aspecto central do corpo como objeto primitivo da mente" (p. 130) e a necessidade de reintroduzir a atenção ao corpo na sessão, para que o paciente possa retomar o processo de desenvolvimento que leva à apropriação de seu corpo. Ele indica que a primeira transferência que devemos considerar é a transferência do paciente sobre seu próprio corpo, que precede a transferência para com o analista.

Ao convidar Laura para conversar comigo sobre suas experiências corporais, vemos que ela não tem uma percepção de seu corpo, sente-se pegajosa e sem forma; ela diz que, quando come, não é para se encher, é para se dar uma borda. Encontrar ou redescobrir a comunicação consigo mesmo, acontece junto com a possibilidade de se comprometer em uma comunicação autêntica com o analista, que só poderá ser interpretada mais tarde.

Um breve momento da sessão da sra. G. é caracterizado pela ruptura deliberada do enquadre, por parte do analista, sua intervenção ativa, e a solicitação sobre o sentimento imediato e não sobre o pensamento por associação.

Esta sessão se situa após três anos de terapia face a face (um encontro por semana durante um ano e meio, e um ano e meio de duas sessões). A questão de uma análise começa a se colocar, e será iniciada pouco mais de um ano mais tarde (atualmente em seu 6º ano).

O ritmo da semana foi interrompido pela segunda-feira de Pentecostes.

Ela achou o tempo muito longo, sempre com a mesma impressão de não estar em si, uma sensação de apagamento.

Como constituir o tal objeto interno de que estamos falamos (ela mesma, em suas aulas, quando fala sobre os organizadores da psique, fica perturbada com a angústia do 8º mês)?

O fato de ela não se ver, faz ela se sentir ridícula... estamos longe de poder pensar no divã, diz ela, referindo-se a evocações de possíveis análises... ela sente que está resistindo ao divã, se o ritmo mudar, ela se sente com uma insegurança máxima.

Eu comento: "O ritmo seria algo confiável? Deve ser mantido?".

Ela conta várias anedotas profissionais, e diz que se sente feita de pequenas peças que só se mantêm juntas aqui, e graças mim, durante sua semana; se não há ritmo, nada se mantém.

Ela associa sobre seu fascínio pelo trabalho de maestro, a impressão de que é ele quem mantém a música, pode dar uma atenção individual, ouvir e valorizar um instrumento, mas sem perder de vista o conjunto; ela evoca Boulez e seu fascínio em vê-lo reger a orquestra com os dedos, tem a impressão de que ele faz música com as mãos.

Eu digo: "Teríamos que vê-lo para que se organize? Caso contrário, isso se tornaria discordante como você se sentiu aqui quando não me viu?".

Quando toca a campainha do próximo paciente, ela se sobressalta, dobra-se ao meio, levando os braços à barriga como se tivesse sofrido um golpe; ela parece estar em pânico; sente como se estivesse aqui há cinco minutos, perde todas as referências.

Pergunto-lhe o que sentiu, ela hesita, lembrando o enquadre, dizendo que não temos mais tempo (o tempo da sessão acabou).

Eu lhe disse: "Podemos tomar uns minutos para tentar entender o que aconteceu em você".

Com o corpo, estou ciente de que estou avançando na borda da minha poltrona, dobrada ao meio e inclinada para frente como ela, mas com minhas mãos abertas em direção a ela.

Ela diz: "É confuso, tudo se mistura, não sei mais onde estou, é uma dor e pânico... como uma laceração... é físico".

Então, pergunto onde ela sente essa dor, fisicamente, onde está o dilaceramento.

Ela fica em silêncio por um momento, concentrada, tenho a impressão de que seu pânico diminuiu, a dispersão, a confusão parece passar. Vejo-a a interessar-se pelo que se passa dentro dela. (Vários anos depois, no divã, ela vai me dizer: "Estou me auscultando".)

Ela diz que é na frente, na barriga, toda a parte da frente, como se estivesse aberto...

Relembrando uma cena que ela me contou em que ficou muito impressionada com um bebê nos braços de seu pai, proponho uma construção: "Será que um bebê arrancado dos braços da mãe pode sentir fisicamente toda a frente do corpo arrancada?". Pergunto-lhe se sabe como era carregada. Fica em silêncio por um tempo, diz que não sabe, mas sempre carrega um bebê pela frente, faz o gesto, a barriga apoiada assim... este bebê que a tinha impressionado, foi carregado assim.

Eu digo que então poderia ser um bebê com a frente toda arrancada, arrancado dos braços pelo golpe da chegada do próximo bebê, como aqui, arrancada dos braços da poltrona pela campainha.

Esta paciente veio consultar após uma análise feita no sistema "clássico", com uma analista cuja presença silenciosa e fria a incomodou. O atual clima de tratamento é dominado pela angústia existencial da paciente, pela sua incerteza identitária e emocional. Este momento de cura segue-se a outros agidos, *in* e *out*, experiências e sentimentos aterrorizantes, ansiedades de colapso muito desorganizadoras.

Mas a troca gestual e verbal que prolonga o tempo normal da sessão merece ser comentada:

- Se a sessão tivesse sido interrompida sem levar em conta o que a campainha causou, não há dúvida de que, durante a sessão seguinte, os elementos da experiência sensorial invasora teriam desaparecido. Ao contrário do que acontece durante um ato, ou passagem ao ato, em que o paciente não tem à sua disposição um cenário mais ou menos consciente que seria revocável (e, portanto, talvez analisável) na próxima sessão: aqui estamos na presença de um aspecto de experiência sensorial imediata, que sidera e evacua a mente;
- Nas características da presença corporal do analista, há uma parte de identificação mimética com a paciente (mesma postura), mas com uma ligeira diferença: as mãos estão abertas, num gesto de acolhimento e contenção, em contraponto ao dilaceramento nomeado.

Enceno com a paciente duas representações possíveis: uma, provavelmente pré-consciente, ligada à lembrança do maestro que faz a música com as mãos; a outra, sem dúvida inconsciente, de uma mãe que estende os braços para conter uma criança que sofre.

É provavelmente esta postura de mãos abertas, que reflete uma experiência muito forte de contenção, que me levou a formular a pergunta sobre a experiência de um bebê e usar o significado metafórico dos "braços" da poltrona. Isto representaria um aspecto da forma primitiva de segurar/soltar, apresentada nas minhas hipóteses.

Num registro de funcionamento mais neurótico, o interesse de repetir a palavra "arrancado" realça a polissemia e inscreve o afeto num cenário (real ou não) representável.

O mecanismo associativo em si pode ser usado como uma defesa, uma carapaça quase autista, impedindo qualquer associação real: o confinamento é paradoxalmente representado pela escuta, e todo o processo analítico é desviado.

É particularmente doloroso vermo-nos pegos no paradoxo das falsas associações. Estas são situações em que teremos que parar o fio da fala do paciente: fazer emergir um significado vai parar esse fio associativo, que se tornou uma teia de aranha na qual estamos presos com o paciente. O dispositivo analítico, como um todo, tornou-se uma armadilha na qual somos cúmplices dos mecanismos patológicos do paciente.

Christopher Bollas recomenda em situações de "limitação da psicanálise quando um paciente não pode associar livremente: Faça com que ele te diga o que fez durante o dia".[9] Isso nos dará a chance de ter acesso a uma matéria-prima que podemos nomear, pensar e qualificar com o paciente, reduzindo os aspectos de pré-pensamento e os aspectos defensivos. Ao apoiá-lo sobre um verdadeiro e autêntico momento de contato entre paciente e analista, permitiremos que o paciente reconheça seus afetos e se reconecte com as suas partes clivadas.

Teremos de aprender a utilizar os elementos "fora do enquadre" (comentários antes de entrar, encontros fora, trocas telefônicas ou

9 Conferência Christopher Bollas sobre Associação Livre Patrocinada pela Associação Psicanalítica de Toronto, Auditório Monte Sinai, sábado, 2 out. 2004. Notas de Palestra de Leah Lucas.

e-mails, presentes...) como portadores de uma área de significado excluída da análise.

Classicamente, o analista era obrigado a não dizer nada sobre coisas fortuitas que ocorriam fora do espaço da sessão, de que o paciente não falava; assim, estabelece-se a noção do enquadre interno da análise... mas na condição implícita de que esta noção exista no funcionamento psíquico do paciente e seja reconhecível por ele. Aqui, estes momentos estão possivelmente carregando uma verdade psíquica que deve ser mantida em segredo; não falar sobre isso coloca o analista, e a análise, numa posição de cumplicidade com o mecanismo de clivagem do paciente.

Encontrei um dos meus pacientes numa fila do aeroporto; um pequeno sinal de olá, discreto, ao qual ele responde de forma ambígua. Mas, durante a sessão, ele não fala sobre isso "tanto", que eu duvido: será que fiz um falso reconhecimento? Passo por um momento de intensa agitação antes de tomar a iniciativa de falar sobre o assunto, fazendo uso de um dos seus comentários sobre o enquadre analítico: "Assim, não teríamos sequer o direito de falar sobre o que acontece fora do enquadre, como encontros 'fora do enquadre', por exemplo?". Este paciente idoso, que já fez uma análise há muito tempo atrás, descobre neste novo trabalho que a "verdade oficial", que ele tinha fabricado, a respeito do papel de seu pai como um educador "ensinando-o" a se masturbar na pré-adolescência, uma ficção que tinha resistido à sua análise anterior, foi usada para esconder de si mesmo um pai que provavelmente lutava contra pulsões pedófilas, luta esta que, muitos detalhes mostrarão, o deteve durante boa parte da sua vida. Paciente exemplar, respeitando o enquadre, como todas as regras sociais, com grande conformismo, ele descobre que sempre foi um "seguidor", preferindo os "caminhos" preparados do montanhismo, em vez de seguir o vento e interagir com o ambiente, como nas atividades náuticas.

Que caminhos ele evitou? ele poderia falar com a sua própria voz? Encontrar o seu próprio estilo?

Ser capaz de me apoiar, neste momento de problemas centrados em: "É ele ou não é ele" que me permitirá voltar ao processo analítico da questão da identidade.

Em nossa formulação de interpretações, temos uma variedade, uma paleta de nuances, que nos permite gradações no nível de atividade e manifestação da implicação de nossa presença.

Desde o discurso anônimo e impessoal, até à formulação em espelho "então você pensa que..." a formulação comum do "nós", ("nós poderíamos pensar", "nós diríamos que..."), à formulação pessoal: "Penso que..." ou insistindo nas próprias modalidades deste pensamento: "Isso me faz pensar que...", o dispositivo verbal que acompanha nossas expressões não verbais permite ajustar nossos modos de intervenção às capacidades do paciente de suportar a separação: ou seja, permitir-lhe um trabalho de elaboração e interiorização de um ponto de vista estrangeiro, suscetível de estar separado demais ou de se tornar persecutório. Mas a clínica de estados limite, ou momentos limite de pacientes neuróticos, pressupõe uma presença muito viva (Alvarez, 1997). O *still-face* (Tronick, Adamson, Wise, & Braselton, 1978) é desorganizador para bebês; tem sido demonstrado, em situações experimentais, que também o é para adultos, e que há necessidade de moldar a emoção por meio da resposta do outro: da mesma forma, o *still face* analítico é tóxico.

Em um trabalho realizado com Paul Israël (Prat & Israël, 2011): "Propomos considerar que, sob certas condições, a troca agida entre paciente e analista tem um valor significante que deve ser preservado associando-o à linguagem. Falaremos então de 'passagem pelo ato' a se diferenciar de 'passagem ao ato' tanto para o paciente quanto para o analista, cujas interpretações então se tornam InterpretAções" (Israël, 2010, p. 496).

Essas mudanças na abordagem clínica exigem que o analista aprenda a desenvolver sua capacidade de encarnar um discurso e usar essa incorporação em seu estilo interpretativo.

A questão da forma das interpretações é, portanto, central, não para determinar o seu estatuto ou não de interpretação, mas para assegurar que cumpra sua função, tanto em termos de ação sobre o psiquismo, como sobre o processo analítico. As interpretações devem se ajustar à possibilidade de simbolização do paciente para um determinado problema, a fim de serem integradas, assimiladas por ele, e desempenharem seu papel de fator mutativo na organização, ou reorganização, do psiquismo.

Para concluir

Espero ter mostrado que a origem precocíssima da busca pelo contato, desde o início da vida intrauterina, leva à constituição de um eixo de desenvolvimento que ancora a simbolização da alternância presença/ausência e si/outro nas experiências sensoriais e corporais, indissoluvelmente ligadas ao tempo (o ritmo) e ao espaço (o território). A constituição de um vocabulário corporal como acompanhamento da linguagem verbal, acompanhará nossas modalidades relacionais ao longo da vida e, *a fortiori*, entre paciente e analista.

A "cura pela fala" sofre, portanto, uma inflexão para uma "cura pela comunicação". Em particular, no tratamento das chamadas clínicas "do limite", teremos que reconstruir esse eixo de simbolização que foi desviado ou obstruído. Isto exigirá que nos apoiemos no conhecimento dos aspectos de desenvolvimento, e o utilizemos como ferramenta para a reconstrução. Esta linha de reflexão tem consequências importantes na técnica analítica, tanto em adultos como em crianças, bem como na formação dos analistas de amanhã.

Referências

Alvarez, A. (1997). *Uma presença viva: o trabalho de psicoterapia psicanalítica com crianças autistas, borderline, abusadas, com graves carências afetivas*. Larmor-Plage: Du Hublot.

Anzieu, D. (1974). La peau: du plaisir à la pensée. (l'attachement Simpósio "imaginaire", p. 140). Neuchâtel: Delachaux et Niestlé.

Balint, M. (Org.) (1972). *Amour primaire et technique psychanalytique*. Paris: Payot, 1972.

Baranés, J. J. (2003). *Les balafrés du divan*. França: Broché.

Bick, E. (1968). The experience of the skin in early object-relations (pp. 135-39). *International Journal of Psychoanalysis*, (49) [trad. fr. J. & J. Pourrinet]. In Écrits de Martha Harris et Esther Bick, Larmor Plage, Éditions du Hublot.

Bion, W. R. (1979a). *Eléments de psychanalyse*. Paris: PUF.

Bion, W. R. (1979b). *Aux sources de l'expérience*. Paris: PUF. (Publicado originalmente em 1962).

Bowlby, J. (1979). *The making and breaking of affectional bonds*. London: Tavistock.

Condon W. S. (1984). Une analyse de l'organisation comportementale. In J. Cosnier (Dir.), *La Communication non-verbale*. Lausanne: Delachaux et Niestlé.

Farges, F. (2007). Le fœtus au ballon: Contribution à l'étude du passage du fœtus au nourrisson. *Cahiers de PréAut*, (4), 19-28.

Fonagy, I. (1983). *La vive voix*. Paris: Payot.

Fonagy, I. (1988). Dire l'indicible: Messages du style verbal. *Revue Française de Psychanalyse*, (2), 422-432.

Freud, S. (1920). *Au delà du principe de plaisir* (pp. 295-299). T. XV, OC. Paris: PUF.

Freud, S. (1924). *Le problème économique du masochisme* (p. 12). T. XVII, OC. Paris: PUF.

Freud, S. (2010). *Le moi et le ça* (p. 270). T. XVI, OC. Paris: PUF. (Publicado originalmente em 1927).

Gelder, B. De (2007). *Body Expressions Influence Recognition of Emotions in the Face and Voice in Emotion, 7*(3), 487-494.

Gergely, G. & Watson J. S. (1996). A teoria do biofeedback social do afeto-espelhamento parental: o desenvolvimento da autoconsciência emocional e do autocontrole na infância. *Int J Psychoanal*, (77). (Pt. 6, pp. 1181-1212).

Gergely, G. (1998). Nascimento da capacidade de regular os afetos (pp. 64-74). In *Prendre soin du jeune enfant*. Ramonville-Saint--Agne: Érès.

Golse, B. (2006). *L'être-bébé* (p. 83). Paris: PUF.

Golse, B. (2007). *Dialogue, 1*(175), 15-29.

Green, A. (1999). Genèse et situation des états limites. In A. Jacques (Dir.), *Les états limites: Nouveau paradigme pour la psychanalyse?* (p. 39). Paris: PUF.

Guillaumin, J. (1994). Les contrebandiers du transfert. *Revue Française de Psychanalyse, LVIII* (58), 1481-1520.

Haag, G. (1990). Identifications intracorporelles et capacités de séparation. *Neuropsy de l'enfance, 38*(4-5), 245-248.

Haag, G. (2002). *Comunicação para o 6º Congresso Internacional de Observação Infantil Metódica de E. Bick em Cracovia.*

Haag, G. (2018). *Le Moi corporel. Autisme et développement*. Paris: PUF. (Collection Fil rouge).

Hermann, I. (1972). *L'Instinct filial*. Paris: Denoël.

Israël, P. (1993). Interpréter l'interprétation, effets de style, création de sens. *Revue Française de Psychanalyse*, *55*(1).

Israël, P. (1996). Changements psychiques et créativité : remarques techniques. *Revue Française de Psychanalyse*, *60*(4), 1169.

Laplanche, J. (1987). *Nouveaux fondements pour la psychanalyse. La séduction originaire*. Paris: PUF.

Lebovici, S. (1994). Empathie et "énactment" dans le travail du contretransfert. *Revue Française de Psychanalyse*, *LVIII* (spécial), 1551-1561.

Lombardi, R. (2018). Expérience sensuelle, seconde peau défensive et éclipse du corps quelques réflexions sur Tustin. Ferrari Presses Universitaires de France. *Journal de la psychanalyse de l'enfant*, *8*, 111–132.

Maiello, S. (2000). Trames sonores et rythmiques primordiales. *Journal de Psychanalyse de l'enfant*, *26*.

Malloch, S. & Trevarthen, C. (2009), *Communicative Musicality*. Oxford: Oxford University Press.

Meltzer, D. (1986). *Studies in Extended Metapsychology: clinical applications of Bion's ideas*. Perthshire: Clunie Press.

Miljkovitch, R. (2001). *L'attachement au cours de la vie* (p. 57). Paris: PUF.

Montagu, A. (2014). La Peau et le Toucher. *Un premier langage*. Paris: Le Seuil.

Negri, R. (1999). Observation de la vie fœtale. In *Les liens d'émerveillement*. Toulouse: Érés.

Marty, P., & M'Uzan, M. (1994). La pensée opératoire. *Revue Française de Psychosomatique*, *2*(6), 197-208.

Piontelli, A. (1992). *From fetus to child: an observational and psychoanalytic study*. Abingdon: Routledge.

Prat, R. (1989). Le dialogue des émotions. *Revue Française de Psychanalyse*, *5*, 1235-1369.

Prat, R. (2004). Abécédaire de l'empathie chez l'analyste: repérages cliniques dans la séance. *Revue Belge de Psychanalyse*, *45*, 55-80.

Prat, R. (2005). *Le blanc du traumatisme: Une stratégie défensive de la terre brûlée. 44ème congrès IPA*. Rio De Janeiro.

Prat, R. (2006). O branco do traumatismo: a estratégia defensiva da terra queimada. *Psychê Revista de Psicanalise*, *17*.

Prat, R. (2007). La préhistoire de la vie psychique: son devenir et ses traces dans l'opéra de la rencontre et le processus thérapeutique. *Revue Française de Psychanalyse*, *1*.

Prat, R. (2014). Aux origines du narcissisme: le corps et l'autre. Nature des expériences relationnelles et corporelles précoces. Le rythme et le territoire. *Journal de la psychanalyse de l'enfant*, *4*.

Prat, R. (2016). Se sentir bien ou voir rouge: la sensation comme généalogie de l'affect. *Revue française de psychanalyse*, *80*(4).

Prat, R. (2015). Destins traumatiques du pré-sexuel infantile: quelques données de la recherche intéressant la psychanalyse inédit atelier. *75ème CPLF: A análise de traumas precoces com risco de pluridisciplinaridade*.

Prat, R., & Israël, P. (2011). Aux limites d'être : points de vue développemental et métapsychologique, perspectives thérapeutiques presses universitaires de France. *Revue Française de Psychanalyse*, *75*(2), 483-500.

Reik, T. (1948). Listening with the third ear: *The inner experience of a psychoanalyst*. New York: Farrar, Straus.

Reik, T. (1976). Sur le tact et le rythme. In *Le psychologue surprise* (p. 163). Ed. Denoel.

Righetti, P.-L. (2000). La vie psychique et émotionnelle du fœtus. *Carnet Psy*, (50), 32-33.

Rivet, B. (n.d.). *A bimodalidade do discurso para ajudar as fontes separadas*. Grenoble: Instituto de Tese de Comunicação Falada.

Rochette, J. (2014). O bebê do novo "transtorno" epistêmico entre a psicanálise do desenvolvimento e a neurociência. In M. Boubli & L. Danon-Boileau (Dirs.). *Le bébé en psychanalyse*. Paris: PUF.

Ramachandran, V. S. (2006). Hearing Colors, Tasting Shapes. *SA Special Editions*, *16*(3s), 76-83.

Roussillon, R. (2014). Agonie, clivage et symbolisation. PUF et Pertinence du concept de symbolisation primaire. In A. Brun (Dir.), *Formes primaires de symbolisation*. Paris: Dunod. (Publicado originalmente em 1999)

Roussillon, R. (2005). La "conversation" psychanalytique : un divan en latence. *Revue Française de Psychanalyse, 69.*

Roussillon, R. (1995). La métapsychologie des processus et transitionnalité. *Revue Française de Psychanalyse*, *LIX*, 1480.

Schore, A. N. (1994). *Affect regulation and the origin of the self.* Mahweh, NJ: Erlbaum.

Schore, A. N. (1997). A century after Freud's Project: Is a rapprochement between psychoanalysis and neurobiology at hand? *J. Amer. Psychoanal. Assn., 45*, 841-867.

Schore, A. N. (2003). *Affect regulation and the origin of the self.* New York: W. W. Norton.

Schore, A. N. (2005). A neuropsychoanalytic viewpoint. Commentary on paper by Steven H. Knoublach. *Psychoanal. Dial., 15*, 829-854.

Schore, A. N. (2007). Review of awakening the dreamer: clinical journeys by Philip M. Bromberg. *Psychoanal. Dial., 17*, 753-767.

Schore, A. N. (2011). The Right Brain Implicit Self Lies at the Core of Psychoanalysis. *Psychoanalytic Dialogues, 21*(1), 75-100.

Stern, D. N. (1999). Vitality contours: The temporal contour of feelings as a basic unit for constructing the infant's social experience. In P. Rochat (Ed.), *Early social cognition: Understanding others in the first months of life* (pp. 67-90). Mahwah: Erlbaum.

Stern, D. (2002). La vie avec les êtres humains, un son et lumière qui se déroule temporellement (pp. 27-42). In M. Boubli & A. Konicheckis (Dir.), *Clinique psychanalytique de la sensorialité* (pp. 27-42). Paris: Dunod.

Trevarthen, C. (1999). Musicality and the intrinsic motive pulse. *Musicae Scientiae*, (Special Issue), 155-215.

Tronick, E. Z. (1978). The Infant's Response To Entrapment Between Concradictory Messages In Face-To-Face Interaction. *J. Child Psychiatry, 17*, 1-13.

Wallon, H. (1942). *De l'acte à la pensée*. Paris: Flammarion.

Welling, H. (2005). The Intuitive Process: *The Case of Psychotherapy Journal of Psychotherapy Integration, 15*(1), 19-47.

Wolff-Quenot, M. J. (2001). *In utero: mitos, crenças e cultura*. Paris: Masson.

Wright, K. (1991). *Vision and Separation between Mother and Baby*. Londres: Free Association Books.

18. Cenas clínicas no trabalho com pais e bebês: a microscopia psicanalítica como recurso auxiliar para a compreensão, intervenção e formação profissional

Fernanda do Amaral Costa Ribeiro

Mariângela Mendes de Almeida

Introdução

Ana, garotinha de 2 anos de idade, e sua mãe são "sobreviventes" em meio a uma rede de sofridas separações. Além do afastamento do casal parental em complexas condições, viveram a separação cirúrgica de uma gestação gemelar de bebês siamesas, realizada logo após o parto. Após identificações repletas de dor, necessidades adesivas de proteção, expressões projetivas maciças de aniquilação e ataques às existências física e psíquica, ao lado de necessidades de vitalização, buscam acolhimento em Intervenção nas Relações Iniciais no Núcleo de Atendimento a Pais-Bebês do Setor de Saúde Mental da Pediatria/Unifesp, quando Ana começa a demonstrar lentidão em seu desenvolvimento.

Tais constelações primitivas se manifestam em vinhetas clínicas selecionadas para ilustrar o trabalho reconstitutivo de integração psicossomática e potencialização do vínculo pais-criança em suas representações psíquicas e necessidades de elaboração conjunta de lutos. Com o auxílio de vinhetas clínicas e discussão de vídeos dos atendimentos, procuramos enfatizar a utilidade do olhar psicanalítico para a microscopia das interações pais-criança--terapeutas, construindo simbolizações, reconhecendo e elaborando metaforizações, em discussão da cena clínica psicanalítica para o ensino e formação no campo das relações iniciais.

Contexto do atendimento

O Hospital São Paulo é uma instituição que atende casos de alta complexidade, contando com serviços de Psicologia especializados que atendem pacientes encaminhados pelo Hospital. Ligado à Disciplina de Pediatria Geral e Comunitária funciona o Núcleo Pais--Bebês, um serviço de referência, parte do Setor de Saúde Mental, que oferece atendimento aos núcleos familiares para bebês de 0 a 3 anos e 11 meses de idade, atendendo a diversas queixas observadas no bebê e sua relação com sua família e cuidadores.

Os casos são encaminhados do complexo Hospital São Paulo/ Unifesp, de serviços da comunidade – por exemplo de UBS –, de instituições de ensino ou até mesmo a partir de busca espontânea.

O funcionamento do Núcleo se dá em diferentes modalidades de atendimento que ocorrem, em sua maioria, com periodicidade semanal. A partir de uma triagem, pode ocorrer uma avaliação aprofundada em retorno de triagem e atendimento grupal para os núcleos familiares. De acordo com a demanda da família, existem os seguintes atendimentos: intervenção nas relações iniciais, que tende a ser intervenções breves, focadas em uma queixa específica; psicoterapia pais-bebês, visando um trabalho mais amplo e abordando múltiplas questões referentes à família em questão; e acompanhamento do desenvolvimento emocional, em que, na maior parte das vezes, não é mais visto um sofrimento intenso, mas considera-se que ainda é relevante para a família um acompanhamento psicológico que pode ser mais espaçado do que semanalmente e de caráter profilático.

A equipe do Núcleo Pais-Bebês é formada por psicólogos ambulatoriais e hospitalares, médicos pediatras e residentes de pediatria, residentes de psicologia com participação na área de obstetrícia e aleitamento materno e alunos do curso de especialização em Psicologia da Infância. Para que a discussão dos casos possa ser detalhada e contribuir para a formação profissional de todos os integrantes, considera-se efetivo e relevante que os casos sejam analisados a partir de vinhetas clínicas, desta forma, como recurso auxiliar, referimo-nos à "microscopia psicanalítica" como a possibilidade de integrar o olhar detalhado às interações vinculares entre pais e crianças e suas compreensões, conjecturas e impactos no campo transferencial a partir do referencial psicanalítico, contando com os vídeos dos atendimentos (autorizados pela família) que são analisados e discutidos em equipe.

Construção da subjetividade em uma gêmea siamesa

Os atendimentos em questão são de um caso acompanhado durante um ano e meio no Núcleo Pais-Bebês de uma criança, que iniciou os atendimentos com 6 meses de idade, e sua mãe. A dupla, depois de passar por triagem e ser avaliada em retorno de triagem, foi atendida nas modalidades de Intervenção nas Relações Iniciais (Almeida, Marconato & Silva, 2004), Psicoterapia Pais-Bebês e Acompanhamento do Desenvolvimento Emocional. A transição da dupla para cada modalidade de atendimento foi avaliada de acordo com a demanda e o progresso apresentados durante o trabalho terapêutico, abordando as principais questões psíquicas envolvidas e focando no desenvolvimento do vínculo mãe e bebê. Por meio do processo, foi possível trabalhar as representações maternas frente à gestação, nascimento e morte, no contexto do desenvolvimento psíquico da criança e a relação mãe e filha.

Ana e sua mãe, Ligia, foram encaminhadas para o Núcleo Pais-Bebês pela psicóloga da UTI Neonatal do Hospital São Paulo, que percebeu em Ligia diversas ambiguidades e uma dificuldade em elaborar aspectos conflituosos referentes à sua gestação e ao momento de puerpério, o que poderia influenciar na sua relação com Ana e, consequentemente, no desenvolvimento psíquico da bebê.

Ligia descobriu sua gestação gemelar (as gêmeas se chamariam Ana e Vitória) e fazia acompanhamento pré-natal em sua cidade. Ela relata que, no sétimo mês de gestação, o médico mostrou-se preocupado durante um exame e a encaminhou para o Hospital São Paulo, onde ela poderia ser atendida por uma equipe mais especializada. Chegando ao hospital, ela logo foi internada e recebeu a notícia de que suas filhas eram gêmeas siamesas.

Ligia teve um período difícil, no qual foi abandonada pelo marido, e sentiu-se amparada pela equipe do hospital. Chegado o nascimento das bebês, elas logo foram levadas para a cirurgia de separação. Ligia chegou a ver as duas separadas por um breve momento ciente de que uma delas estava em estado grave, com maior risco de morte. Poucas horas depois, Vitória veio a falecer, enquanto Ana permaneceu na UTI Neonatal por algum tempo. Quando foi registrar sua filha, Ligia batizou-a de Ana Vitória.

Desta forma, a equipe de psicologia que acompanharia o caso questionou um possível comprometimento na relação entre Lígia e Ana, o que poderia impactar o desenvolvimento da criança, considerando então concernente à situação encaminhá-las para o retorno de triagem, visando uma compreensão mais aprofundada da situação. A fim de avaliar o desenvolvimento de Ana, utilizou-se como instrumento o IRDI (Indicadores de Referência para o Desenvolvimento Infantil), para uma compreensão de Ana no âmbito relacional, entendendo quais aspectos dela, em sua capacidade de relacionar-se e sua interação com sua mãe, encontravam-se saudáveis e congruentes com o desenvolvimento esperado para a sua idade. Este resultado pôde ser usado como informação adicional na compreensão do caso e norteador do trabalho terapêutico.

Observando-se o desenvolvimento físico, notou-se que Ana estava um pouco acima do peso e com atrasos no desenvolvimento neuropsicomotor. Em outros aspectos, foi observado que ela apresentava sinais de sofrimento precoce da série silenciosa (Crespin, 2004), se comunicava pouco e pouco demonstrava seus desconfortos. Também não procurava os brinquedos, a não ser que lhe fossem oferecidos. Essa postura passiva na criança foi percebida como sinal de risco psíquico.

Ana e Ligia chegam para os atendimentos apresentando um ar de desconfiança e fragilidade. No início, houve diversas faltas, mas, aos poucos, conforme o vínculo terapêutico foi estabelecido, a dupla comparecia às sessões com maior frequência, mesmo vindo de outra cidade localizada a pouco mais de duzentos quilômetros de São Paulo. Desde o início, Ligia mostrou-se incomodada em contar sua história e falar sobre seu sofrimento na presença de Ana, frisando também que não se sentiria à vontade para participar do Grupo Pais-Bebês quando convidada.

Neste panorama inicial do caso, era nítido que tanto mãe quanto filha estavam em sofrimento, e consideramos que parte importante deste sofrimento era devido à perda de Vitória.

Podemos entender que havia um comprometimento no vínculo entre mãe e bebê. Ana Vitória nos comunicou sofrimento psíquico, que entendemos com base no seu comportamento, que pode ser compreendido como uma somatória tanto como parte do seu processo de luto frente à perda da irmã, quanto a uma resposta ao comportamento da mãe, que também enfrentava seu processo de luto. Ligia não estava apta a dar o suporte emocional necessário para que Ana Vitória pudesse vivenciar o mundo, compreendendo-o para então diferenciar-se dele. Assim, a constituição de *self* de Ana Vitória encontrava-se comprometida.

Em um primeiro momento, foi trabalhado principalmente o vínculo entre mãe e bebê. Percebia-se que Ligia tinha uma relação ambígua com Ana, relatando momentos de proximidade entre ela e a filha e, ao mesmo tempo, mostrando seu cansaço e tristeza ao cuidar dela, contando com pesar como lembravam juntas de Vitória e pensando como seria se Vitória estivesse com elas. Desta forma, Ligia mostrou como demanda a elaboração do luto frente à perda de Vitória, elaboração esta que aconteceu principalmente por meio do relato da história das filhas desde a gestação. Concomitantemente, Ligia expôs as representações maternas e fantasias a respeito de Ana.

Ligia pode falar mais sobre o sofrimento que vivia desde que foi internada para ter suas filhas e compartilhar também fantasias que tinha a respeito de Ana. Ela frequentemente associava Ana à Vitória e, de acordo com seu discurso, percebeu-se que enxergava um lado potencialmente destruidor em Ana. Desta forma, podemos pensar que, frente à perda de Vitória, Ligia tinha dificuldades em ver Ana descolada de Vitória, como sujeito independente que também sofreu uma perda, vendo-a como uma possível destruidora da vida à sua volta e da vida da irmã.

Na vinheta clínica abaixo, registrada em vídeo, é possível notar a ambiguidade na relação entre mãe e criança, e a dificuldade de processar aspectos sentidos como destrutivos que permeava a relação das duas.

Em um atendimento, quando Ana tinha aproximadamente 1 ano de idade, há uma cena em que ela e Ligia estão sentadas no chão, usando roupas listradas combinando, que aludem a roupas de prisioneiros (expansão polissêmica de várias dimensões de aprisionamento que rondam este momento familiar, do concreto ao psíquico e alegórico, incluindo também uma evocação quase onírica ao pai de Ana, que se encontrava preso). Ligia tenta mostrar um brinquedo para Ana e pede para que ela mande beijos; com frequência, ela pedia que a filha mostrasse o que aprendeu. Aparece, então, uma formiga que chama a atenção de Ana, segue-se o seguinte diálogo entre Ligia e a terapeuta, mediando as ações da criança e a mãe:

> L: *Ah, ela viu a formiga.*
>
> T: *Ana, acho que não é uma boa ideia você brincar com esta formiga.*
>
> L: *Ela matou a formiga!*
>
> T: *Ela matou a formiga?*
>
> L: *Matou, ela tava andando! Ai, Ana, como você é má! Como você é má! Ah não, ela se enrolou (a formiga), olha lá a formiguinha! Aqui ó!* (mostrando a formiga para Ana, a criança mexe no chão procurando a formiga).
>
> T: *Eu não sei onde que tá.*
>
> L, dirigindo-se a Ana: *O que você fez com ela?*
>
> T: *Já guardou todos os brinquedos?*
>
> L: *Não guardou todos não.*
>
> Ana se levanta, mexe na caixa de brinquedos e procura o colo da mãe.

> L, em tom de brincadeira, abraçando Ana: *Ah, você me quer? Mas eu não te quero! Eu não te quero, criança, não te quero! Olha lá a tia, mande beijo pra tia! Mande beijo, mande beijinho assim ó!* (demonstra como se manda beijo) *Um beijo da gorda!* (referindo-se a Ana), *um beijo da gorda assim, ó! Fala "Um beijo da gorda, ó, o beijo da gorda!"*.
>
> L: *Não, chega, você já brincou o suficiente.*
>
> T: *Vamos fechar a caixa então, Ana? Pronto!*

Ao longo dos atendimentos, também foi possível retomar a história de Ligia como filha, visando explorar o desenvolvimento da sua maternidade e o papel que isso ocupa em sua vida. Era tema frequente das sessões a relação conflituosa que possui com sua mãe, conflitos que, hoje em dia, aparecem em divergências no cuidado com os netos. Era perceptível que Ligia se colocava no mesmo patamar que Ana por muitas vezes, tomando a filha como uma rival, que competia pelos brinquedos que colecionava há anos. Mostrava-se também incomodada com comentários que ouvia em sua cidade sobre o orgulho que tinham de Ana por tudo o que ela passou, como se a deixassem de lado de toda a história. Desta forma, percebeu-se que Ligia sentia-se sem empoderamento frente à sua função de mãe, sentindo-se destituída da participação na história que viveu com Ana.

Conforme estas questões foram sendo trabalhadas em sessão, foi proporcionado um espaço para mãe e filha construírem sua relação em novos moldes, revisando sua história e vendo as duas como protagonistas. Percebeu-se um fortalecimento do vínculo entre mãe e criança. Ligia elaborou esta situação de maneira historicizante, transformando a possibilidade de considerar novos ângulos em uma junção de fotos e vídeos para contar a história de Ana Vitória. Considerou-se esta associatividade narrativa como parte importante do processo de integração das duas, abrindo novas portas para a relação.

Por volta de 1 ano e meio de idade, Ana está sentada no chão brincando com uma série de copinhos e olhando para a mãe.

> T: *O que você tá olhando pra mamãe?*
>
> L: *Conseguiu!* (sobre os copinhos que Ana brincava).
>
> T: *A Ana tá brincando tão diferente, né? Ela tá brincando mais junto com as pessoas agora.*
>
> L: *Tá, ela tá brincando bastante.*
>
> Ana segue com o olhar a mãe e a terapeuta conforme elas falam, e sorri para elas quando consegue abrir e fechar os copinhos.
>
> T: *E você tem brincado com ela?*
>
> L: *Olha, ultimamente não. Geralmente eu brinco com ela quando eu pego uma folga né, do serviço.*

Esta vinheta mostra a diferença na relação entre Ana e Ligia que começava a se estabelecer, Ana já podia brincar com o que fosse do seu interesse e buscava o olhar e a aprovação da mãe e da terapeuta para que pudesse continuar brincando. Ligia, por sua vez, podia reconhecer aspectos positivos enquanto a filha brincava. Além disso, o fato de ela não brincar com a filha em casa evidencia que os atendimentos eram um momento importante para que o vínculo das duas se desenvolvesse.

Mãe e filha podiam interagir de uma nova maneira nos atendimentos e também reconhecer aspectos positivos em Ana. No início do trabalho terapêutico, as duas interagiam pouco entre si e também tinham dificuldades em se expressar e se impor dentro da sua relação. Ao final de um ano de atendimento, Ligia podia brincar com a filha, conversar e contar histórias sobre o que ela fazia, ao mesmo tempo que Ana podia mostrar que queria ou não brincar, demonstrar desconforto perante frases e comportamentos da mãe, e podia também demonstrar suas preferências ao brincar.

Tanto do ponto de vista motor quanto do psíquico o desenvolvimento de Ana foi visível, sendo que do ponto de vista psíquico pudemos ver como ela pôde procurar novas maneiras de interação com sua mãe, as terapeutas e com a equipe do Setor de Saúde Mental. Aos poucos, ela conseguiu se expressar de maneira a expor seus incômodos e impor suas preferências, hoje sendo vista como uma "menininha cheia de si" pela equipe do setor.

Já com cerca de 3 anos de idade, Ana está em pé na sala de atendimento segurando alguns brinquedos, a mãe inicia um jogo com a filha, pedindo que ela mostre as partes do corpo que sabe e incentivando que diga as novas palavras que tem aprendido. Ana mostra-se muito feliz no jogo com a mãe, olhando para ela todo o tempo e rindo bastante:

> L: *Cadê o bumbum?*
>
> Ana aponta com a mão para seu bumbum.
>
> L: *Cadê a barriga?* (Parte pela qual as gêmeas estavam "grudadas" e que agora é parte do corpo singular de Ana.)
>
> Ana aponta para sua barriga.
>
> L: *Cadê o peito?*
>
> Ana aponta para seu peito.
>
> L: *Cadê a orelha?*

Ana aponta para sua orelha.

L: *Ah, cadê, o quê? Cadê a prexeca? Cadê a periquita?*

Ana aponta para suas partes genitais e logo em seguida para seu bumbum.

L: *Ah, bumbum... barriga.*

A: *Barriga* – diz Ana enquanto aponta para a barriga.

L: *Cadê a bochecha?*

Ana aponta para a bochecha.

L: *O que é isso daí?*

A: *Bochecha.*

T: *Bochecha de quem?*

L: *Bochecha de quem? De quem é essa bochecha?*

Ana responde bem baixinho "minha".

L: *Fala "minha".*

A: *Minha.*

Entende-se como parte importante do desenvolvimento psíquico e emocional de Ana, portanto, a integração de sua história por parte dela e de sua mãe. Quando chegaram para os atendimentos, as duas estavam bastante desvitalizadas. Podemos pensar que Ana vivia esta desvitalização como impacto do que tinha vivido até aquele momento e também porque vivia o impacto desta história causada em sua mãe. Considera-se que nos primeiros meses de vida o bebê conta com o olhar e cuidado de sua mãe (ou principal figura cuidadora) para que possa se diferenciar dela e se desenvolver como sujeito. Ana não era destituída de afeto ou cuidados, mas vivia a falta de um olhar para ela mesma como sujeito, que dificultava o seu desenvolvimento neste sentido. Em um primeiro momento, ela era vista quase como um fantasma de sua irmã, estigma que carrega também como homenagem em seu nome. Ana implicava em uma ausência de Vitória, seu aniversário era visto como uma data de lembranças dolorosas e não como comemoração. Aos poucos, ela pode conquistar o seu espaço e mostrar os aspectos que são só de Ana e que a constituem como o sujeito que é: Ana que passou por momentos difíceis com sua mãe e junto com ela pode ser vista como guerreira, superando também a perda de sua irmã. Uma vez superado o primeiro momento de morte e luto, pode vivenciar sua vitalidade para pode ser, de maneira integrada, Ana Vitória.

Referências

Almeida, M. Mendes de, Marconato, M., & Silva, M. C. P. (2004). Redes de sentido: evidência viva na intervenção precoce com pais e crianças. *Revista Brasileira de Psicanálise*, *38*(3), 637-648.

Crespin, G. C. (2004). Os sinais de sofrimento precoce. In *A Clínica Precoce: O Nascimento do Humano*. São Paulo: Casa do Psicólogo.

19. Compartilhamento de mundos psíquicos na clínica pais-bebê

Maria do Carmo Camarotti

Marisa Amorim Sampaio

Algumas intervenções que fazemos no *setting* analítico nos tiram de nossa zona de conforto, por vezes causando mal-estar e espanto em nós mesmos e nos pacientes. Nessas ocasiões, sem compreender o que motivou nosso comportamento, notadamente diferente do habitual, julgamos termos errado e nos interrogamos sobre a validade do nosso fazer analítico. Se conseguirmos ultrapassar a fase de *mea culpa*, poderemos compreender e averiguar os efeitos da intervenção na evolução da análise.

É comum estarmos mais acostumados a reconhecer a falta de sentido diante de elementos que vêm dos nossos pacientes do que daquilo que deles nos afeta de modo crônico ou súbito. Diante disso, a capacidade empática do analista é fundamental para auxiliar na construção interpretativa, a qual advém do enlace intersubjetivo na clínica pais-bebê. Este capítulo descreve reflexões sobre fenômenos primitivos experienciados no campo analítico, partindo de vinhetas clínicas de atendimentos conjuntos pais-bebê. Na tentativa de delimitar teoricamente tais fenômenos, recorremos a Cassorla (2013, 2016) e Lebovici (1994).

Dentre os fenômenos primitivos experienciados no campo analítico, destacamos aqueles que envolvem fantasias ancoradas em experiências primitivas, identificações e projeções ligadas a sentimentos despertados pelos movimentos transferenciais. Esses elementos e movimentos psíquicos advêm de todos os personagens envolvidos no campo – mãe, pai, bebê, analista. "Essas subjetividades só podem ser abordadas e verdadeiramente transformadas a partir de vivências coexperienciadas no *setting*" (Martins & Silva, 2017, p. 502).

O analista precisa manter-se aberto e atento às experiências emocionais e aos afetos que desafiam a sua criatividade e singularizam a sua prática, admitindo que atender o bebê e seus pais envolve suportar as dúvidas, as incertezas e o "não saber"; ser confrontado e muitas vezes capturado e catapultado por situações de desamparo, sedução e rivalidade. Há situações em que somos fisgados por elementos de funcionamento mental rudimentar, que se manifestam como "nuances, texturas, aspectos sensoriais pré-verbais, que se apresentam à nossa exploração intersubjetiva e tentativa de acesso" (Almeida, 2010, p. 64).

Cassorla (2013, 2016), estudioso das formas de comunicação primitiva, abordou o *enactment* como possibilidade de compreender o processo de simbolização e suas formas de expressão no campo analítico. Está dentre aqueles que valorizam o aspecto comunicativo dos *enactments*. Utiliza o plural, pois situa os *enactments* normais, derivados de identificações projetivas mais realísticas/comunicacionais, e os *enactments* agudos e os crônicos – identificações projetivas maciças que podem se tornar empecilhos ao tratamento. O autor os trata como forças que podem ser positivas para o tratamento, quando reconhecidas, trabalhadas e compreendidas, transformadas em pensamento.

Uma das possíveis origens conceituais do *enactment* está na tentativa de superar o termo *acting-out* ou atuação (do mundo interno para fora), comumente tomado como pejorativo, moralístico e conceitualmente confuso. *Acting-out* era/é usado para denominar descargas ou atos impulsivos, vistos como obstáculos para a análise, numa recusa do paciente ao recordar-se, uma possível conduta encenada, suposta transgressão por atuar em vez de associar livremente.

O argumento do autor é o de que um paciente atua justamente porque não tem condições suficientes para fazer outra coisa, e que não necessariamente estaria transgredindo as regras do *setting*. Adverte que "visões moralísticas condenatórias impedem o desenvolvimento da capacidade de pensar" (Cassorla, 2013, p. 195). A utilidade de compreender os *enactments* está na possibilidade de reconhecer que eles revelam "falhas e êxitos no desenvolvimento inicial que não podem ser recordados nem esquecidos, porque essas capacidades ainda não se desenvolveram" (Cassorla, 2016, p. 82). Eis a descrição do autor:

> *Comportamentos envolvendo paciente e analista que tornam atuais situações ou fantasias arcaicas, reflexo de medos e esperanças transferenciais e contratransferenciais, sendo colocadas em cena situações traumáticas reais ou fantasiadas do passado, e ocorrendo inconscientemente. Os comportamentos substituem a comunicação verbal. (Cassorla, 2016, pp. 83-84)*

O *enactment* é, portanto, um fenômeno intersubjetivo, no qual paciente e analista não se dão conta suficiente do que está ocorrendo, uma vez que os elementos psíquicos envolvidos os remetem a situações nas quais a simbolização verbal está prejudicada

(Cassorla, 2016). Essa *performance* é iniciada por um membro da dupla analítica, geralmente o paciente, pressionando o analista, via identificações projetivas, a responder de modo complementar. Adversamente, no *acting-out* o analista figura apenas como mero expectador.

A mera presença do bebê nos coloca o desafio de ampliar o nosso leque de intervenções (Bonino & Ball, 2013). O envolvimento dos pais cria um emaranhado de identificações projetivas cruzadas que pode dificultar a percepção dos fatos envolvidos. Lebovici (1994) nos traz pistas na aplicação do *enactment* à clínica pais-bebê, chegando a traduzi-lo por *enactions*, produzidos com base na "empatia metaforizante" (Lebovici, Solis-Ponton, & Menendez, 2004).

Para Lebovici (1994), esses fenômenos correspondem a momentos em que algo se impõe ao analista, que então faz uso de suas sensações, experiências corporais, para transmitir, seja por ato ou por palavras, uma emoção e uma compreensão de uma situação interativa entre a mãe, o bebê e o analista. Graças à sua identificação empática, o analista pode "transformar o que sente e ressente em representações compartilhadas com a família. E, a partir desse lugar, poder metaforizar. . . . Do ato à narração com um sentido" (Silva, 2004, pp. 89-90). Essa é a ferramenta de trabalho nomeada por Lebovici como "empatia metaforizante" (Lebovici, Solis-Ponton, & Menendez, 2004). Trata-se, portanto, de receber as projeções, digeri-las, no processo de compreensão de coisas que não podem ser ditas com palavras diretas, mas com metáforas carregadas de afeto.

> *É levado a realizar um ato que terá um valor metafórico, que se situa no registro da comunicação primitiva, que faz que o seu narcisismo intervenha. . . . A empatia metaforizante e sua realização pelo* enactment *teria o*

> *seu paradigma na comunicação primária que se estabelece entre a mãe e a criança. Um entendimento que existiria antes do verbo, subentendida por emoções primárias, nas quais uma mãe, graças à sua preocupação materna, pode traduzir os sinais do bebê e satisfazer as suas necessidades graças a uma "antecipação criadora". . . . O* enactment *constitui um arco que permite o início da empatia e, ao mesmo tempo, a elaboração de uma história da nova constelação da díade terapeuta-paciente. (Lebovici, Solis-Ponton, & Menendez, 2004, pp. 44-45)*

O *enactment* é particularmente pertinente à clínica com bebês na medida em que, via suas partes infantis, o analista pode se identificar de modo regressivo ao funcionamento do bebê e aos objetos trans e intergeracionais da família projetados neste. Nós que nos ocupamos dos bebês, precisamos lidar com nossas próprias partes infantis, nos deixando ser tocados no nível de nossas partes mais profundas. "Ao mesmo tempo em que temos esse movimento para ele, temos o movimento de retração e de defesa" (Golse, 2003, p. 29).

Pelo fato desse processo abranger experiências inexploradas do analista, incluindo a si mesmo no círculo de angústia que está buscando transformar, torna-se fundamental compreender suas próprias questões constitutivas. Precisará lidar com o bebê que foi um dia, com a parentalidade que recebeu de seus próprios pais, ampliando círculos concêntricos no sistema.

Bonino e Ball (2013) indicam que por vezes é preciso "uma aldeia psicanalítica" ou uma "vila de profissionais". Fazem menção ao termo "contratransferência sistêmica" para indicar como as rupturas dos vínculos infantis podem impactar a análise, sobretudo nos casos de psicose parental. A contratransferência sistêmica cria um campo no qual o trabalho com pais e bebê visa reparar o elo de amor na relação mãe-bebê. Quanto mais o sistema puder pensar sobre isso, melhor será o caminho rumo a um campo terapêutico contentor.

> *Quer estejamos trabalhando com o bebê, a mãe, o pai ou a rede, estamos recorrendo a diferentes níveis de compreensão. Um deles é o infantil, onde somos trazidos de volta a um lugar não-verbal, não-processado, onde os processos primários são abundantes. O próximo pode ser um nível simbólico em que podemos abordar a capacidade da mãe de pensar. E então, outro nível de comunicação que é mais sistêmico. Este nível pode incluir os pais, a família e agências externas. Na psicoterapia entre pais e filhos estamos trabalhando todos esses níveis ao mesmo tempo. Em outras palavras, estamos mantendo o bebê em mente, a mãe em mente e o sistema em mente. (Bonino & Ball, 2013, p. 60)*

A partir da concepção de Lebovici (1994), Braconnier e Golse (2008) alertam que o *enactment* não impossibilita a retomada reflexiva pelo analista no *a posteriori* imediato de sua intervenção. Não sendo conscientemente premeditada, a intervenção se impõe ao clínico como um duplo sentimento: de estranheza e de forte valor terapêutico. Nesse processo, nos damos conta de movimentos agudos e crônicos na análise de conflitos trans e intergeracionais não resolvidos. Cabe ao analista navegar nos dois campos, receber em sua mente pensante e continente o que vem do bebê e o que vem dos pais ou até mesmo dos avós e de outros membros da família, para simbolizá-los e devolvê-los transformados.

> *A capacidade de reconhecer se é capaz desse estado psíquico, nesse contexto, passa a ser uma responsabilidade ética do terapeuta. É preciso que nos questionemos se somos capazes de escutar sem palavras, se estamos dispostos a (re)viver nossas próprias experiências de desintegração e – talvez sobretudo – se somos capazes de retornar dessa experiência ainda inteiros. (Martins & Silva, 2017, p. 503)*

Acompanhemos algumas vinhetas clínicas de sessões desenvolvidas por Maria do Carmo Camarotti, as quais buscam ilustrar e ampliar reflexões sobre esses fenômenos primitivos e sua condução no campo analítico.

Arthur, um menino de 1 ano e 4 meses de idade, chegou para análise por sugestão de uma gastropediatra que se preocupava com o retardo no crescimento pondero-estatural da criança. A criança negava-se a se alimentar de qualquer coisa que não fosse o leite materno. Já havia se submetido a alguns exames solicitados pela médica, não tendo sido detectados indícios de distúrbio orgânico. Segundo relatório da fonoaudióloga que o avaliou, não foram identificados sinais de alterações orais motoras que impactassem as funções de deglutição, mastigação e sucção, nem questões relacionadas aos aspectos de modulação sensorial que interferissem na progressão de texturas e sabores na alimentação.

A mãe, contrariando as instruções da médica, dava o seio todas as vezes que o filho solicitava. Arthur dormia na cama com a mãe e acordava várias vezes à noite, puxando a camisola para mamar. O pai, mesmo se dizendo incomodado com esta situação, não conseguia se colocar entre mãe e filho, havendo se retirado há meses do quarto do casal.

As primeiras sessões foram realizadas junto com a criança e seus pais. Nessas ocasiões, Arthur só procurava a mãe, e o pai ficava na "sombra", tímido nas suas tentativas de se aproximar do filho. Assim como o pai, eu me sentia excluída e ao mesmo tempo expectadora desse cenário de dominação mãe-filho. Arthur não se isolava, mas criava uma forte barreira a tudo que não vinha de sua mãe. Algumas tentativas minhas de captar seu interesse não tinham sucesso e eu era enviada a um sentimento de frustração e incompetência, pois até então me via como uma analista com a qual as crianças entravam facilmente em contato.

Arthur tinha um aspecto franzino e assustado, mas era com muita garra e decisão que vinha buscar o seio da mãe. Ao ouvir o pai, pude apreender o mal-estar que ele sentia com essa situação, e do quanto se considerava impotente para intervir na colagem mãe-filho e poder ter a esposa de volta. Nessa ocasião também pôde se queixar de que não dormia com a esposa e também não conseguia ter um contato mais próximo com o filho que rejeitava sua ajuda na alimentação.

Numa ocasião em que Arthur veio sozinho com o pai, pela primeira vez, entrou na sala comigo sem solicitar que este o acompanhasse. Na sessão seguinte, vindo acompanhado somente pela mãe, a criança repetiu o comportamento da sessão anterior e me seguiu, sem solicitar a mãe. Esta, no entanto, se dirigiu à sala para seguir o filho.

Nesse momento, guiada, sobretudo pelo que percebia da criança, tomada pelo mal-estar, invadida pela intrusão materna e pela dificuldade do pai em barrar esse "idílio amoroso", pedi com palavra e gesto, para que a mãe ficasse do lado de fora. Ela, sem nada dizer, entrou intempestivamente na sala e a sessão ocorreu. Nada foi comentado.

Na sessão seguinte, o pai compareceu sozinho para anunciar que a esposa havia decidido não trazer mais a criança, interrompendo assim a análise. Confessou que não concordava, mas que não podia mudar a decisão da esposa. Por fim, pediu análise para si mesmo.

Já tendo estranhado o modo como me dirigi à mãe na sessão anterior, em comparação às intervenções que faço em situações semelhantes, a notícia da interrupção abrupta da análise aumentou meu mal-estar. Tive um forte sentimento de que fui inábil na minha intervenção e que me precipitei na tentativa de barrar a colagem mãe-filho. Fui afetada pela intrusão materna, tomada por minhas próprias experiências emocionais.

Meus sentimentos em relação à mãe, pai e criança estavam nos bastidores e, sem terem sido identificados e metabolizados, se descortinaram na cena analítica com grande intensidade. Pude entender depois que minha intervenção teve um valor terapêutico, pois funcionou como um terceiro que pôde barrar a intrusão materna. O pai, provavelmente identificado com essa função e, por se sentir com poucos recursos psíquicos para lidar com essa situação, foi impelido a buscar análise para si mesmo.

Abordamos a seguir vinhetas de atendimentos realizados com Felipe e seus pais.

Felipe chegou para a análise com 1 ano de idade. Seus pais se inquietavam com a ausência de interação do filho, que não atendia aos seus chamados, não olhava. Pela ansiedade destes, marquei logo uma sessão com a criança e os pais, sem ainda muito saber sobre a história da família.

Durante a sessão, na tentativa de captar a atenção de Felipe e de buscar um modo de interagir com ele, que até então só vagava pela sala, me vi a cantar uma canção antiga, da minha própria infância.

Felipe se sentiu convocado e respondeu a esta canção, se aproximando de mim, permitindo que eu pegasse suas mãos e que fizesse um movimento que acompanhava a letra da música.

Terminada a música, tudo ficou silencioso e então, subitamente, a mãe se levantou, pegou as mãos do filho e começou a cantar essa mesma canção, numa tentativa de me imitar. Felipe, contrariamente ao que me pareceu ser o desejo de sua mãe, não olhou para ela e virou-se na minha direção, como que me convocando a cantar, parecendo sentir que a música que sua mãe cantava soava como algo estranho. Neste momento, fui tomada por certo constrangimento ao presenciar que a música e os gestos da mãe caiam no vazio e esta, consequentemente, não recebia o olhar do filho.

Sem nada comentar, também me levantei subitamente e me coloquei atrás da mãe, para que o olhar da criança fosse à sua direção. Fui tomada pelo que a mãe poderia estar sentindo diante de um filho que não olhou para ela, mas sim para a analista que ele acabara de conhecer. Também temi que se instalasse precocemente uma rivalidade da mãe comigo. Esse artifício que utilizei veio sem elaboração e funcionou, pois a mãe se sentiu contemplada pelo olhar do filho.

No final da sessão, a mãe, aparentemente tomada pela cena, me perguntou, de modo inquisitivo: "O que tem esta música"? Sem muito pensar, abaixei-me na altura do bebê e respondi: "É uma criança cantando para outra criança. Aprendi esta música quando tinha 4 anos de idade". Esse fato nos faz lembrar Golse, quando ele diz que o bebê que fomos não morre jamais. "O adulto chega, seguramente, com o que ele é, com os traços do bebê que ele foi outrora, com sua parte pessoal, sua personalidade, seu estilo" (Golse, 2003, p. 37).

Percebi que certa tensão que mobilizava essa mãe se dissipou. No decorrer dos atendimentos, ela relatou uma rivalidade de cunho arcaico com o marido, com a irmã e com a babá que se ocupava de seu filho. Após a sessão, dúvidas e estranhamento se instalaram. Por que agi me colocando abruptamente atrás da criança tentando, numa forma de engodo, fazer parecer que a criança olhava para a mãe? Por que compartilhei com esta mãe uma vivência de minha infância?

O compartilhamento das próprias referências infantis e a construção de uma intervenção súbita da analista possivelmente possibilitaram que a mãe não a visse como rival e fizesse uma aliança. O contato com a experiência emocional, a identificação com a musicalidade da analista e com as qualidades infantis desta, abriram uma possível identificação empática promovida pelo estado de *rêverie*. Nas sessões subsequentes, a mãe, tendo estabelecido uma relação de confiança, pôde compartilhar suas dificuldades em relação ao filho, sobre como não se sentia reconhecida enquanto mãe, e de seus ciúmes – achava que Felipe gostava mais das babás do que dela. Com intensa frequência, ela compartilhava com a analista os vídeos que registrava do filho brincando ou em outras atividades. Parecia sempre querer a aprovação de que estava conseguindo ser uma boa mãe.

Felipe, no decorrer de dois anos de análise, apresentou evidentes progressos, saindo da zona de risco de uma evolução autística, construindo um mundo interno mais rico e seguro. A observação da analista, os relatórios da escola e alguns sinais da mãe de que desejava seguir sozinha neste processo com o filho, levaram a analista a sugerir o término da análise da criança. A mãe recebeu este anúncio como uma "promoção", como um atestado de que poderia cuidar do filho e, pela primeira vez, compareceu com este, sem ser acompanhada pela babá.

Para Cassorla (2016), quando determinadas questões encontram eco no analista, este se identifica e consegue reagir de modo empático ou então pode ser invadido por *enactments* não produtivos.

No primeiro caso, podemos pensar que a aliança que se desenvolvia entre Arthur e a analista tenha sido experimentada pela mãe como ameaça, por não estar ela preparada para descolar do filho, de poder percebê-lo como separado dela. A mãe, provavelmente mobilizada em seu narcisismo, teve dificuldade em diferenciar o que era o seu próprio desejo e o desejo do filho, não conseguindo assim vislumbrar a separação e a autonomia da criança.

A analista possivelmente funcionou como catalisadora na emergência de conflitos edípicos, nos quais cada um busca um lugar na tríade. Como diz Golse (2003): "Todos os dispositivos terapêuticos com os bebês são feitos para reconduzir terceiros aí onde eles não tiveram o bastante, mas um terceiro continente e um terceiro maleável" (p. 37).

No caso de Felipe e seus pais, os primeiros movimentos, compreendidos como *enactments* da analista, diziam respeito a uma captação do que vinha de cada membro da dupla, ainda num momento anterior à compreensão da contratransferência (Hochmann, 2012). Os núcleos de rivalidade materna puderam ser acolhidos pela analista, que conseguiu ficar atenta e acolher o que vinha do campo da criança: um estranhamento ao ouvir a canção cantada pela mãe e que não a convocava para estabelecer uma troca interativa. Do campo da mãe, um possível sentimento de desqualificação e de incompetência, que poderia ser ativado pela falta de resposta e de olhar da criança, diante do seu canto que, mesmo para a analista, soava estranho, parecia cair num terreno árido. A analista pôde circular entre esses diferentes campos e receber as projeções, desvelando o que remetia à experiência do bebê, o que vinha da mãe e o que era oriundo do seu próprio infantil.

Contribuições do Método Bick de observação à formação do analista

Acreditamos que um caminho interessante na formação e no aperfeiçoamento do analista é experienciar uma situação de observação do bebê na família. Segundo Golse (2008), a ligação entre observação e tratamento, ou seja, a ligação entre o bebê observado e o bebê tratado, só aconteceu com a introdução do Método de Observação de Esther Bick (1964). Esse método auxilia o desenvolvimento da capacidade negativa e a aprendizagem por meio da experiência emocional, indispensáveis ao trabalho psicanalítico (Lisondo, Spessoto & Mattos, 2007). Ao longo desse processo:

> *O observador é confrontado com a turbulência da experiência emocional característica dos primórdios da vida mental de um bebê. Ele é solicitado a permanecer como um observador atento de seu próprio mundo interno e do impacto emocional que o contato com a situação suscita. (Lisondo, Spessoto & Mattos, 2007, p. 1)*

O princípio central do método está na primazia da descoberta em relação à explicação: o observador não busca explicações antes de ver um padrão emergir, apoiando-se em observações consecutivas. Deve adotar uma atitude de espera, tolerância e paciência frente ao desconhecido e ao "não saber", deixando-se penetrar por mensagens não compreendidas, suportando viver na falta de um sentido, aguardando que ele surja a partir da regularidade do acompanhamento e da compreensão sobre as "verdades psíquicas", sem ideias pré-concebidas de modo a perceber a singularidade de cada relação mãe-bebê (Oliveira-Menegotto et al., 2006). Segundo

Esther Bick (1964, p. 563), devemos partir do não saber: "enquanto estou na situação, eu não sei e não procuro nenhuma conclusão".

A regularidade das observações demarca um *setting* constante, ressaltando também o estado aproximado da atenção flutuante, a sistematicidade da escrita e a análise profunda desenvolvida mediante supervisão continuada. O trabalho desenvolvido nesse tipo de observação está associado ao contexto da descoberta, mais do que à validação e à tentativa de pôr em evidência um fenômeno previsto por hipótese teórica (Houzel, 1997).

Embora a observação Bick (1964) em seu molde clássico não tenha o objetivo de realizar uma intervenção interpretativa, o observador pode fazer essas "interpretações" para si e analisar, na continuidade do desenvolvimento da observação, sobre se suas conjecturas se realizaram ou não (Amorim, 2004). O observador aprende a partir do significado emocional da experiência, compreendendo que sua capacidade de perceber e observar depende também da capacidade de ser capaz de conter as emoções transferenciais (trabalhadas no grupo de supervisão), de modo a não atuar a contratransferência.

A observação Bick (1964) pode ser condensada em três orientações aos observadores (Haag, 2002): a) permita que se instale em você uma *tabula rasa*; b) o verdadeiro objetivo do método é aprender a observar, a não utilizar clichês e não se apressar em chegar a uma conclusão. Algumas pessoas observam bebês para confirmar suas próprias teorias a respeito deles, aspecto esse que deve ser desconstruído; c) seja um receptor: permita que se instale em você a função de receptor; deixe-se penetrar e jamais peça qualquer mudança, por menor que seja.

Rustin (2009) acrescenta que o observador precisa ser meticuloso no registro dos comportamentos, não deduzindo os sentimentos do bebê muito rapidamente e perdendo, assim, a "evidência" na qual a interpretação se baseou; seus comentários podem enriquecer ou distorcer o material, precisando estar sujeitos a uma análise cuidadosa.

Bick (1964) chama a atenção para o quão difícil é observar, no contexto do treinamento para coleta de dados de qualidade e para o desenvolvimento do pensamento científico. Preconcepções e interpretações apressadas podem obscurecer a visão e fazer perder a oportunidade de ver algo se desenvolvendo. A postura de receber e de fazer a contenção de afetos tem chamado a atenção para o valor terapêutico desse método, o que aponta para contribuições não somente dirigidas à clínica, mas também à pesquisa (Rhode, 2004; Oliveira-Menegotto et al., 2006; Rustin, 2012). A regularidade e a consistência do processo de observação, além da disposição do observador para compreender e não criticar, adquirem valor para as famílias, facilitando seu pensar e a reflexão sobre as interações (Rustin, 2006).

Com base no reconhecimento de que a mera presença do observador faz diferença para os bebês e suas famílias, algumas reflexões são levantadas quanto a possíveis usos práticos e preventivos do Bick (1964) (Oliveira-Menegotto et al., 2006).

> *Os benefícios não são traduzidos somente em mudanças na maneira de trabalhar, pensar e compreender seus pacientes, mas também como uma possibilidade de crescimento pessoal, na medida em que novos projetos profissionais e novas aberturas na prática clínica com acesso a novas vias de reflexão tendem a ocorrer. (Oliveira-Menegotto et al., 2006, p. 83)*

Embora não tenha criado o método pensando na aplicação terapêutica, Bick sugere que essa observação beneficia as mães e seus bebês, abre um espaço de alívio e descarga psíquico às díades, pois contam com um observador empático e não intrusivo. Menciona que as mães ficavam contentes por receber regularmente uma pessoa para poder falar sobre o bebê e seu desenvolvimento, bem como sobre seus próprios sentimentos para com ele (Bick, 1964). Rustin (2006) acrescenta que o aspecto mais positivo dessa observação, do ponto de vista das famílias observadas, parece ser o fato de fornecer um "espaço reflexivo" adicional para a mãe.

Corte (2005) apresenta contribuições empíricas à discussão sobre o Bick (1964) como auxiliar na aquisição de capacidades psicoterapêuticas. A ampliação da percepção dos sentidos do observador (ampliação da escuta, da continência, do lidar com o não saber e da capacidade de relacionamento), pode ser considerada importante contribuição ao profissional de qualquer formação. O método instrumentaliza não só no nível profissional, como também no nível pessoal, aqueles que precisam continuamente desenvolver e refinar habilidades reflexivas e interpessoais.

Acreditamos que a observação Bick (1964) nos faz refletir sobre nossos "pontos cegos", sobre elementos arcaicos que podem, se digeridos e simbolizados, nos auxiliar na construção de uma clínica intersubjetiva e menos intrapsíquica.

Considerações finais

O trabalho analítico com pais e bebê é intenso, comovente, catapulta os envolvidos para vivências que podem se transformar em experiências ou ficarem sem respostas, em seu potencial conturbador, por vezes mortífero. É no *a posteriori* que pensamos sobre movimentos transferenciais agudos e crônicos, sobre conflitos inter e transgeracionais que deixam resquícios e reverberam no bebê e em sua família.

Cabe ao analista navegar entre os hiatos da parentalidade e da filiação, receber em seu corpo o que vem do bebê e o que vem dos pais, compreender o que impacta em si mesmo, digerir os elementos para simbolizá-los e devolvê-los transformados. Essa difícil articulação entre o corpo e o dizer requer abertura empática, avaliação constante de si, bem como flexibilidade e segurança no *setting* para refletir sobre a prática e a técnica no campo analítico.

Em nosso dispositivo terapêutico, precisamos nos manter alerta às exigências que os bebês nos fazem: trabalhar de modo maleável, recebendo as transferências e deixando-nos afetar por elas, ao mesmo tempo:

> *Imprimir alguma coisa de nossa, deixar um traço nosso, não ter medo de vingança, jogar toda a nossa força de amor ou de agressividade, que o outro guarde uma memória de nós... o que podemos querer mais de um dispositivo terapêutico, e sobretudo com os bebês? (Golse, 2003, p. 37)*

Concordamos com Martins e Silva (2017) quanto ao reconhecimento da clínica pais-bebê como uma clínica do primitivo por excelência. Por isso, é indispensável repensar nossa postura, avaliando a disponibilidade para ser afetado e lidar com tal afetação de modo produtivo. Nesse caminho entre afetação e simbolização, acreditamos que o método Bick (1964) pode oferecer suporte técnico e ético ao promover a observação das verdades emocionais, fruto da imbricação dos mundos internos, na esperança de que estes saiam enriquecidos pelo encontro intersubjetivo.

Referências

Almeida, M. Mendes de (2010). Do menino do carretel ao menino da ilha: desafios para o conceito de transferência e desdobramentos a partir da clínica dos estados primitivos da mente. *Revista Brasileira de Psicanálise, 44*(4), 59-66.

Amorim, M. L. G. de (2004). A observação de bebês, segundo Esther Bick: *uma contribuição à formação e à clínica psicanalítica.* Dissertação. São Paulo: Instituto de Psicologia da Universidade São Marcos.

Bick, E. (1964). Notes on infant observation in psychoanalytic training. *International Journal of Psychoanalysis, 45*, 558-66.

Bonino, S. D., & Ball, K. (2013). From torment to hope: countertransference in parent-infant psychoanalytic psychotherapy. *International Journal of Infant Observation and Its Applications, 16*(1), pp. 59-75, de http://dx.doi.org/10.1080/13698036.2013.765661.

Braconnier, A., & Golse, B. (2008). *Nos bébés, nos ados*. Paris: Odilon Jaco.

Cassorla, R. M. S. (2013). Afinal, o que é esse tal enactment? *Jornal de Psicanálise, 46*(85), 183-198.

Cassorla, R. M. S. (2016). *O psicanalista, o teatro dos sonhos e a clínica do enactment*. São Paulo: Blucher.

Corte, J. (2005). *O método de observação da relação mãe-bebê, de Esther Bick, e a formação do psicoterapeuta* (Dissertação de mestrado). Porto Alegre: Pontifícia Universidade Católica do Rio Grande do Sul.

Golse, B. (2003). Sobre a psicoterapia pais-bebê: *narratividade, filiação e transmissão*. São Paulo: Casa do Psicólogo.

Golse, B. (2008). Du bébé observé au bébé soigné: la place de l'empathie. *La psychiatrie de l'enfant, 51*(2), 325-337.

Haag, M. (2002). *La méthode d'Esther Bick pour l'observation régulière et prolongée du tout-petit au sein de sa famille.* Paris: Autoédition.

Hochmann, J. (2012). *Une histoire de l'empathie connaissance d'autrui, souci du prochain.* Paris: Odilon Jacob.

Houzel, D. (1997). Observação de bebês e psicanálise, ponto de vista epistemológico. In M. B. Lacroix, & M. Monmayrant (Orgs.), *Os laços do encantamento: a observação de bebês, segundo Esther Bick, e suas aplicações* (pp. 87-94). Porto Alegre: Artes Médicas.

Lebovici, S. (1994). Empathie et "enactment" dans le travail de contre-transfert. *Revue Française de Psychanalyse, 58*, 1551-1561.

Lisondo, A. B. D., Spessoto, L. B., & Mattos, L. T. L. (2007). *O método de observação de bebês de Esther Bick: seu potencial diagnóstico e preventivo.* Primeiro Encontro de Psicanálise de Crianças e Adolescentes da SBPSP. São Paulo: Sociedade Brasileira de Psicanálise.

Martins, P. G., & Silva, M. R. (2017). O psicoterapeuta na clínica de bebês com transtornos de subjetivação. *Estilos da Clínica, 22*(3), 488-506.

Lebovici, S., Solis-Ponton, L., & Menendez, J. A. B. (2004). A árvore da vida ou a empatia metaforizante, o enactment. In M. C. P. Silva, & L. Solis-Ponton (Orgs.), *Ser pai, ser mãe: parentalidade: um desafio para o terceiro milênio* (pp. 41-45). São Paulo: Casa do Psicólogo.

Oliveira-Menegotto, L. M., Menezes, C. C., Caron, N. A., & Lopes, R. C. S. (2006). O método Bick de observação de bebês como método de pesquisa. *Psicologia Clínica, 18*(2), 77-96.

Rhode, M. (2004). Infant observation as research: cross-disciplinary links. *Journal of Social Work Practice: Psychotherapeutic Approaches in Health, Welfare and the Community, 18*(3), 283-298.

Rustin, M. (2006). Infant observation research: What have we learned so far? *International Journal of Infant Observation and Its Applications, 9*(1), 35-52.

Rustin, M. (2012). Infant observation as a method of research. In K. Urwin, & J. Sternberg (Orgs.), *Infant Observation and research* (pp. 13-22). London: Routledge.

Rustin, M. E. (2009). Esther Bick's legacy of infant observation at the Tavistock: some reflections 60 years on. *International Journal of Infant Observation and Its Applications, 12*(1), 29-41.

Silva, M. C. P. (2004). Um *self* sem berço. Relato de uma intervenção precoce na relação pais-bebê. In M. C. P. Silva, & L. Solis-Ponton (Orgs.), *Ser pai, ser mãe: parentalidade: um desafio para o terceiro milênio* (pp. 89-103). São Paulo: Casa do Psicólogo.

20. O espaço psicanalítico da clínica 0 a 3 anos: um mediador de desconstruções e transformações nas transmissões intergeracionais e transgeracionais em busca do desenvolvimento do psiquismo do bebê

Tania Mara Zalcberg

Diva Aparecida Cilurzo Neto

Introdução

O psiquismo infantil foi cotejado pela psicanálise desde seu início, sendo ele estudado de forma direta ou indireta em todo o percurso freudiano. Dentre as várias alusões à estrutura e ao desenvolvimento psíquico infantil destacamos três momentos nos escritos de Freud. Em "Projeto para uma psicologia científica" (1895), o autor assegura que sem a "*ajuda alheia*", o bebê sucumbirá, pois o "outro", além de garantir a sobrevivência física do recém-nascido, possibilitará o processo de constituição subjetiva do bebê ao propiciar que este vivencie uma experiência erógena, despertando com isso sua sexualidade e a construção do seu psiquismo. Freud se debruça, mais uma vez, sobre o psiquismo infantil em "Três Ensaios sobre a Teoria da Sexualidade" (1905). Neste, o autor apoiado em observações clínicas, faz um estudo aprofundado das manifestações sexuais na infância, desvelando sua evolução, organização e mecanismos de funcionamento e de defesa. Novamente no caso do pequeno Hans, Freud (1909) abre espaço para a compreensão do mundo infantil. Adentra os núcleos terroríficos de uma criança de 5 anos de idade atribuindo a ela propriedade e ao seu relato, autenticidade. Apoiado em seus estudos sobre a sexualidade (1905), Freud amplia a compreensão das fobias, nega a ideia de invencionice infantil dando credibilidade ao sofrimento da criança assolada por fantasias.

Anos mais tarde, os estudos sobre o psiquismo infantil são ampliados e aprofundados. Melanie Klein (1926) começa a desenvolver a teoria das relações objetais. Por meio dessa construção clínica-teórica, a autora se aprofunda nas *phantasias* inconscientes, captando suas funções e suas vicissitudes. Correlato imaginativo das pulsões e dos mecanismos do ego, as *phantasias* inconscientes para a autora, construiriam a tessitura, na qual seria urdido o mundo interno, estando incluso neste tecido as cores das ansiedades persecutórias e depressivas. Ao "contrário" das fantasias concebidas por Freud, às quais estavam ligadas às representações conscientes e pré-conscientes, ou seja à representação de ideia, as *phantasias* kleinianas situavam-se no plano das abstrações e do inconsciente, trazendo em seu bojo a produtividade da unidade somato-psíquica, como nos esclarece Isaacs (1952), Segal (1964), Spillius (2001).

Na mesma década, Anna Freud (1936), fundamenta a teoria da valorização da dinâmica egóica da criança e dos seus mecanismos de defesa. Concomitantemente, Donald Winnicott (1949) sistematiza as propriedades do desenvolvimento infantil e alerta para intercorrências psíquicas resultantes da violação deste processo desencadeadas por falhas ambientais de base invasivas e disruptivas (*impingement*).

Novos desdobramentos teóricos surgem com: Segal (1957), por meio de seus estudos sobre as fantasias inconscientes e o processo de simbolização; Bick (1967), por meio da descoberta da existência da pele psíquica no mundo sensitivo da criança; e Meltzer (1975), com os achados sobre a bi e tridimensionalidade psíquicas, assim como pelo processo de identificação adesiva. Ainda na mesma época, Diatkine e Simon (1972) começam a esboçar o tratamento psicoterápico em tenra idade. Bowlby (1969, 1973, 1979) descreve o comportamento de apego e os efeitos da separação precoce enquanto, Fraiberg, Adelson e Shapiro (1983) desenvolvem estudos sobre o retorno dos fantasmas da infância dos pais na relação com o bebê e a intervenção nas relações iniciais sob a forma de terapias breves.

Mediante tantas descobertas, o conceito de que o indivíduo ao nascer seria uma *tabula* rasa, ou seja, estaria em um estado de indeterminação completa, de vazio total, o que caracteriza a mente antes de qualquer experiência, sai de cena surgindo no lugar a noção de um ser desejante e desejado: o bebê. Como nos esclarece Laznik, "... um sujeito a ser escutado, protagonista de sua história, implicado na 'cocriação' de sua relação com seu entorno" (2013, p. 11).

A partir desta nova ótica muitas questões começam a ser alvo de preocupação no desenvolvimento da criança. O social, o intelectual, o contexto familiar, o emocional, o psíquico, o psicomotor, o perceptual, e muitos outros campos são agora identificados como partes de um processo único, ou seja, o ser e seu desenvolvimento. Ansiedades, afeições, vínculos, desejos, medos, ritmo, mas também o entorno familiar e a herança intergeracional e transgeracional são identificados como elementos estruturantes ou disruptivos no arcabouço psíquico. Como nos fala Trachtenberg (2017):

> *Transmitir é fazer passar um objeto de identificação, um pensamento, uma história, afetos, de uma pessoa para outra, de um grupo para o outro, de uma geração para a outra. Quando falo de transmissão psíquica entre gerações refiro-me a duas modalidades básicas:* intergeracional *e* transgeracional. *A primeira delas, a intergeracional é a que ocorre entre gerações, havendo uma distância, um espaço entre o transmissor e o receptor, preservando-se os limites e as bordas da subjetividade. A transmissão transgeracional, ao contrário, é invasiva e ocorre através dos sujeitos e das gerações. (p. 83)*

O legado intergeracional é marco afetivo, estruturante e transformador da vida psíquica do sujeito pois acaba por se constituir em uma bússola na qual a mãe se orienta para lidar adequadamente com seu bebê, evitando com isso invadir o campo psíquico do *infans* com angústias abusivas, ou seja, com lutos que não puderam ser vividos ou situações traumáticas de magnitude que não puderam ser elaboradas pelas gerações anteriores e que podem gerar terror ou dano ao potencial desenvolvimento da criança. A autora afirma que: "Nas transmissões intergeracionais, o sujeito não é somente beneficiário, herdeiro..., mas adquirente singular daquilo que lhe é transmitido" (Trachtenberg, 2017, p. 84).

Todavia, este mesmo princípio de coesão e organização psíquica não se aplica às transmissões transgeracionais. Essas são destrutivas pois se organizam a partir do negativo, daquilo que falta, da dor. Constituídas de lutos não elaborados, segredos, histórias funestas e traumáticas, danificam a capacidade de metabolizar as ansiedades primitivas do bebê, comprometendo a relação mãe-bebê e concomitantemente à função *rêverie*, introduzindo no psiquismo da dupla angústia parentais irrepresentáveis (Kaës, 1993).

Como nos ilustra Eiguer (1997), a influência do adulto sobre a criança é inevitável, pois os pais, mesmo que não o pretendam, irão irromper suas representações psíquicas na criança. Contudo, o patrimônio familiar, grupal ou de um povo pode constituir um elemento estruturante ou mortífero. Veiculado por meio da relação interpsíquica mãe-bebê, por meio de identificações inconscientes, projetivas ou introjetiva, tais conteúdos são projetados no espaço mental *infans*, paralisando-o como vemos nas transmissões transgeracionais ou abrindo um espaço sonhante como no caso das intergeracionais. É desta relação sensível que iremos falar a seguir.

Mãe-bebê: uma relação comunicativa estruturante

A comunicação silenciosa entre mãe-bebê é algo de uma sutileza, complexidade e pulsionalidade que ultrapassa as barreiras da razão. Iniciada, de acordo com as últimas pesquisas (Fonagy, 1991), no período intrauterino, ela marca de forma significativa a construção de vínculos intrapessoais e interpessoais, que irão permitir a estruturação e a sobrevivência psíquica do bebê. Como nos explana Laznik (2013):

> *. . . o bebê não somente mostra sua satisfação ao se deixar fazer cócegas, tem mesmo sua mão ternamente colocada sobre a mão de sua mãe, como ainda emite um "aaah" de satisfação pulsional para indicar realmente seu prazer de se encontrar ali . . . (p. 17)*

Klein (1946) aborda o conteúdo desta comunicação e a forma como ela se dá. A autora nos apresenta a identificação projetiva e introjetiva como vias de acesso de fantasias inconscientes entre mãe-bebê, salientando o papel estruturante deste funcionamento para o desenvolvimento do ego, ou seja, para a constituição da subjetividade. Contudo, quais seriam os efeitos no psiquismo de falhas, interrupções, ausências ou contaminações terroríficas nesta comunicação silenciosa?

Bion (1962, p. 132), nos esclarece que falhas nas primeiras relações, ou como ele nomeia, do *rêverie* materno, trarão efeitos danosos ao aparelho do pensar e do sentir, comprometendo todo o processo de simbolização. Cramer e Palácio Espaça (1993) alertam para o aparecimento de distúrbios psicológicos em tenra infância mediante disrupturas afetivas relacionais.

A literatura está repleta de exemplos de falhas primevas desencadeadoras de questões psíquicas e psicossomáticas em bebês, crianças e adultos. Mas o que é possível ao analista fazer a fim de restaurar o desejo, a capacidade de vincular-se, o exercício da palavra pensada, a construção ou reconstrução da subjetividade do indivíduo? Ou ainda, como ressignificar angústias impensáveis, transgeracionais ou não, as quais impossibilitadas de serem simbolizadas, são agentes de doenças psíquicas ou psicossomáticas?

A clínica do bebê

No último século, a incidência de distúrbios nas funções somáticas (sono, alimentação, crescimento e eliminação) em crianças de menos de 3 anos de idade começa a chamar a atenção e a clamar por ingerência. Como afirma Winnicott (1931), ao escrever sobre o mal-estar emocional vivido por crianças e suas manifestações sob a forma de sintoma físico: "É necessário atenção às manifestações somáticas pois elas devem ser entendidas como saídas para alcançar o amadurecimento do desenvolvimento, que por algum motivo estacionou . . ., ou seja, estamos diante de saídas físicas para um mal-estar psíquico" (p. 58).

Mas qual seria o nível de ansiedade que um ego em estado de formação ou de organização, suportaria antes de adoecer? Interações finas no trato entre pais e filhos e em específico na relação pais-bebês poderiam ser tóxicas ao ponto de trazer o adoecimento?

A literatura nos leva a crer que sim. A toxidade poderia estar no tipo de comunicação estabelecida no início da vida, assegura Trachtenberg (2017) ao afirmar que a invasibilidade e a violência das transmissões transgeracionais poderia interromper a organização psíquica levando à distúrbios de toda ordem. Lebovici (1983), Kreisler e Cramer (1926) e Stern (1995) corroboram com este conceito. Para eles o grupo parental e/ou as relações mãe-bebê ou pais-bebês ambíguas, invejosas ou insólitas, poderiam ser responsáveis por organizações fantasmáticas, ansiedades avassaladoras, assim como por conluios destrutivos, demonstrando assim a presença de toxidade na comunicação interpsíquica e intrapsíquica primeva.

Como nos esclarecem Guedeney e Lebovici (1997): "É neste momento que a clínica precoce abre um espaço para a teoria das intervenções e as novas formas de intercâmbio terapêutico" (p. 14). Dentre as várias formas de atendimento psicanalítico à primeira infância vamos nos ater à intervenção nas relações iniciais infantis por meio da ferramenta winnicottiana denominada "consultas terapêuticas", método utilizado na clínica psicanalítica de 0 a 3 anos do Centro de Atendimento à Comunidade da Sociedade Brasileira de Psicanálise de São Paulo (SBPSP).

O conceito de "consultas terapêuticas" foi utilizado por Winnicott ao longo de toda sua obra, porém, somente em 1965 ele conceitua e esclarece seu valor para a psicanálise. Para o autor, elas representavam uma nova possibilidade de avaliação, intervenção e ajuda psicológica respaldada numa "comunicação significativa" entre os membros do encontro.

Seu objetivo para a Clínica do Bebê, como nos elucidam Guedeney e Lebovici (1997, p. 58), é o engajamento do pai, mãe e bebê em uma psicoterapia conjunta da tríade. Este objetivo ambicioso encontra diversas barreiras, entre elas encontramos fantasias e organizações defensivas que permeiam a herança intergeracional e transgeracional dos pais. Como nos esclarece Herrmann (1993, p. 18), as representações, as proto-representações e os efeitos herdados pelo sujeito de seus objetos parentais e ancestrais são constitutivos de um sistema de representações e afetos. Eles ultrapassam o consciente e incidem sobre o desejo do sujeito, sua forma de se relacionar consigo e com o mundo.

É acerca deste processo que iremos discorrer a seguir, no qual os medos, as angústias e o desejo de ser uma mãe mais que perfeita interferiram no desenvolvimento psíquico do bebê.

Vivência clínica por meio de consultas terapêuticas

"O amor materno na vida de um bebê é a pedra angular em sua trajetória sexual e amorosa" (Laznik, 2013, p. 142). Contudo, o que fazer quando nos meandros desta relação que passa pelo real, pelo pulsional e pelo narcísico surgem os fantasmas maternos carregados de culpa?

Lucas tem 2 anos e meio de idade e apresenta, de acordo com os dados oferecidos pelos pais, "angústia de separação". A criança não dorme sozinha exigindo atenção dos pais por mais de duas horas toda noite para pegar no sono. Lucas teve alguns problemas ao nascer, permanecendo na UTI por quinze dias. Atualmente, foi afastada qualquer questão neurológica.

A família de Lucas busca atendimento na Clínica Psicanalítica de 0 a 3 anos da SBPSP a partir da indicação da consultora de sono. Os atendimentos foram feitos por uma dupla de analistas e foram filmados.

O objetivo destes procedimentos é ter uma leitura mais ampla e dinâmica do funcionamento psíquico da família, assim como tentar captar os movimentos fantasmáticos que permeiam as comunicações interpsíquica, intergeracionais e transgeracionais, que de forma intrusiva são projetadas no bebê comprometendo seu desenvolvimento. Esta interlocução que se dá entre a tríade e as analistas poderá, como nos alerta Silva (2003, p. 43) resgatando a fala de Lebovici et al. (1998, p. 392), dar um sentido à narração, levando da ação sem pensamento a transformações psíquicas e factuais nos pais e consequentemente no bebê.

Quanto à filmagem, sempre feita com o consentimento dos pais, é um recurso importante para uma microscopia da sessão. Microscopia que nos permite fazer inferências sobre motivações inconscientes, processos de transferência e contratransferência, baluartes de resistência e *insights* (Zimerman, 1999, pp. 429-430).

Vinhetas clínicas em consultas terapêuticas

1ª consulta: a culpa materna

O casal chega. A mãe está com Lucas no colo. Após as apresentações, convidamos a família para entrar na sala de atendimento. Há vários brinquedos no chão; de forma tímida a criança os observa. Após alguns minutos, de forma cautelosa, começa a interagir com os objetos, observando-os de maneira criteriosa. Mais à vontade, Lucas convoca aos pais e as analistas para brincar.

Após estes primeiros momentos, pedimos para os pais nos "contar" um pouco sobre Lucas, o que é atendido prontamente por ambos. O verbo "contar", embora usado de forma espontânea pelas analistas, traz um sentido maior, pois a nós interessava conhecer não somente os fatos que envolviam a queixa manifesta (distúrbio do sono), mas também o universo fantasmático dos pais com relação à Lucas.

A fala dos pais começa relatando a busca e a rotina sugerida pela consultora do sono, que de acordo com eles foi seguida à risca, porém não deu certo. Mediante o insucesso, essa profissional indica a SBPSP e o trabalho com bebês de 0 a 3 anos de idade, o que nos chama a atenção, pois de alguma forma pensamos que a profissional havia captado algo mais profundo que somente uma rotina bem orientada não daria conta. Após alguns instantes de explicações do método da consultora, o pai dá continuidade:

> Pai: *Desde pequeno ele ia dormir cedo...* (silêncio). *Ele dormia a noite toda, só acordava às 6h para mamar.* (pausa) *Quando Lucas nasceu, tivemos um probleminha no parto. Ele ficou dezesseis dias na UTI. Ele nasceu de parto natural e demorou muito para sair. Teve que fazer massagem...*
>
> Mãe: *O anestesista teve que empurrar. Tomei anestesia e perdi toda a sensibilidade. Tomei anestesia com nove dedos de dilatação. Se eu soubesse...* (emoção intensa toma conta da mãe). *Fazia força, mas não no lugar certo. Não chorou logo. Teve que fazer ressuscitação. Eu não sabia!*

Lucas, parecendo captar o que se estava falando pega a ambulância e começa a percorrer a sala com ela, imitando seu som peculiar. Isso chama a atenção das analistas que alertam os pais para a captação da criança do sofrimento revelado.

> Pai: *Foi traumático. No dia em que ele nasceu, uma neurologista disse que iam ficar sequelas. Só que na realidade* (o pai aponta para Lucas), *não tem nenhuma. Depois de um mês levamos noutro neurologista e ele disse que não tinha nada e mandou para o pediatra.*

A partir destes depoimentos os pais contam detalhes sobre a rotina de trabalho de ambos. Enquanto isso, Lucas brinca de forma criativa e inteligente, apresentando capacidade simbólica bastante desenvolvida, convocando os pais e as analistas a brincar junto. Apesar de ambos os pais serem convidados, somente o pai e as analistas se envolvem nas brincadeiras com carrinhos, bonecos e lego. A mãe apenas observa a brincadeira com expressão sofrida. De alguma maneira, ela parecia estar presa em seu claustro de culpa e de dor, cega à explosão de saúde que ocorria em sua frente.

2ª consulta: divergências de opinião

A família chega atrasada. Lucas começa a brincar com uma mamadeira. Finge estar mamando.

> Mãe: *Ele mamou até 1 ano e meio.*
>
> Pai: *Aqui você mama sozinho. Em casa é preguiçoso, a mamãe tem que segurar.*
>
> Mãe: *Ele não sabe!*
>
> Pai: *Tanto sabe que está segurando e dando para o nenê* (bonecos). *No começo, ele aceitava que eu desse*

a mamadeira ou o pusesse para dormir. Depois só a mamãe.

Analista: *Como é esse dormir?*

Pai: *Por mim deixava chorar um pouco. Para a Marta* (mãe), *cinco minutos é muito. Quando ela não aguenta, ele fica comigo. Chora, descarrega e depois fica mais fácil de dormir.*

Mãe: *Eu tento, mas não aguento. Esse menino precisa dormir cedo. Esta noite ele foi dormir à 1h30 da manhã. Mas o pai acha que não tem problema.*

Pai: *Eu gosto de assistir jogo à noite. Mas eu mudei meu hábito. Não assisto mais. Vou dormir cedo. Mas, mesmo assim ele não dorme. E o que tem de mal dormir tarde?*

Mãe: *É importante para a aprendizagem, para a inteligência. Antes, no berço, ele tentava sair, podia cair. Aí nós trocamos pela caminha. Ele sai da cama e vai passear pela casa à noite. Aí eu vou atrás e se não for, ele vem me chamar.*

Analista: *O que será que o Lucas procura fora do berço ou da caminha?*

Pai: *Ele fala que não quer dormir quando nós começamos a prepará-lo para dormir. Na escola é outra criança. Tira o soninho da tarde sem reclamar.*

Mãe: *Ele quer a mamãe.*

Analista: *A mamãe precisa dele!*

Pai: *A Marta se preocupa se algo que ela fez ou não fez no parto possa ser uma das causas deste problema de sono.*

Mãe: *Eu não fiz força. Eu devia ter me preparado* (choro).

Neste momento, uma das analistas convida Lucas para pôr os bebês (bonecos) para "nanar". Lucas aceita e, em seguida, por baixo de algumas almofadas, simula a passagem por um canal do qual sai assustado.

Enquanto analistas, pensamos no papel mediador que aqueles brinquedos e o *setting* analítico estavam tendo para aquele menino abrindo um espaço para a ebulição de suas sensações, seus sentimentos, suas emoções e suas fantasias terroríficas. Conjecturamos que Lucas tenha vivido em uma condição claustrofóbica enquanto esteve envolvido no longo trabalho de parto e que estas deixaram marcas assustadoras, possivelmente lhe trazendo a vivência de angústias impensáveis. De alguma forma, o dormir poderia estar sendo identificado com o processo asfixiante e terrorífico vivido por Lucas.

Contudo, a pulsão de vida daquele pequeno indivíduo era pungente, ele queria estar vivo, estar acordado. Porém, existia o medo, medo da morte que entrava em sintonia psíquica com a angústia melancólica da mãe, realizando assim um círculo vicioso maligno entre mãe e bebê. Se de um lado a mãe se angustiava com a dificuldade de Lucas para dormir, sua insistência em ficar acordado brincando era uma garantia de vitalidade.

3ª consulta: a persecutoriedade da mãe

Lucas parece pensativo, com o dedo na boca, olha a sala como se buscasse algo.

A mãe afirma que Lucas não chupou chupeta. Marta fala de suas falhas no parto e das possíveis sequelas na criança. Enquanto isso, Lucas brinca alegremente com vários brinquedos. Canta, convoca os pais e as analistas para brincar. Seu toque é delicado e preciso, o que contraria a preocupação da mãe com sequelas neurológicas.

> Pai: *Ele não tem nada, mas parece que ela precisa se torturar. Ele quer controlar a gente, Marta* (afirma o pai olhando para Marta). *Outro dia, meu sogro brigou comigo, dizendo que criança não pode chorar. Aí eu disse: "Se ele manda na gente agora o que eu faço quando ele tiver 15 anos?". Ele testa a gente. Ela disse que eu não ajudava. Eu tenho ido dormir cedo. A casa apaga.*
>
> Mãe: *Eu fico com ele no quarto. Ele não dorme, mas não sai mais do quarto.*
>
> Mãe: *O pai gosta de música.*
>
> Pai: *Ele fica comigo ouvindo. Ele gosta de música. Na verdade, a Marta fica grudada com ele, às vezes parece que ela vai asfixiar o menino.*
>
> Mãe: *A culpa é minha! Eu não aguento ver ele chorar. Eu não tenho culpa se ele prefere ficar comigo. Talvez porque eu não o deixe chorar.*

A partir daí Marta, começa a tornar-se agressiva com as analistas, afirmando várias vezes, *"Então vocês acham que a culpa é minha!"*. Apesar de as analistas, apoiadas por Roberto (pai de Lucas), tentarem resgatar o objetivo dos encontros analíticos assegurando que nosso propósito não era achar culpados, mas ajudar a desconstruir este pesadelo diário em que se transformou o sono de Lucas, nada a convence.

4ª consulta: abdicando do atendimento

Os pais remarcam várias vezes o encontro até que um dia a mãe liga e afirma que deseja interromper os atendimentos. Durante um rápido telefonema assegura que tanto ela como o marido tinham concluído que precisariam ter paciência com Lucas. Teriam que se acostumar ao fato de que ele não gostava de dormir cedo e que, quando ele chorasse, ela ficaria com ele sem reclamar. Com certa arrogância, pergunta o quanto deveria pagar pelos atendimentos e finda o telefonema com a frase: "*Criança é assim mesmo, tenho que ter paciência e arcar com o que fiz. Com o tempo ele melhora!*".

Mediante tais posicionamentos nos apercebemos do quanto a condição psíquica de Marta tinha se congelado numa posição defensiva e persecutória. Isolada e culpada, ela se torturava com a falta de sono de Lucas, porém, ao mesmo tempo, se gratificava com o apego da criança a ela. Psiquicamente não havia espaço para o auto perdão, somente para a manutenção da dor.

Considerações finais

Quando nos referimos às consultas terapêuticas em famílias com crianças pequenas ou bebês estamos nos referindo a um instrumento que nos permite observar os sintomas do bebê, o funcionamento familiar, transmissões intergeracionais e transgeracionais, mas principalmente os núcleos de angústia tanto do bebê como dos pais. Enquanto instrumento mediador, as consultas terapêuticas representam um processo psicanalítico interativo de base preventiva (Silva, 2003, pp. 25-51).

Nesta forma de atendimento, o *setting* analítico perde algumas características ortodoxas, mas ganha flexibilização e potencial de desconstrução e transformação de organizações psíquicas destrutivas de base transgeracional ou não, podendo com isso restaurar os marcos estruturantes da vida psíquica. Dessa maneira, as competências do bebê têm condições de renascer garantindo seu papel de sujeito desejante.

Como nos alerta Freud (1900), a comunicação psíquica não tem barreiras, todavia, ela pode ser afável ou violenta, oportuna ou intrusiva. Sejam quais forem, as informações trazidas pelo inconsciente necessitam ser simbolizadas para poderem ser transformadas em algo pensável. Contudo, o que fazer quando esta comunicação é instrumento de invasão, de ruptura e de anarquia psíquica e funcional?

As angústias e os conflitos resultantes da história do parto tinham sido inoculadas na psique, nas relações e no funcionamento psicossomático de Lucas. De acordo com Silva (2013, p. 29), a mente daquele bebê funcionava como um hospedeiro dos terrores materno, desenvolvendo uma relação de compromisso patológico dele com sua mãe e dela para com ele. Por meio de identificações projetivas, a mente infantil era inundada pelo narcisismo mortífero da mãe que a sufocava de culpa pelos perigos que a criança passou ao nascer.

Lucas não podia parar, não podia dormir, principalmente à noite, pois seu sono poderia simbolizar um sono de morte. Chegava à exaustão para depois adormecer. O sono, para ele, não era sinônimo de paz, silêncio e refazimento, mas sim de incerteza e medo. Fantasmas entrelaçando o sono e a morte bombardeavam a mente da mãe e do bebê torturando-os.

Havia um corpo estranho que molestava a saúde psíquica da dupla mãe-bebê. Freud (1919) nos alerta para as falácias do "Estranho" representado pelo "Homem de Areia", ser que cegava as crianças à noite. Algo "estranho" assustava aquela família, em específico aquela mãe, algo que causava medo. Um estrangeiro que se tornava familiar, e que de forma inconsciente, era transferido para a psique daquela criança. A ambiguidade materna era transmitida de forma inconsciente para aquele bebê obstaculizando seu funcionamento orgânico.

Apesar da intervenção psicanalítica tentar dar sentido a tantos fantasmas intergeracionais e transgeracionais, se pondo à disposição de acolher os sentimentos e as angústias daquela tríade, o baluarte de defesas erguido foi tão intenso que não deu espaço para transformações visíveis gerando o abandono do atendimento. As palavras de João Cabral de Melo Neto (1978) são certeiras ao afirmar que: "Ao redor da vida do homem há certas caixas de vidro, dentro das quais como uma jaula, se ouve um palpitar de um bicho" (p. 68). Naquela família havia o desconhecido que causava medo.

Terminamos nosso relato com alguns questionamentos:

- Qual era o lugar desta criança na psique dos pais?
- Estava ali esboçada uma relação sadomasoquista na díade mãe-bebê que a figura paterna não conseguia interditar?
- Por que Lucas não era reconhecido pelo que era, mas pelo que poderia ter sido, uma criança doente e lesada neurologicamente?

Referências

Bick, E. (1990). Experiências da Pele em Relações de Objetos Arcaicas. In E. B. Spillius, *Melanie Klein Hoje - Desenvolvimento da Teoria e da Técnica - Desenvolvimento da Teoria e da Técnica* (Trad. B. H. Mandelbaum, 1, p. 194). Rio de Janeiro: Imago. (Publicado originalmente em 1967)

Bion, W. R. (1994). Uma Teoria sobre o Pensar. In W. R. Bion, *Estudos Psicanalíticos Revisados - Second Thoughts* (Trad. J. Salomão, pp. 127-138). Rio de Janeiro: Imago. (Publicado originalmente em 1962)

Bowlby, J. (2002-2004). *Apego e perda: Vol.1- Natureza do Vínculo, Vol. 2 - Separação e Angústia, Vol. 3 - Tristeza e Depressão,* (A. Cabral, Trad., 3. ed.), São Paulo: Martins Fontes. (Publicado originalmente em 1969, 1973, 1979)

Cramer, B., & Palácio Espaça, F. (1999). A técnica das terapias breves pais/crianças pequenas. In A. Guedeney, & S. Lebovici, *Intervenções Psicoterápicas pais/bebê.* (P. C. Ramos, Trad., pp. 12-15). Porto Alegre: Artmed. (Publicado originalmente em 1997)

Diatkine, R., & Simon, J. (1972). *La psychanalyse précoce.* Paris: PUF.

Eiguer, A. (1997). A família como lugar de transmissão cultural. *Jornal de Psicanálise, 30*(55/56), 263-276.

Fonagy, P., Steele, H., & Steele, M. (1991). Maternal representations of attachment during pregnancy predict the organization of infant-mother attachment at one year of age. *Child Development, 62,* 891-905.

Fraiberg, S., Adelson, E., & Shapiro, V. (1994). Fantasmas no quarto do bebê. *Ceapia*, (7), set., 12-34. (Publicado originalmente em 1983)

Freud, A. (2007). Teoria dos Mecanismos de Defesa. In A. Freud, *O Ego e seus mecanismos de Defesa* (Trad. F. Settineri, Parte I, pp. 9-54). Porto Alegre: Artmed. (Publicado originalmente em 1936)

Freud, S. (1996). Projeto para uma psicologia científica. In S. Freud, *Edição standard brasileira das obras psicológicas completas de Sigmund Freud* (Trad. J. Salomão, 1, pp. 333-454). Rio de Janeiro: Imago. (Texto original de 1895)

Freud, S. (1996). A interpretação dos sonhos (segunda parte): Capítulo VI (continuação): considerando à representabilidade. In S. Freud, *Edição standard brasileira das obras psicológicas completas de Sigmund Freud* (Trad. J. Salomão, V(D), pp. 371-381). Rio de Janeiro: Imago. (Publicado originalmente em (1900)

Freud, S. (1996). Três ensaios sobre a teoria da sexualidade. In S. Freud, *Edição standard brasileira das obras psicológicas completas de Sigmund Freud* (Trad. J. Salomão, II, pp. 163-195). Rio de Janeiro: Imago. (Publicado originalmente em 1905)

Freud, S. (1996). Análise de uma fobia em um menino de cinco anos. In S. Freud, *Edição standard brasileira das obras psicológicas completas de Sigmund Freud* (Trad. J. Salomão, X, pp. 15-131). Rio de Janeiro: Imago. (Publicado originalmente em 1909)

Freud, S. (1996). O estranho. In S. Freud, *Edição standard brasileira das obras psicológicas completas de Sigmund Freud* (Trad. J. Salomão, XVII, pp. 237-269). Rio de Janeiro: Imago. (Publicado originalmente em 1919)

Guedeney, A., & Lebovici, S. (1999). *Intervenções Psicoterápicas pais/bebê* (Trad. P. C. Ramos). Porto Alegre: Artmed. (Publicado originalmente em 1997)

Herrmann, F. (2003). *Clínica Psicanalítica – a arte da interpretação.* São Paulo: Casa do Psicólogo. (Publicado originalmente em 1993)

Isaacs, S. (1982). A natureza e a função da fantasia. In J. Rivière (Org.*), Os progressos da psicanálise* (pp. 79-135). Rio de Janeiro: Guanabara. (Trabalho original publicado em 1952)

Kaës, R. (2001) O Sujeito da Herança. In E. Kaës, H. Faiberg, M. Enriquez, J. J. Baranes, & A. Eiguer, *A transmissão da vida psíquica entre gerações* (pp. 9-24). São Paulo: Casa do Psicólogo. (Publicado originalmente em 1993)

Kaës, R. (2001). Introdução ao conceito de transmissão psíquica no pensamento de Freud. In R. Kaës, H. Faiberg, M. Enriquez, J. J. Baranes, & A. Eiguer, *A transmissão da vida psíquica entre gerações* (pp. 27-70). São Paulo: Casa do Psicólogo. (Publicado originalmente em 1993)

Klein, M. (1997). Fundamentos Psicológicos da Psicanálise de Crianças. In M. Klein, *A psicanálise de crianças – Obras Completas de Melanie Klein* (Trad. E. M. Rocha Barros & L. P. Chaves, II, pp. 23-35). Rio de Janeiro: Imago. (Publicado originalmente em 1926)

Klein, M. (1991). Notas sobre alguns mecanismos esquizoides. In M. Klein, *Melanie Klein: Inveja e Gratidão e outros trabalhos (1946-1963): Obras Completas de Melanie Klein* (Trad. E. M. Rocha Barros & L. P. Chaves, 3, pp. 17-43). Rio de Janeiro: Imago. (Publicado originalmente em 1946)

Kreisler, L., & Cramer, B. (1995). Les bases cliniques de la psychiatrie du nourrisson. In S. Lebovici, R. Diatkine, & M. Soulé,

Traité de psychiatrie de l'enfant et de l'adolescent (2. ed. T. III). Paris: PUF. (Publicado originalmente em 1927)

Laznik, M. C. (2013). *A hora e a vez do bebê* (E. P. Oliveira trad., 1. ed.). São Paulo: Instituto Langage.

Lebovici, S. (1988). *El lactante, su madre y el psicoanalista - las interacciones precoces* (Trad. J. Castelló). Buenos Aires: Amorrortu. (Publicado originalmente em 1983)

Meltzer, D. (1986). Identificação Adesiva. *Jornal de Psicanálise, 19*(38), 40-52. (Publicado originalmente em 1975).

Melo Neto, J. C. (1978). O relógio. In J. C. Melo Neto, *Antologia Poética* (p. 68). Rio de Janeiro.

Segal, H. (1991). Notas sobre a formação de símbolos. In E. B. Spillius, *Melanie Klein Hoje - Desenvolvimento da Teoria e da Técnica, vol. 1: artigos predominantemente teóricos* (Trad. B. H. Mandelbaum, pp. 167-184). Rio de Janeiro: Imago. (Publicado originalmente em 1957)

Segal, H. (1975). Fantasia. In H. Segal, *Introdução à Obra de Melanie Klein de Hanna Segal* (Trad. J. C. Guimarães, pp. 22-35). Rio de Janeiro: Imago. (Publicado originalmente em 1964).

Silva, M. C. P. (2013). Introdução. In M. C. P. Silva, *A Herança Psíquica na Clínica Psicanalítica* (pp. 25-51). São Paulo: Casapsi. (Publicado originalmente em 2003)

Spillius, E. (2007). O conceito de fantasia para Freud e Klein, In E. B. Spillius, *Uma visão da evolução clínica kleiniana: da antropologia à psicanálise* (Trad. T. M. Zalcberg, pp. 181-200). Rio de Janeiro: Imago. (Publicado originalmente em 2001)

Stern, D. N. (1997). *A constelação da maternidade: o panorama da psicoterapia pais/bebê*. Porto Alegre: Artes Médicas. (Publicado originalmente em 1995)

Trachtenberg, A. R. C. (2017). Trangeracionalidade: sobre silêncios, criptas, fantasmas e outros destinos. *Revista Brasileira de Psicanálise, 51*(2), 77-89.

Winnicott, D. W. (2000). Memórias do Nascimento, Trauma do Nascimento e Ansiedade. In D. W. Winnicott, *Da Pediatria à Psicanálise: obras escolhidas* (Trad. D. Bogomoletz, pp. 254-276). Rio de Janeiro: Imago. (Publicado originalmente em 1949)

Winnicott, D. W. (2000). Nota sobre a normalidade e a ansiedade. In D. W. Winnicott, *Da Pediatria à Psicanálise: obras escolhidas* (Trad. D. Bogomoletz, pp. 57-76). Rio de Janeiro: Imago. (Publicado originalmente em 1931)

Winnicott, D. W. (1994). O valor da consulta terapêutica. In D.W. Winnicott, *Explorações psicanalíticas* (Trad. J. O. A. de Abreu, pp. 244-248). Porto Alegre: Artes Médicas Sul. (Publicado originalmente em 1965)

Zimerman, D. (1998). Levantando ou construindo barreiras? In D. Zimerman, *Fundamentos Psicanalíticos: Teoria, Técnica e Clínica – Uma Abordagem Didática* (pp. 429-435). Porto Alegre: Artmed.

21. Pedro: do desencontro ao reencontro do olhar e do prazer de brincar juntos

Carla Braz Metzner

> *Qualquer coisa que tenda a produzir um rompimento espontâneo de ritmo, como um raio de luz solar refletido, parece ter vida. Esta vitalidade rítmica do movimento é o que primeiro identifica a companhia viva.*
>
> Colwyn Trevarthen, 1978, p. 2

No caso aqui em discussão, do menino a quem chamo de Pedro, foi necessário percorrer um caminho que nos levou a um desencontro ocorrido logo que nascera, ou antes disso – entre o tempo necessário para nascer e o tempo estipulado e esperado pelos pais, prosseguindo pela dificuldade dessa criança de ser escutada e escutar o mundo.

A seguir, trago a história de Pedro, abordando as questões familiares e o desenrolar do processo analítico.

Pedro e sua quase desistência do encontro humano

Pedro foi encaminhado para análise, por apresentar atrasos de fala, no desenvolvimento global, além de comportamentos agressivos, diagnóstico médico de hiperatividade e suspeita de transtorno do espectro autista. Estava com 3 anos de idade e, segundo os pais, já chegara dando um susto, fugindo do programado e do esperado: adiantou o momento do nascimento e não chorou imediatamente, embora, segundo eles, apresentara boas condições de saúde, com nota dez na escala de Apgar.

Porém, o que denominaram "susto" parecia ser renovado a cada momento em que Pedro não correspondia ao bebê sonhado e esperado por seus pais, e isso passou a fazer parte do desencontro de Pedro com seu ambiente primário, um desajuste de tempo e ritmos, desde o início. De fato, em várias situações, o tempo de Pedro não correspondia ao esperado pelos pais.

Quando completou 2 anos e 3 meses de idade, após o retorno de uma viagem de avião, os pais notaram que Pedro não tirava as mãozinhas do ouvido, parecendo sentir muita dor. Foi então detectado que nascera com uma má-formação do coletor de secreção dos ouvidos, o que lhe causara muito sofrimento – por isso, era um bebê inconsolável e tido por toda a família como "chato".

A descoberta produziu muita culpa nos pais, além de desgaste e brigas familiares. O médico que realizou o exame ficou impressionado com a extensão da obstrução dos ouvidos, com a dor que Pedro certamente vinha sentindo, já que chorava constantemente e, com o evidente prejuízo da audição, pois apresentava otites de repetição. Como consequência desse quadro, o desenvolvimento de sua oralidade havia sido muito prejudicado, e a vivência de dor e solidão deixaram Pedro cada vez mais encerrado em si mesmo, provocando retraimento relacional.

Em relação à amamentação, diante das dificuldades que apresentava, a mãe foi orientada pela pediatra a amamentá-lo a cada duas horas, numa tentativa de resolver o problema, que estava relacionado à secreção e dor de ouvido. Assim, esse momento tão importante para a constituição do vínculo entre mãe e bebê tornou-se uma tortura para ambos.

Há ainda um fato bastante significativo para compreensão do caso, ligado ao quadro da otite, que a mãe me relatou em nosso primeiro encontro. Quando Pedro nasceu, o pai havia mudado de trabalho e montado uma empresa, estando muito ausente. As famílias de origem de ambos eram de outro estado e aqui em São Paulo eles acabavam ficando muito solitários. Então, esgotada com a falta de sono, na solidão de seu sofrimento e desamparo, passou a dar o seu celular para que Pedro se consolasse. Assim, o aparelho foi sendo usado como substituição da relação materna, em um momento tão fundamental para a constituição dos primórdios do psiquismo, em que o outro humano é insubstituível. Pedro, em vez de encontrar um olhar que pudesse conduzi-lo à integração e organização da sua sensorialidade, de modo a acalmar a sua angústia, encontrou a tela do celular.

Quando foi encaminhado para análise, Pedro já havia passado por duas cirurgias para colocar um tubinho coletor de secreção nos dois ouvidos – a primeira não havia dado certo, sendo necessário um segundo procedimento. Os pais tentaram colocá-lo em uma escola bilíngue, a mesma de seu irmão de 6 anos de idade, mas ele não se adaptou, em virtude de suas dificuldades de fala e pelo fato de se tratar de um método mais tradicional de ensino, pouco flexível aos ritmos pessoais de aprendizado, como era a necessidade no caso de Pedro. A sua fala era incompreensível naquele momento.

Para falarmos a nossa língua materna passamos por todo um processo constitutivo da subjetividade e do *self*.

Como refere Bernard Golse (2006), a criança entra na linguagem pela música da voz de sua mãe, e dentro dessa matriz, também se encontram o som e as sílabas rítmicas que conformam as bases universais da música e das palavras. Para que uma criança queira entrar no sistema da linguagem verbal e pré-verbal, é necessário que ela sinta necessidade de se comunicar, como os adultos que a rodeiam, que sabem que essa comunicação serve para alguma coisa.

Diante dos relatos dos pais, me pareceu que Pedro havia desistido de se fazer entender. Não era possível compreender totalmente o que ele falava, mesmo para quem convivia com ele com frequência. As queixas na escola eram muitas – ele ficava muito irritado por não ser compreendido, batia ou mordia os colegas. Era muito agitado, não ficava na sala de aula, corria pela escola e não participava das atividades propostas.

Em nossos primeiros encontros, Pedro chegava me comunicando o seu sofrimento por meio da sua agitação e irritação. Apresentava dificuldades de fala, repetindo algumas palavras desconexas. Inicialmente, seu tempo de tolerância era muito baixo. Pouco disponível para o contato comigo, permanecia pouco tempo na sala, cinco ou dez minutos, logo querendo ir embora; ou, nos momentos em que sentia dificuldades de expressão, de comunicação, saía em busca do celular da mãe, para iniciar joguinhos que ele dominava, portanto, menos frustrantes.

De minha parte, tentava formas de aproximação cuidadosas; várias vezes, ele tentou morder a minha mão durante as sessões quando esta estava próxima a ele. Preocupava-me, então, em sobreviver e encontrar formas de comunicação com Pedro. Com o tempo, a tolerância para estar comigo foi aumentando, mas, quando esta se esgotava, ele tinha acessos de raiva, jogando tudo que via pela frente. Após o seu atendimento, meu consultório ficava totalmente caótico, desorganizado, com lápis jogados pelo chão, brinquedos por toda parte...

Atender Pedro me deixava realmente cansada diante da necessidade dos ajustes para tornar nossos encontros frutíferos, e eu precisava me recompor para o próximo atendimento. Não raras vezes, Pedro me fazia sentir na pele as dificuldades e os desafios desta clínica com crianças com traumas precoces e comunicações primárias. Com frequência, ele desviava os olhos dos meus, mas quando me encarava, parecia estar encerrado dentro de si, incomunicável. Tentava me adaptar a ele, descobrir quais seriam seus personagens favoritos, as coisas de que gostava; passei a selecionar melhor os materiais com que pudesse brincar e fui também rearranjando minha sala, preparando-me para recebê-lo da melhor maneira possível. Ampliei o espaço, encobri o interfone, porque ele puxava sem parar, comprei uma mesinha menor, troquei a minha cadeira que tinha rodinhas e que ele empurrava violentamente em cima de tudo, e eu precisava me manter viva, sobreviver a toda aquela agitação e desorganização.

Esse manejo me falava de minha disponibilidade de estar com ele, de encontrá-lo, onde ele estivesse... Pensava no texto de Ferenczi (1927/1992) sobre a importância da adaptação do adulto à criança, e tentava oferecer essa disposição a Pedro, algo que possivelmente os pais tiveram dificuldades em fazer pelo momento que viviam.

Intensificava minha expressividade, por vezes me sentindo como uma personagem de cinema mudo – falava de maneira bem articulada, devagar, olhando para ele e buscando ir além das palavras.

Segundo Victor Guerra (2018), o ritmo propicia uma experiência de estar com o outro, de coconstruir através do gesto, da postura corporal e do tom de voz; trata-se de uma forma de encontro fundador de comunicação primária com o objeto.

Com tudo isso, passamos a nos aproximar. Comecei a dizer a Pedro que poderia ir embora quando quisesse, não precisaria jogar tudo, morder, apenas me dizer "tchau". Surpreso com essa liberdade, que não vivia em outros ambientes, como na escola, passou a, muitas vezes, trazer a mãe para estar junto conosco; outras, me fechava dentro da sala de atendimento e ambos ficavam na de espera. Foram muitos movimentos de aproximação e afastamento, que pareciam encenar a sua história, suas experiências de descontinuidades e continuidades. De minha parte, penso que sobreviver à sua irritação o ajudava a organizar as suas vivências emocionais, diminuindo sua agitação.

Fui colocando palavras também na sua relação com a mãe. Muitas vezes, queria bater nela, não parecendo conseguir conter suas sensações e seus sentimentos internamente e atuando fora o caos vivido dentro; assim, ia me encenando a sua solidão e o seu desamparo. Nas sessões que trazia a mãe para dentro da sala de atendimento, pedia para que brincássemos juntos; tinha a impressão de que buscava reencontrá-la e muitas vezes traduzi isso para eles, colocando palavras onde antes havia dor, silêncio e desencontro. Todo esse trabalho de investimento no vínculo entre ambos levou a uma reinvestida materna, em especial no olhar que ela dirigia ao filho, e pude vislumbrar a possibilidade de recriar o encontro entre eles. Não raras vezes, a brincadeira que Pedro escolhia era esconde-esconde – com muito entusiasmo, ele se escondia e era encontrado por sua mãe. O sentido que atribuía era, muito claramente, o de uma nova chance de relação entre eles.

Nessa ocasião, eu o atendia duas vezes por semana. Pedro foi ficando menos agitado, passou a me olhar mais intensamente. Ele respondeu ao tratamento, que contemplava a análise com ele, conversas com os pais e ao diálogo que estabeleci com a sua escola para uma melhor compreensão do que se passava com ele e, consequentemente, um trabalho conjunto. Com isto, o ambiente e suas relações puderam também serem trabalhados. Na epígrafe deste trabalho trago o pensamento de Trevarthen (1978) que se refere à abertura que o humano começa tendo para a vida e que precisa ser aproveitada para que não se feche.

Nesses momentos de encontro entre Pedro e sua mãe, eu narrava como deveria ter sido difícil para os dois todo o problema do ouvido, da dor e do cansaço, da frustração que marcou a história dos dois.

No trabalho com os pais de Pedro, conversávamos também sobre o uso dos eletrônicos; o pai acabou percebendo que muitas vezes, até durante as sessões, ficava no celular e que todos na casa se excediam nesse uso, permanecendo cada um em sua solidão, sobrando pouco tempo para interagirem e brincarem juntos.

Decidiram então comprar um cachorrinho, o que provocou uma grande transformação na rotina da família. Pedro ganhou uma companhia viva para brincar e descobrir o mundo em sua sensorialidade, além do celular. Nas nossas sessões, fomos encontrando uma narrativa juntos, dividindo histórias e brincadeiras de roda, comigo e com sua mãe. Percebia que, nesses momentos, ela ficava um pouco constrangida, trazendo o desencontro e a falta de sintonia afetiva que viveram desde o início e, possivelmente, também ter sido uma criança que não desenvolveu o prazer de brincar juntos.

Progressivamente, a mãe foi podendo deixar a sala e Pedro e eu fomos desenvolvendo um momento nosso. Um dia, logo no início da sessão, ela me contou que o filho havia participado de um piquenique no parque com a escola e havia gostado muito. Falei com muito entusiasmo sobre aquela experiência, e Pedro ficou muito contente, conseguindo repetir algumas palavras já possíveis de serem reconhecidas. E repetiu "piquenique aqui!". De fato, junto com a análise, o tratamento fonoaudiológico também estava ajudando muito em sua comunicação.

A partir do episódio do piquenique, em todas as nossas sessões, fazíamos o nosso. Pedro trazia lanche e comíamos juntos, o que o deixava muito contente – ele repetia piquenique e o final do nome do parque que havia ido. Era visível o encantamento que sentia em ser compreendido, compartilhar uma experiência vivida, perceber-se como pertencente a uma comunidade humana, o assombro com a possibilidade de descobrir o prazer da capacidade de expressão, das trocas afetivas e emocionais que trazem sentido à vida.

O tratamento de Pedro sempre foi muito emocionante. Aquele garotinho que chegava naquela agitação foi ficando mais tranquilo e possibilitando que experimentássemos juntos momentos únicos de descoberta, de jogos, de comunicação e inauguração da sua linguagem verbal. As sessões iniciavam com a massinha, com os carrinhos que apostavam corrida, eram interrompidas para que ele fosse ao banheiro, seguiam com o piquenique, e assim fomos caminhando para novas possibilidades de comunicação.

Após as férias de julho, a mãe contou da viagem da família. Conversei com Pedro sobre isso e fui vendo como ele se interessava cada vez mais por compartilhar suas vivências e experiências.

Juntos, passamos a olhar frequentemente pela janela de meu consultório, a seu pedido, e quando avistava a igreja, Pedro a nomeava como a casa do papai do céu. Em uma sessão, de repente, interrompeu nossa brincadeira para me mostrar os sons de passarinhos cantando. E aquele menino que, antes, não conseguia ouvir bem os sons do mundo, passou a compartilhar comigo aquele momento vivido, aquelas experiências emocionais que iam possibilitando a sua subjetivação.

Segundo Bernard Golse (2004), a construção dessa relação sensorial com o mundo, com o ambiente favorece a criação de representações e posteriormente da simbolização. É nessa intersubjetividade primária experimentada e compartilhada que o espaço para as relações de objeto vai sendo construído.

De fato, Pedro interessava-se cada vez mais por brincar em minha companhia. Uma das brincadeiras que fazíamos constantemente, a seu pedido, era a imitação dos movimentos e expressões um do outro, como se aquele espelhamento que ocorre no início da vida, entre o bebê e a mãe, para a identificação de estados emocionais estivesse acontecendo naquele agora, ali, comigo. Eu e Pedro nos divertíamos muito nestas situações.

Pedro também se interessou por carimbos que traziam animais e de emoções humanas, ele ficava muito tempo usando os carimbos e imitando as emoções, e quando se detinha no bravo ou no feliz ficava muito animado, parecia querer brincar e representar as alternâncias dos estados emocionais, estabelecer diferenças entre fora/dentro; eu/outro; continuidade/descontinuidade... e era sempre um jogo muito divertido entre nós.

Pedro também gostava bastante dos livrinhos de histórias e de brincar de fazer sombras nas paredes com os seus dedos; sua capacidade de representar e simbolizar foi gradativamente se enriquecendo. Com mais condições de falar, foi começando a representar, fazer de conta e brincar. Após as férias de janeiro, Pedro já estava com um repertório verbal mais ampliado, articulando melhor os sons e com uma fala mais inteligível e sua agitação e agressividade foram diminuindo e dando lugar a uma comunicação com palavras e a retomada de sua confiança de ser compreendido.

Considerações

Pedro não pôde ser ouvido em sua dor e sofrimento, encerrando-se em toda sua solidão e desamparo, quase desistindo de se comunicar com o mundo.

Certa vez, a mãe me revelou que aqueles mais de dois anos em que esteve amamentando e dando-lhe mamadeira a cada duas horas, por orientação da pediatra, a deixaram muito deprimida. Não tinha mais vontade de fazer nada e ficar com o filho era insuportável, despertando-lhe muita raiva, por isso evitava estar com ele sempre que podia, e isso gerava muita culpa. O sofrimento e solidão que vivera foram intensos, trazendo também para a cena o desamparo que experimentara na sua família de origem, nas suas relações com sua própria mãe, que também nunca a acolhera nem auxiliara nos momentos difíceis.

E Pedro, nos primórdios de sua constituição psíquica, nesse momento tão essencial de encontro humano, de necessidade do olhar, da voz da mãe, encontrou o vazio, o celular...

Um dado que me parece importante mencionar: quando tinha 2 anos de idade, Pedro teve uma convulsão muito grave que exigiu uma internação; fez vários exames, mas nada foi encontrado. O mau acolhimento da criança pelo ambiente primário pode disparar a tentação de morrer; a falta de investimento emocional cria o vazio e a falta de esperança (Ferenczi, 1927/1992). E isso parece ter ocorrido com Pedro: ele somente foi escutado em sua dor após os 2 anos e 3 meses.

O uso excessivo de eletrônicos nesse momento de constituição psíquica, de constituição da subjetividade da criança e da instalação do psiquismo no corpo confirmam a presença insubstituível do outro humano que precisa desta presença para contenção e transformações das angústias para ajudar a construção e introjeção de uma pele psíquica. Segundo Winnicott (1967), participam do processo de subjetivação do bebê e criam as bases de seu processo simbólico: as funções maternas – *holding*, para auxiliar na sustentação e integração; *handling*, no manuseio dos cuidados, que possibilita a personalização; e a apresentação dos objetos, para auxiliar nas futuras relações de objeto.

Isso tudo nos remete aos tempos arcaicos, primários, como nos refere Victor Guerra (2014) no *infants*, que corresponde à fase anterior da aquisição da linguagem verbal. Nesse momento do encontro e constituição da identificação primária de Pedro com seus objetos primários, ocorreu um desencontro, ocasionando uma falha na instauração da subjetivação e na constituição dos laços primários.

Ainda não sabemos todas as consequências do excesso de uso, ou do mau uso dos eletrônicos por bebês, crianças pequenas e adultos; mas não há dúvidas de que há um esgarçamento dos vínculos que precisa ser pensado, talvez como um sintoma de nosso momento histórico-cultural de tempos acelerados, e menor disponibilidade para o compartilhamento afetivo.

Diante do aumento dos diagnósticos médicos, da medicalização excessiva e, muitas vezes, das avaliações superficiais de suspeita de transtorno do espectro autista e hiperatividade, penso que é bastante preciso o termo, proposto por Victor Guerra (2015), para caracterizar quadros semelhantes ao de Pedro, que nos chegam na clínica e precisam ser avaliados em sua complexidade: transtorno de subjetivação arcaica.

O transtorno de subjetivação arcaica segundo Victor Guerra (2015), inclui em sua proposta a compreensão das manifestações conflitivas desde os primórdios da constituição psíquica, com sintomas de desencontro intersubjetivo entre o bebê e seu ambiente primário como no caso de Pedro. O transtorno de subjetivação arcaica pode trazer evitação relacional, com graus variados de indiferença objetal, angústias arcaicas, dificuldade de integração da impulsividade e precária organização da linguagem. Faz pensar na importância do objeto primordial na constituição do psiquismo e as consequências das falhas do processo de subjetivação no desenvolvimento da criança. O acolhimento e a inclusão dos pais possibilitam o trabalho dos vínculos primários, o reencontro do ritmo de compartilhamento conjunto acompanhado por palavras, entrelaçadas pelo olhar e pelo prazer de brincar juntos.

Referências

Aragão, O. R., & Zornig, S. (2018). *Continuidade e descontinuidade no processo de subjetivação do bebê*. São Paulo: Editora Escuta.

Ferenczi, S. (1992). *Obras completas Vol. IV*. São Paulo: Editora Martins Fontes. (Trabalho original publicado em 1927)

Golse, B. (1999). Do corpo ao pensamento. Lisboa: Editora Climepsi.

Golse, B. (2004). O que nós aprendemos com os bebês? Observações sobre as novas configurações familiares. In L. Solis-Ponton (Org.), *Ser Pai, Ser Mãe – Parentalidade: um desafio para o próximo milênio*. São Paulo: Casa do Psicólogo.

Guerra, V. (2015). Fronteiras da parentalidade e recursos auxiliares: Pensando a clínica 0-3 anos. *IV Jornada da Clínica 0-3 anos – intervenção nas relações pais-bebê – SBPSP*. São Paulo: Instituto Langage.

Golse, B. (2006). Le pédopsychiatre – psychanalyste face au concept de résilience. La résilience avant l'après-coup. In B. Cyrulnik, & P. Duval (Orgs.), *Psychanalyse et Résilience*. Paris: Odile Jacob.

Gómez, M. (2014). A intersubjetividade nos primórdios da relação mãe-bebê. Dissertação (Mestrado), Pontifícia Universidade Católica, São Paulo.

Guerra, V. (2018). *Rythme et intersubjectivité chez bébé*. França: Érès-Toulouse.

Roussillion, R. (2012). *Manual da prática clínica em psicologia e psicopatologia*. São Paulo: Blucher.

Trevarthen, C., & Hybley, P. (1978). Secundary intersubjectivity: confidence, confinding and acts of meaning in the first year. *Action, Gesture and Symbol*. Londres: London Academic Press.

Winnicott, D. W. (1967). Los efectos de la enfermedad depresiva en ambos progenitores o en uno de ellos. In: W. D. Winnicott, *La família y el desarrollo del individuo*. Buenos Aires: Hormé. (Trabalho original publicado em 1958).

Winnicott, D. W. (1986). *Tudo começa em casa*. São Paulo: Martins Fontes.

Parte IV

Recursos psicanalíticos diante de indicadores precocíssimos de risco

22. O branco do traumatismo: a estratégia defensiva da terra queimada[1]

Régine Prat

Tradução: Patrícia Cardoso de Mello

O afluxo de excitação provocado pela sobrevinda do acontecimento, que por isso se tornará traumático, transborda os meios de defesa habituais que o psiquismo tem para enfrentá-lo e provoca uma desorganização na economia psíquica.

Mas a vivência traumática supõe um aparelho psíquico suficientemente organizado para ser passível de se desorganizar sob o impacto de um acontecimento que cometa uma intrusão, transbordando as capacidades do psiquismo de absorvê-lo. Ora, se o traumatismo pode ser comparado a uma bomba que percute o aparelho psíquico, o ponto central para sua elaboração será a plasticidade do aparelho psíquico e sua capacidade dinâmica de desconstrução/reconstrução.

Eu vou interessar-me pelas situações em que, para prosseguir com a metáfora, não se trata de uma bomba, mas de radiações agindo continuamente sobre um psiquismo ainda não constituído

1 Trabalho originalmente publicado em *Revista Psychê: Rev. Psicanál.*, *10*(17), 13-29, 2006.

– qual seu impacto sobre um psiquismo em estado fetal? Quais serão as modalidades de desorganização/reorganização quando da sobrevinda ulterior de um traumatismo?

Hipóteses

Hipótese histórica

Esses pacientes viveram, no início de suas vidas, experiências de não sintonia, de *não encontro emocional*, e não puderam ser o objeto de uma atenção suficiente do meio ambiente: a capacidade deles de se representar e de dar um sentido ao mundo psíquico interno, tanto ao seu próprio quanto aos dos outros, foi entravada.

Muitos pacientes, crianças e adultos, que tive a oportunidade de tratar, têm em comum o fato de terem tido uma relação primária perturbada com suas mães durante o primeiro ano de vida. Em suas experiências de bebê, eles forjaram, seguramente muito cedo, uma visão do mundo no qual não se podia contar muito com os outros, em que era necessário "se virarem" sozinhos, e desenvolveram muito precocemente uma distância afetiva de suas mães.

Um exemplo clínico de uma situação de terapia pais-bebê pode ilustrar as experiências vividas precocemente por esses bebês.

Karla tem 4 meses. O irmão, filho mais velho, é autista, e a mãe intensamente deprimida (depressão endógena, ao que tudo indica).

A mãe colocou Karla adormecida sobre o colchão de brincar. Quando ela tira seu macacão, de maneira bastante brusca, Karla sobressalta-se e acorda. Olha a mãe, que pega um grande chocalho, que Karla não pode apanhar, e o agita à sua frente. Karla sobressalta-se novamente. Ela vira-se brutalmente para a direita, sobressaltando-se de novo, descobrindo-me. Ela se fixa atentamente em mim. Comento que me encontrar ao despertar é uma surpresa, que a faz sobressaltar-se como alguma coisa imprevista. Karla olha a mãe, depois vira-se para mim e mostra a língua, retomando uma brincadeira de troca inaugurada quando da sessão precedente; eu respondo em espelho mostrando a língua e comentando essa evocação de nosso encontro anterior. Ela se vira para a mãe, que a olha em silêncio, com um sorriso imóvel. Karla para seu movimento, que mal esboçou, de estender os braços em direção à sua mãe; mantém os braços no ar, olha a mãe, imóvel, mantendo a língua entre os dentes sem movimento. A expressão do bebê imobiliza-se como a da mãe.

Ao longo da sessão, todas as tentativas do bebê de ir em direção aos objetos e de apanhá-los serão entravadas ou desviadas pela mãe, que não compreende as intenções do bebê; ela retira o objeto para propor um outro, ou o sacode de maneira assustadora para a criança. Se Karla parece apoiar-se em meus comentários para recuperar sua esperança, todas as manifestações desajustadas da mãe deixam-na em um primeiro momento imóvel, parecendo renunciar a ela mesma e a seus movimentos pulsionais vitais. O desmoronamento psíquico traduz-se por um desmoronamento postural – o bebê não se sustenta mais no plano tônico e dá a impressão de se deixar escorrer ou cair.

O impacto contratransferencial é um sentimento de desânimo e desespero, que se pode supor equivalente ao que sente o bebê que não acha reflexo materno algum que encoraje e sustente seus movimentos vitais rumo à descoberta dos objetos e do mundo.

Os pacientes que vão construir um *psiquismo antipsíquico* (Denis, 2004) viveram, ao que tudo indica, esse tipo de experiências precoces em diversos graus, certamente correlacionados à importância da patologia ulterior. Encontra-se frequentemente, durante o segundo ano da criança, um acontecimento (luto, depressão, mudança, perda, novo nascimento etc.) que desvia da criança a disponibilidade afetiva da mãe, certamente já muito restrita, enquanto a criança tem meios reduzidos de expressão de seu sofrimento psíquico, por sua pouca idade, e provavelmente pelo fato de uma construção psíquica já precária.

Quando das entrevistas paralelas com os pais nas terapias de criança, estes a descrevem frequentemente como pouco carinhosa; do mesmo modo, quando se trata do nascimento de um outro bebê, os pais não notaram reação de ciúmes. Isto pode denotar um vazio no funcionamento psíquico, e a instalação precoce de um processo de desafetivação como meio de "branquear" o funcionamento psíquico, apagando os afetos.

O modo de funcionamento psíquico

Minha hipótese é que a formatação no interior do Ego não pôde ser suficiente para que os afetos fossem reconhecidos e experimentados. Esses mecanismos de defesa, próximos das defesas autísticas, são antipsíquicos, pois o Ego vai, a partir de então, construir-se sobre a denegação da pulsão, e consequentemente, sobre a denegação do psíquico. Se eles permitem uma construção relativa do Ego, este é isolado de suas conexões internas emocionais e mantém uma relação de servidão ou de dependência à realidade externa.

Os fragmentos de afetos serão tratados sob o modo da expulsão, podendo chegar-se ao extremo de destruí-los em sua fonte, quer dizer, antes mesmo de sua formação, para evitar que se sinta uma turbulência emocional vivida como devastadora.

Os afetos são assim apagados, deixando uma página em branco que não permite a inscrição de um traumatismo. Quando sobrevém ulteriormente um acontecimento que poderia tomar um sentido traumático, ele encontrar-se-á reduzido a um *acontecimento "branco", isolado de suas conexões pulsionais* e dos afetos dolorosos ou angustiantes que o acompanham.

O modo de expressão pode ser assintomático, ou até apresentar-se como uma hipernormalidade. Patologias variadas manifestam o fracasso dos processos de transformação simbólica dos afetos primários e englobam o campo das patologias narcísicas, estados-limite, sintomatologias psicossomáticas etc.

Nota-se pontos de convergência no modo de funcionamento psíquico desses pacientes, incapazes de perceber sua vivência emocional interna e transformá-la de modo a poder comunicá-la. Eles mostram assim as diversas modalidades de *fracasso dos processos de transformação simbólica*:

- O problema essencial para eles parece ser a maneira de se livrarem das emoções, chegando ao extremo de destruí-las em sua fonte para evitar senti-las. Desafetivação e alexitimia são a consequência de uma "política da terra queimada" – trata-se de suprimir na fonte qualquer turbulência emocional vivida como perigo iminente de destruição total da personalidade.
- Os fragmentos dessas vivências emocionais abortadas são evacuados na ação, nos transtornos do comportamento, nas manifestações do caráter, nas traduções no corpo. Pode-se ver aí um sentido de equação simbólica, que, apesar de tudo, permitiria fornecer uma pseudomodalidade de transformação aos aspectos que sobrevivem à destruição.
- A necessidade exacerbada e vital de um continente para essas vivências em estado bruto traduz-se ao mesmo tempo pela adesividade a uma forma social – em uma adaptação

de superfície que desempenha um papel de pseudoenvelope –, e por um modo de relação intrusivo ao outro. A necessidade de continente perverte-se, assim, em uma relação predominantemente sádico-anal: a partir de então é a cena exterior e relacional, o mundo dos outros, que representará a cena interior do mundo emocional, cujas conexões internas do reconhecimento são cortadas.

- A lembrança dos acontecimentos não é apagada e não é objeto de um recalcamento; ela pode até, ao contrário, ser de uma grande nitidez. Mas serão lembranças desencarnadas, vividas como exteriores a si mesmas, nas quais os pacientes podem se descrever do exterior, como se assistissem a um filme que os colocasse em cena.

Esclarecimento teórico

a) *As concepções psicanalíticas de W. R. Bion* (1979) parecem particularmente úteis nessas problemáticas do tratamento das emoções (Prat, 1989). O prolongamento das concepções de Bion nos trabalhos da analista argentina Lia Pistiner de Cortinas esclarece a compreensão das vias de comunicação primitiva dos aspectos não simbolizados: eles devem ser contidos para serem transformados e se tornarem comunicáveis; e é assim que "nós construímos nosso alfabeto de imagens, extraídas da conjunção da experiência sensorial e emocional . . . que se combina em diferentes formas capazes de evocar as experiências passadas, presentes ou futuras" (Cortinas, 2001a).

> *A personalidade, para poder pensar e desenvolver um processo de conhecimento de si e do mundo exterior necessita de uma função de digestão das experiências*

> *emocionais, equivalente à função de digestão da comida... Os fatos não digeridos geram o terror e um equipamento imaturo não pode contribuir para digeri-los. (Cortinas, 2001b)*

A mesma autora nomeia:

> *emoções pré-natais..., pré-concepções ou pré-emoções, como grãos em um processo de evolução – de crescimento –, destinadas a tornarem-se árvores... os grãos, com seus aspectos pré-natais, não ainda evoluídos, incluem "comunicações" muito primitivas, até mesmo em nível somático. (Cortinas, 2002)*

Na concepção de Bion (1979), esta função de digestão apoia-se na capacidade de transformação da mãe, no exercício do que ele chamou *função alpha*, que se pode colocar em paralelo com a preocupação materna primária e o papel de espelho da mãe, de Winnicott (1975/1967).

A relação com o outro, em uma experiência vivida de relação continente-contido, acha-se no centro da construção do aparelho psíquico. Bion (1979) definiu assim

> *a situação em que o elemento Beta, por exemplo o medo de morrer, é projetado pela criança pequena e recebido pelo continente de tal maneira que ele é desintoxicado, quer dizer, modificado pelo continente, para que a criança pequena possa integrá-lo em sua própria personalidade em uma forma tolerável. Esta operação é análoga àquela realizada pela função Alpha.*

Esse mecanismo de identificação projetiva, conceitualizado por Bion (1979) em seus aspectos "normais", constitui a base psíquica da empatia – o "diálogo das emoções" constitui a base da comunicação interpessoal ligada aos processos que permitem a uma pessoa receber emoções primárias provenientes do outro.

b) *Confirmações provindas de domínios diferentes* são trazidas a essas teorias, agora bem conhecidas:

- Os trabalhos de pesquisa recentes em psicologia do desenvolvimento sobre a imitação, o faz de conta (Fonagy, Gergely, Emde), permitem uma validação experimental dessas intuições psicanalíticas, mostrando o papel determinante da reação afetiva do parceiro no reconhecimento que faz o bebê de suas próprias emoções e sua comunicação. Assim, apesar do nome rebarbativo e decididamente não psicanalítico da hipótese de Gergely e Watson (1999) ("*modelo biofeedback* social do reflexo do afeto" ou "*affectmirroring*"), eles confirmam e colocam em evidência, por meio de procedimentos experimentais, intuições psicanalíticas e conceitos tais a identificação projetiva e o papel de espelho da mãe. Eles mostram que o bebê consegue o controle e a consciência de seus estados emocionais a partir da percepção do reflexo no outro de seu próprio estado emocional. Esses trabalhos revelam-se complementares daqueles, mais antigos, de Tronick sobre o impacto desorganizador no bebê da não resposta afetiva da mãe nas experiências ditas *still-face*; neles, inversamente, é a percepção das manifestações afetivas da mãe que permite ao bebê organizar, regular e tomar consciência de seus estados afetivos, quer dizer, interiorizá-los.
- A capacidade de simbolização ulterior será condicionada pela natureza dessas primeiras experiências, e tornar-se-á

possível para a criança "exteriorizar no jogo simbólico seus estados internos sem a presença mediadora da mãe". Pode-se dizer que a capacidade interna de transformação proto-simbólica dependerá da capacidade materna inicial de transposição em um modo equivalente a um precursor do "faz de conta", prefigurando a construção de um espaço imaginário. É necessário, ainda, que a mãe reflita de maneira adequada o estado interno do bebê, e que apesar de tudo, ela "marque" a diferença com relação a seu próprio estado interno, produzindo uma "versão espacial e temporalmente exagerada da expressão da verdadeira emoção" (Gergely, 1998). As distorções estarão relacionadas à atribuição da vivência emocional ao outro, e o afeto será vivido como estando fora, pertencendo ao outro mais do que a si mesmo; inversamente, uma "representação secundária deformada de seu estado afetivo primário" constituir-se-á pela integração de uma vivência afetiva pertencendo ao outro.

- Os novos dados sobre a *neurofisiologia do cérebro* (Decety, Damasio, Vincent, Le Doux) colocam em evidência as bases neurológicas da empatia: "o sistema de correspondência entre observação e execução, baseado nas respostas viso-motoras dos neurônios espelho, poderia ser o fundamento da comunicação interindividual pelos gestos" (Rizzolatti et al., 1997) e da comunicação da função linguística (Rizzolatti & Arbib, 1998). As imagens obtidas pela tomografia por emissão de pósitrons permitiram visualizar as regiões cerebrais do córtex, em particular frontal, solicitadas pela representação mental de uma ação, assim como aquelas solicitadas "em espelho" pela observação de uma ação efetuada por outro alguém. Assim, quando se vê um ato intencional realizado por alguém, o mesmo neurônio é excitado "em espelho", como este que é excitado quando da realização do mesmo ato pelo próprio sujeito.

Esses trabalhos confirmam a impossibilidade de dissociar os dois termos da unidade psicossomática, tanto na expressão pessoal do sujeito quanto na resposta proposta pelo parceiro relacional.

Para resumir em uma breve frase, lapidar a riqueza e a abrangência desses trabalhos de pesquisa, pode-se dizer que a maneira de tratar as emoções primárias é central na organização da personalidade. Isso passa em primeiro lugar pelo fato de projetá-las sobre o outro, para em seguida apropriar-se delas e fazer a distinção entre o que é atribuído ao outro e o que pertence a si próprio.

O modo de resposta do objeto é determinante e a constituição do self indissociável do laço com o outro.

Implementação terapêutica

Com o tipo de paciente que Joyce McDougall (1978) chama "anti-analisando em análise", engajar um tratamento analítico supõe descentrar-se dos objetivos habituais: o levantamento do recalque perde o lugar central no processo analítico em proveito da retomada do desenvolvimento e da construção do psiquismo. Isso passará pela construção de uma cena interior, indissociável da construção em paralelo de uma representação do mundo interno do outro.

Externalização

Um primeiro ano de tratamento face a face, com duas sessões semanais, faz o Sr. Renard descobrir a impossibilidade de reconhecimento de seu mundo interno e de seus sentimentos, e aparece ao mesmo tempo sua incompreensão total do mundo interno dos outros. Ele utiliza uma formulação indeterminada e coletiva – "a gente" –, à qual darei o sentido de uma linguagem de clã (familiar, amical ou profissional), que se deve aderir, por oposição a um "eu" não localizável, que englobaria o mundo dos sentimentos e da individualidade.

Suas lembranças são imagens desligadas das emoções e dos sentimentos. Ele as olha de fora, como que se associando a um olhar exterior presente nessas cenas – com a idade de 6 anos ele volta para casa para procurar uma faca e se defender como gente grande; sua mãe olha, não diz nada. Ele se engana e dá a mão a um desconhecido na rua, crendo dar a mão a seu pai, que em uma cumplicidade com o irmão mais velho do paciente, olha-o rindo. Na mesma época, ele cai no tanque de óleo combustível,[2] cheio de água, de sua casa em construção; não consegue pedir ajuda ao irmão quatro anos mais velho, que estava nas proximidades; lembra-se do riso do pedreiro que assiste a sua repescagem, e do olhar dele, sentido como gozador. Ele é encoprético até a idade de 8 anos, guardando lembranças de sua mãe dizendo que ele deve ir ao banheiro, de seu irmão o olhar, parecendo caçoar dele.

Os primeiros tempos da análise (depois da passagem para um *setting* de três sessões semanais) são dominados por manifestações de pânico e de desorganização que ele não pode reconhecer como tais; é tomado de assalto, sobressalta-se sobre o divã, agita-se, balbucia palavras incompreensíveis, levanta-se, vira-se. Ele não tem nada a dizer, nada na cabeça, e sente-se bobo: pensa que ele é uma contraindicação de análise – "*isto não pode funcionar comigo*". Quando chega firmemente decidido a "entrar no jogo" e a dizer tudo o que lhe vem à mente..., na sessão ele só encontra o vazio dentro de si. A interpretação que formulo em termos de "reter os

---

2 Utilizado para o sistema de aquecimento doméstico na França [N. T.].

pensamentos" liga-se ao risco de que se produza na sessão o mesmo que em um sonho tido nessa época: em meu "consultório",[3] ele não tem tempo de chegar ao banheiro, "não pode se conter e espalha suas fezes para todo lado".

Ele não tem representação possível das vivências de catástrofe e as *projeta sobre a realidade externa*: "ir para o buraco financeiramente", "largar-se" e dar lugar a sentimentos poderia conduzi-lo à loucura, à catástrofe, na gestão de sua empresa.

Quando fragmentos de emoções começam a aparecer, como que independentemente dele, são imediatamente transformados em ação. Quando, na sessão, impeço a ação, convidando-o a deitar-se novamente e prosseguir, isso se transforma em formigamento nas pernas, dor na barriga, sensações físicas, dor de cabeça, dor nos olhos, que "ardem e choram sozinhos". Ele vive uma tempestade interna, da qual vejo os vestígios: tremedeiras que agitam seu crânio e o topo da cabeça, como sucessões de ondas em um mar enfurecido, que se juntam às crispações das bochechas e do maxilar, e aos tiques aparentemente no nível ocular...

O que ele traz é sempre vivido fora dele, como fatos exteriores aos sentimentos, fora da vivência da sessão, e devolvo em minhas interpretações a cena interior, nele e entre nós. Ele começa a ter a ideia de que nada entende dos outros, particularmente das mulheres, e tampouco entende de um ele-mesmo desconhecido, cuja sombra se esboça: essa ideia deixa-o completamente desprovido de seus meios habituais para enfrentar as situações por meio da "limpeza pelo vazio".

Instalando um vazio interior, ele adormece na sessão, caindo em um breve sono contra o qual não pode lutar. Ao despertar, reencontrando suas vivências de pânico e desorganização do início

3 Em francês, a palavra consultório pode também significar banheiro [N. T.].

da análise, é tomado por tremores. Cruza os braços, tomando-se assim em seus braços, em uma tentativa de conter emoções violentas demais que o fazem ferver. Seu interior está "todo revirado" por roncos estomacais; ele não pode juntar as palavras, que "saem" de maneira pastosa e confusa.

Eu o encorajo na busca de pensamentos que precederam seu adormecimento, e ele relembra que estava pensando em um bazar,[4] cujo nome é uma aliteração de "ferver" e "revirado", no qual "acha-se tudo e mais um pouco", e do qual ele deve garantir a manutenção com a ajuda de sua empresa.

Internalização

O trabalho analítico supõe um *alargamento da tomada em consideração do material* em relação às manifestações corporais, atos e qualquer outro modo de expressão não simbolizado com vistas à evacuação. A analista deverá prestar uma atenção aguda às pequenas manifestações não verbais e alargar seu "vocabulário" e sua compreensão nesse domínio, em um duplo registro: primeiramente reconhecendo sua função de comunicação primária por parte do paciente; em seguida utilizando-as no trabalho analítico de transformação interpretativa. Isto contribui para a constituição de uma cena imaginária em que todas as produções do paciente, incluindo essas manifestações e as eventuais passagens ao ato, são consideradas como protagonistas da cena, como em uma peça de teatro ou um sonho – a referência ao trabalho de terapia de crianças, em que o analista costuma considerar o material psíquico pela brincadeira é particularmente esclarecedora (Prat, 2004b).

---

4 Em francês, a palavra *bazar* tem duplo sentido: 1. local onde se compra objetos; e 2. bagunça [N. T.].

A transferência vai desempenhar o papel de um apoio, permitindo a recolocação da vivência afetiva que foi expulsa. O aqui e agora da sessão confronta os pacientes com vivências arcaicas, e permite que os acontecimentos de suas vidas tomem um sentido traumático.

Assim, próximo dos nossos dois anos de análise, sou levada a ausentar-me por alguns dias fora de qualquer contexto das férias escolares, o que nunca acontecera. O Sr. Renard recomeça imediatamente a adormecer em sessão, sente-se de novo desanimado e fala em interromper a análise. Algumas semanas mais tarde, na volta de alguns dias de férias em período escolar, mas reeditando minha ausência precedente, ele atua estas ideias e não vem à sessão, levando-me igualmente a agir, escrevendo-lhe.

Quando ele retoma a análise, nós podemos compreender o *impacto traumático* dessas férias, que o pegaram desprevenido, fazendo fracassar seu sistema de "gestão" e previsão. As datas das férias são esquecidas, apagadas por ele de sua memória e da memória de sua agenda eletrônica. Esses dias, "fora da lei escolar", mergulharam-no em uma revolta, que ele descobre, estupefato, ser a reprodução na análise do nascimento de sua irmã menor, quando ele tinha 2 anos de idade, acontecimento incompreensível que ele não pudera prever; seus afetos de raiva destruidora poderiam invadir e destruir tudo: a necessidade de sufocá-los, de anestesiá-los sem deixá-los se desenvolver, era vital.

Na data de aniversário exata desse traumatismo apagado e não vivido quando tinha 2 anos de idade, e ao qual ele se esforçou para sobreviver suprimindo qualquer emoção, repete o *mesmo cenário e a mesma estratégia defensiva da "terra queimada"*: ele tem dois anos na análise e eu poderia ser uma mãe pouco atenta e esquecida, deixando-o se virar sozinho com sua aflição.

Na relação analítica, a relação transferencial permite-lhe viver agora um desenvolvimento emocional suficiente para começar a reunir os fragmentos de afetos expulsos, senti-los e explorar seus prolongamentos. Isto o faz viver na sessão momentos muito penosos, mas ele busca palavras que lhe permitam comunicar suas vivências de angústia, que começa a nomear como "não se sentir à vontade", em contraste com sua maneira precedente de "não se sentir".

Quando ele é submerso por vivências internas informes, impressões, sensações impossíveis de serem colocadas em palavras para serem comunicadas, isto se encontra expulso em sensações físicas desligadas de seus sentidos afetivos. A revivência do evento traumático na relação transferencial permite-lhe aceitar as interpretações e colaborar com a exploração de seu mundo interno. Ele começa a ter a noção do que se passa consigo, e de sua necessidade de me fazer agir, ou de me ver quando se vira para mim, em uma tentativa de que eu dê uma forma ao que chamo com ele de "terror".

A vivência traumática começa a existir em sessão ancorando-se na relação transferencial: isso abre caminho à vivência do impacto traumático vivido na pequena infância. A problemática do paciente se descentra, e não se trata mais de apagar os conteúdos pulsionais, mas de achá-los, ou melhor, de construir um continente para eles, com a ajuda da analista.

Aspectos particulares da contratransferência

A parte silenciosa da transferência: aspectos teóricos

O que Guillaumin (1994) chama "a parte silenciosa e contrabandista da transferência" desempenha – mais frequentemente fora da interpretação e mesmo sem que nós nos demos conta – um papel não somente auxiliar, mas essencial, não exclusivo, mas determinante no devir analítico, inclusive pós-terminal. Acha-se assim a polissemia do termo alemão de transferência lembrado por Jean Guillaumin (1988): *Übertragung* não significa somente deslocamento, mas igualmente *contágio, contaminação* e *transmissão*, o que abre o caminho às transmissões psíquicas de afetos. A contratransferência é seu contraponto, procedendo do mesmo princípio. Ambos, como mostra J. Guillaumin (1988), "passam . . . pela afetação, pela mudança do Ego do outro do paciente na proximidade".

Esta parte "silenciosa" da contratransferência, inconsciente na maior parte do tempo, constitui o aspecto que guia a compreensão do analista e subentende sua intuição clínica. À imagem do funcionamento psíquico de seu paciente, o analista corre o risco de ser contaminado, e da mesma maneira desafetivado, e sua atenção, o risco de tornar-se uma "atenção branca".

Eu levantaria a hipótese de que essas projeções concernem não somente às emoções primárias, em seu aspecto mais inconsciente, mas igualmente ao modo utilizado pelo paciente no tratamento psíquico dessas emoções.

O que César e Sarah Botella (1995) chamam "o trabalho duplo" desperta inevitavelmente inquietante estranheza, e o psiquismo do analista terá a tendência a defender-se dele, minimizá-lo ou mesmo esquecê-lo imediatamente. Assim, para ocultar um tal fenômeno, para evitar a estranheza, tenderá a considerar o funcionamento duplo em acepções já conhecidas, fazendo o produto inquietante entrar rapidamente em fôrmas pré-formadas bem tranquilizadoras, transformando o estrangeiro em familiar, o estranho em sua "contrapartida positiva", em *déjà vu*.

Esses fenômenos, descritos como estranhos e inquietantes, não são evacuados somente pelo analista em sua necessidade psíquica de defender-se deles, mas *reproduzem o próprio modo de tratamento psíquico do paciente.* Na vivência do analista, trata-se de momentos de desorganização de seu funcionamento psíquico, temporários no desenrolar da sessão, e ligados frequentemente de forma impressionante a um momento particular do trabalho com um paciente. Essas reações, assim consideradas, são manifestações empáticas contratransferenciais, em ressonância com o aspecto mais inconsciente, primário, do funcionamento psíquico do paciente. Reintegrá-los e compreendê-los permite colocá-los no lugar de ferramenta clínica de primeira ordem.

A posição analítica supõe a aceitação e a utilização pelo analista de sua própria parte de realidade externa reflexiva. Assim considerado, *o trabalho de intérprete do analista, procede de uma gestação psíquica,* ao longo da qual ele carrega os aspectos não desenvolvidos do psiquismo de seu paciente para permitir-lhes crescer, tornarem-se viáveis e serem restituídos ao paciente. A ferramenta do psicanalista que permite o trabalho dos processos primários será a ressonância interna, ao mesmo tempo corporal e psíquica, dos elementos clivados projetados do funcionamento psíquico do paciente.

Em particular com o tipo de pacientes que descrevi, tratar-se-á de carregar, nessa espécie de gestação psíquica, o desenvolvimento de aspectos que não nos pertencem. Isto vai provocar, no analista "recebedor", experimentações bizarras, sentimentos de estranhamento, podendo chegar a momentos de perda de identidade ou de despersonalização mínima.

Uma história notável, referida por C. e S. Botella (1995) coloca bem em evidência a inquietude experimentada pelos psicanalistas diante desses fenômenos, enquanto eles não têm as ferramentas de compreensão que permitam identificar o impacto dos modos de comunicação infraverbais do paciente:

> *Nós lemos um exemplo surpreendente, no qual o analista e o analisando têm na mesma noite o mesmo sonho com um conteúdo manifesto praticamente idêntico, que o analista só quis publicar vinte e cinco anos mais tarde, quando o paciente já havia falecido e ele próprio estava mortalmente doente. O analista parece então como que se desculpando por um malfeito, como que estando com vergonha de ler em voz alta o que deveria permanecer secreto. (Rascovsky, 1976, como citado em Botella, 1995)*

Quando o analista sente o que o paciente não pode, ou não pôde sentir, seu psiquismo sofre momentos de desorganização temporária, que traduzem o efeito de ressonância emocional, e o trabalho da transferência e da contratransferência toma uma tonalidade particular. Prosseguir com o trabalho nessa via supõe que aprofundemos nossa compreensão e nossa leitura dos fenômenos somato-psíquicos em jogo no espaço intersubjetivo da sessão analítica, como empreenderam numerosos autores.

De minha parte (Prat, 2004a), situando-me na linha dos Botella (1995), propus reagrupar as manifestações do analista em sessão em três categorias. Seguindo um gradiente progressivo de mentalização-simbolização, elas constituem os precursores do que S. e C. Botella (1995) chamaram "figurabilidade":

- diversas reações somáticas (sono, lágrimas, náuseas...);
- entrada em jogo da sensorialidade (percepções visuais, sensações sinestésicas...);
- momentos de confusão (agir sob a dominação do paciente, transtorno identitário...);
- e enfim, a figurabilidade.

Na consideração das reações do analista, a prevalência da expulsão sobre a continência traduz-se em modos de expressão não ou pouco simbolizados, em uma proporcionalidade que pode constituir o índice do nível de simbolização em funcionamento nas capacidades de transformação psíquica do paciente, particularmente na problemática tratada.

Retorno à situação clínica do lado do analista

Minha primeira impressão quando o Sr. Renard vem me consultar, e que vou acolher na sala de espera, é que ele é militar; e penso que ele é um piloto da base de aviação vizinha. Quando chega, nunca deixa de perguntar educadamente se eu vou bem. Quando se revela que ele é piloto amador, em meus pensamentos ele torna-se o "piloto-polido".

Ao fim de mais ou menos dois meses de trabalho (lembrando que o primeiro ano de tratamento era uma terapia com duas sessões semanais), ele inaugura a sessão reparando que nunca respondo a ele quando ele me pergunta se vou bem. Ele se pergunta, e me pergunta, por quê. O trabalho da sessão vai se organizar em torno da questão da polidez, de sua utilidade, e por extensão, da utilidade do conformismo social, o que vai desembocar na questão do sentido do trabalho psicoterápico.

Quando vou acolhê-lo para a sessão seguinte, ele aperta minha mão sem perguntar como eu vou. Mas é um menino pequenininho, frágil e diáfano, que desliza sua mão na minha na sala de espera, e a deixa assim até que eu o tenha acompanhado à minha sala. Com uma força quase alucinatória, essa impressão me faz "ver" esse menino pequeno, ao meu lado na entrada (espaço intermediário que é necessário transpor entre a sala de espera e minha sala), de um tamanho e de uma presença corporal de uma criança de 2 anos de idade, quase um bebê. Essa imagem é provavelmente o resultado de percepções vindas do paciente, comunicadas por um toque de sua mão diferente no gesto social, que me fez senti-la como uma mãozinha em minha mão. Do mesmo modo, pelo que pude identificar *a posteriori*, reinterrogando minhas percepções sensoriais, a impressão de conduzi-lo pela mão até minha sala era seguramente ligada ao fato de que ele a havia deixado na minha mão um tempo mais longo – talvez algumas frações de segundo a mais do que o tempo habitualmente requerido pelo gesto social.

Considerar que se trata de uma *manifestação contratransferencial* permite interrogar essa vivência no sentido de uma *comunicação, em grande parte pelos meios infra-verbais, da problemática essencial do paciente.*

Na aflição infantil, no momento do nascimento de sua irmã, quando ele tem precisamente 2 anos de idade, seu modo defensivo, como vimos, foi clivar seu funcionamento psíquico e instaurar uma "estratégia da terra queimada". O "piloto-polido", militarmente seguro de si, sufocou o bebê e tornou-se um "clone" de seus diversos meios ambientes, respondendo à expectativa dos outros, desenvolvendo uma superfície exterior de aparência lisa e perfeita.

César e Sara Botella (2002) mostraram bem, em seu relatório sobre este tema, como "a figurabilidade do analista tem valor de investimento de alguma coisa que 'deveria ter ocorrido' no analisando, e cuja ausência tornava o sofrimento inorganizável, irrepresentável". Quando "'uma transferência de substituição' é desencadeada pelo infantil inaccessível, explosivo do analisando . . . é que o trabalho de figurabilidade 'desvia' a relação rumo à infância, rumo à aflição infantil, torna inteligível a aflição do analisando" (Botella, 2001).

A função psíquica da "experiência imaginarizante ('*imageante*')" pode ser múltipla. Jean Guillaumin (2001) sublinha seu duplo caráter: "ser o lugar de continência de uma associação ou de uma ligação de composição variável entre o exercer e o padecer, a atividade e a passividade, e o meio funcional da elaboração de um limite entre Eu e não-Eu".

O exemplo que cito mostra como a comunicação intersubjetiva no espaço da sessão passa por *uma vivência dupla do lado do paciente e do analista, de aspectos traumáticos expulsos da vivência infantil do paciente.* Isto permite que os dois protagonistas experimentem uma vivência de relação continente/contido, que vai permitir dar forma, depois dar à luz afetos até então excluídos. O processo analítico é assim um processo de retomada do desenvolvimento psíquico interrompido do paciente.

Isto permitirá ao paciente reviver afetos traumáticos que não tinham sido vividos, em um paradoxo que eu espero ter mostrado ser só aparente, quando ele encontra sua resolução na relação transferencial.

Referências

Bion, W. R. (1979). *Eléments de la psychanalyse.* Paris: Presses Universitaires.

Botella, C. & Botella, S. (1995). La dynamique du double: animique, auto-érotique, narcissique. Le travail en double. In M. Sanchez-Cardenas, *Choix de textes post-freudiens.* Masson, 1997.

Botella, C., & Botella, S. (2001). *La figurabilité psychiques.* Paris: Delachaux et Niestlé

Botella, C., & Botella, S. (2002). Figurabilité et régrédience. *Revue Française de Psychanalyse,* TLXV, 4.

Cortinas, L. Pistiner de. (2001a). La naissance psychique de l'expérience émotionnelle. *Journal de la psychanalyse de l'enfant*. (29), 132-175.

Cortinas, L. Pistiner de. (2001b). Rêves et mensonges: découverte de la réalité psychique et dimension esthétique de l'esprit. *Journal de la psychanalyse de l'enfant*, (28), 214-239.

Cortinas, L. Pistiner de. (2002). Les états psychiques prénatals: science et fiction dans le jeu psychanalytique. *Bulletin du GERPEN*, (52), 1-34.

Denis, A. (2004). *Géométrie de l'antipsychique*. Conferência do site da Société Psychanalytique. Paris.

Fadiga, L., Craighero, L, Fogassi, L., & Gallese, V. (2000). Représentation interne de l'action: nouvelles perspectives. In J. Decety, Cerveau, perception et action. *Psychologie Française*, T. 45-4.

Gergely, G. (1998). Naissance de la capacité de régulation des affects. In G. Gergely, *Prendre soi du jeune enfant*. Paris: Érès.

Gergely, G., & Watson, J. S. (1999). Early socio-emotional development: Contingency perception and the social-biofeedback model. In P. Rochat (Ed.), *Early social cognition: Understanding others in the first months of life* (pp. 101-136). New Jersey: Lawrence Erlbaum Associates Publishers.

Guillaumin, J. (1988). Du contre-transfert et de l'identification "primaire" de l'analyste à l'originair du patient. *Bulletin du groupe Lyonnais*, (1), 3-9.

Guillaumin, J. (1994). Les contrebandiers du transfert. *Revue Française de Psychanalyse*, LVIII.

Guillaumin, J. (2001). "L'image" entre le dedans et le dehors. Activité et passivité dans l'expérience imageante. *Revue Française de Psychanalyse*, LXV, 4.

McDougall, J. (1978). *Plaidoyer pour une certaine anormalité*. Paris: Gallimard.

Prat, R. (1989). Le dialogue des émotions. *Revue Française de Psychanalyse*. LIII, 134 1372.

Prat, R. (2004a). Abécédaire de l'empathie chez l'analyste: repérages cliniques dans la séance. *Revue Belge de Psychanalyse*, (45), dez.

Prat, R. (2004b). Apprendre à jouer, apprendre à penser: un travail à deux. *Revue Française de Psychanalyse*, (1), 171-188.

Rascovsky, L. (1976). Un sueño de dos y dos sueños de uno: compulsión, repetición y elaboración.Como citado em Botella, 1995, *Revista de Psicoanalisis* (pp. 33-31).

Rizzolatti, G., Fadiga, L., Fogassi, L., & Gallese, V. (1997). The space around us. *Science*, *11*, 190-191.

Rizzolatti, G., & Arbib, M. A. (1998). Language within our grasp. *Trends in Neurosciences, 21*(5), 188–194.

Winnicott, D. W. (1975). O Papel de Espelho da Mãe e da Família no Desenvolvimento Infantil. In *O Brincar e a Realidade*. Rio de Janeiro: Imago. (Publicado originalmente em 1967)

23. Desenvolvimento na Primeira Infância: indicadores precocíssimos de risco

Vera Blondina Zimmermann

Quando pensamos em indicadores de risco, atravessam-se questões interdependentes a esse assunto; e sem analisá-las corre-se o risco de minimizar sua complexidade. Será sob o olhar da clínica interdisciplinar, tanto particular como da pública, que gostaria de trazer algumas reflexões sobre esse assunto.

Inicialmente, abordarei práticas de acolhimento pré e peri-natais que previnem e/ou minimizam riscos, práticas que podem atenuar 'traços' traumáticos; "traços" que, por sua vez, podem provocar vulnerabilidade psíquica.

Cito as intervenções de acolhimento pré-natais, pois hoje já se tem certeza do quanto elas têm caráter preventivo. Sabemos que aquilo que o embrião e o feto vivem durante a gestação será memorizado e depois inscrito. Percepções sensoriais captadas pelas informações do corpo materno serão armazenadas, mesmo não sendo organizadas pela fala, e continuarão sendo vivas, recebendo dessas percepções influências para o resto de sua vida. Práticas de acolhimento concernentes aos tratamentos das mulheres grávidas, ao nascimento, à puericultura e à educação são fundamentais para a futura vida psíquica.

Marie-Claire Busnel (1997), pesquisadora em fisiologia fetal e peri-natal, comprova que o feto é capaz de memorizar sons complexos, acelerando batimentos cardíacos se são desconhecidos, apaziguando quando são maternos. Reage mesmo quando sua mãe fala com ele em pensamento. Conclui que a mãe dispõe de comunicação com o feto via a palavra sonora e articulada, mas também via uma emoção provocada por uma comunicação interna.

Intervenções peri-natais que desvalorizam as descobertas sobre a sensorialidade e priorizam o fazer técnico frequentemente fazem nascer crianças na mais profunda insegurança, provocando situações de excesso não metabolizável pelo psiquismo incipiente, dificultando e/ou impedindo o início do circuito pulsional.

Já temos sinais de risco quando o bebê não busca os signos da voz que ouvia no útero, o que normalmente um bebê deveria estar preparado para fazer. Falamos em falhas naquilo que Gabriela Crespin (2013) denomina de "Fome simbólica do recém-nascido", momento de absorção de traços mnêmicos pré-verbais, conforme nos fala Freud na Carta 52 (1896), texto que delineia o estatuto de traços entre a percepção e a consciência.

Um serviço neonatal no qual o encontro com o outro não é favorecido, a função materna não tem condições de se instalar, o grito do bebê não será lido como pedido e nem será significado. O bebê ficará no vazio, sem uma resposta e impossibilitado de ser traumatizado pelo encontro com o outro. Principalmente, quando se trata de prematuros, faz-se necessário cuidados redobrados porque deverá ocorrer um grande esforço libidinal para capturá-lo. Necessita-se distinguir o encontro primordial (*in utero*) do reencontro neonatal como tarefa essencial no trabalho de acolhimento.

Esse reencontro deve ser assegurado, um *continuum* de percepções sensoriais mantido, para facilitar as inscrições desejantes iniciais.

Muitos estudos mostram que ambientes inadequados nas UTIs neonatais, como iluminação, ruído e outros, podem ter efeitos subsequentes ao neonato, como nos mostra o trabalho de Péssia Meyerhof (1997), terapeuta ocupacional. Segundo essa autora, citando Gottfried (1985), as manipulações dos neonatos prematuros geralmente são feitas por necessidades clínicas, além dos cuidados de higiene e alimentação. Tendem a não respeitar a individualidade do bebê, executando manobras que dificultam ao bebê auto-organizar-se, por sua vez, atrasando seu desenvolvimento.

Respeitar os sinais de aproximação e de retraimento, observar e identificar sinais do seu limiar de *stress* são fundamentais para facilitar a autorregulação de um neonato prematuro que não consegue sozinho controlar uma estimulação do ambiente. É necessário que o profissional consiga fazer a leitura desses sinais e que intermedeie a comunicação do bebê com seus pais, como nos ensina o trabalho de Brazelton (2002) e outros psicanalistas, entre eles Winnicott (1987), facilitando tanto a vinculação como os mecanismos autorreguladores do bebê.

Meyerhof (1987) trabalhando nessa direção, após estudos e experiências, sintetiza conquistas com esse tipo de intervenção, em relação a uma unidade de UTI Neonatal:

> *Em relação ao manuseio direto com o neonato, foram introduzidas modificações nas suas roupas e na maneira de vestir o bebê. As mães eram incentivadas a trazer roupas de casa, além de fita para colar na cabeça, de tal forma que as mãos ficassem para fora, permitindo que ele as colocasse na boca e chupasse para se organizar melhor. A enfermagem foi orientada a trocar o bebê*

> *manuseando-o o mínimo possível, e respeitando o seu estado comportamental e seus movimentos. O banho, geralmente uma situação em que o neonato chorava muito, foi modificado, iniciando-o de barriga para baixo, desta forma inibindo o reflexo de Moro, passando posteriormente para a posição de barriga para cima, e lavando-o devagar. O bebê parecia participar melhor do banho e não chorava. Ao ser colocado na balança de barriga para baixo, de forma que pudesse sugar sua mão, o neonato movimentava-se menos: a situação, que outrora era de choro intenso, passou a ser aparentemente mais agradável e muitas vezes sem choro. As mudanças de cada postura através de anteparos feitos com cueiros enrolados permitiam que os bebês se auto-organizassem mais rapidamente, aconchegando-se nos anteparos. . . . As intervenções supracitadas foram adaptadas às necessidades de cada neonato, após observação dos mesmos. . . . A presença dos pais aumentou e começaram a observar os estados comportamentais dos filhos, além de entender os sinais que emitiam, diminuindo a preocupação e o estresse entre eles. Na alta, que passou a dar-se mais rapidamente, pareciam mais confiantes e contentes em levar seus filhos para casa (Meyerhof, 1987, pp. 16-17).*

Além desses fatores que previnem, amenizam ou eliminam situações de vulnerabilidade psíquica, precisamos considerar a intervenção que organize e que o integre via a palavra. A leitura de sinais transgeracionais e sua decodificação, mesmo que não haja uma demanda dos pais dirigida ao psicanalista, pode ser realizada via a equipe hospitalar. Falamos de intervenções que deslocam a equipe de um fechamento próprio do sistema médico, para uma postura em que leituras de sentimentos são realizadas e postas em palavras, mediando a comunicação entre os pais e o bebê. Assim, como diz Miriam Szejer (2016), a missão do psicanalista junto ao recém-nascido é o de ventilar os dizeres dos pais para a criança, interpretando-os eventualmente, mas também, traduzindo a linguagem do bebê, quer sendo somática ou motora. O bebê está à espera de palavras que deem sentido à sua vida e nesse momento inicial, quase sempre, fica rodeado de palavras soltas, sem intenção consciente. Necessitamos intervir nessa cena e mais ainda quando ocorrem separações forçadas precoces entre mãe e bebê. Alguém precisará enunciar ao bebê essa condição, prevenindo perturbações no seu desenvolvimento. A descontinuidade do que era conhecido sensorialmente precisa ser atendida, amenizando ou evitando o que pode ocasionar rupturas que venham a dificultar ou impossibilitar o ingresso num mundo representacional simbólico.

Nós psicanalistas trabalhamos com a noção de "*après-coup*" e quando falamos em separação é a partir de uma leitura do Édipo. Porém, quando falamos em rupturas fisiológicas, o que Dolto (1992, cap. 2) nomeia de castração placentária e castração umbilical, estamos falando de rupturas sensoriais que hoje, como enfatizei no início de minha fala, com as descobertas da psicologia do desenvolvimento em torno do neonato, sabemos serem igualmente fundamentais para sua vida posterior.

Muitas vezes já é necessário intervir no aparecimento de fantasmas parentais logo após o nascimento, quando esses fantasmas distorcem a representação que os pais têm da criança e que impedem o encontro da dupla mãe-bebê, dificultando a obtenção da sintonia de ritmos entre a dupla, tão necessária para o equilíbrio físico e psíquico de um recém-nascido. Situações relacionais de inacessibilidade às expressões de emoção e estresse do bebê podem induzi-lo a níveis extremos de excitação que provocam um "estresse tóxico" e consequente enfraquecimento da arquitetura de seu cérebro, bem como de seu futuro físico e mental, segundo o documento National Scientific Council on the Developing Child. (documentos de trabalho 1-10).

Em continuação ao assunto intervenção precocíssima, é importante discorrermos sobre o momento da detecção de riscos e a comunicação deles para os pais.

Primeiramente, importante lembrarmos que os estudos atuais que partem de pressupostos psicanalíticos, psicolinguísticos, psiquiátricos, acústicos e do desenvolvimento, consideram a relação mãe-bebê de forma dinâmica e de mão dupla. O bebê é visto como agente nessa relação.

Mencionando a questão das competências de um bebê ao nascer, Trevarthen e Gratier (2005), via análise acústica detalhada de expressões vocais espontâneas deles, conseguem identificar a dinâmica expressiva da interação verbal precoce. Segundo eles, o bebê representa uma melodia tão abstrata quanto o adulto e, já nos primeiros minutos do nascimento, pode entrar numa conversação ritmada e melódica. Esses resultados revelam que há intencionalidade nos dois participantes da dupla, comunicação interpessoal nos dois sentidos.

Se o bebê manifesta interesse importante pelos diversos aspectos musicais da fala do adulto, tanto pela prosódia como pelo ritmo, fica clara a importância dessa fala para constituir-se a relação. Caso essa narratividade encontre obstáculos em um elemento da dupla, a intervenção precoce terá sua importância e eficácia ao ajudar a produzi-la, buscando instalar esse sujeito.

Nessas pesquisas, observa-se que, na maioria das vezes, os bebês entram na relação com o outro, a partir do manhês (Laznik, 2013). Mas não é sempre que a criança é fisgada na relação; ele pode favorecer o início do interesse na relação com o outro, porém, não é sempre que a relação é mantida. Reagir ao manhês indica que o bebê tem potencial para identificar e registrar essa forma particular de contato humano, que favorece o desenvolvimento da linguagem; porém, a exposição a ela deve ser contínua e em quantidades suficientes para ser registrada no cérebro, o que será possível quando realizada pelo cuidador de forma prazerosa e repetida.

O manhês é definido por Dupoux e Mehler (1990), citados por Parlato (2013, p. 28), como "o dialeto de todas as mães do mundo, quando elas falam com seus bebês, no qual a voz é mais aguda e a entonação é exagerada". Ele se caracteriza por modificações prosódicas na fala da mãe, ou de outra pessoa, ao se dirigir ao bebê, que são, principalmente: a elevação da frequência fundamental, o prolongamento das vogais, e as repetições das curvas melódicas. Estas características coincidem com àquelas que o bebê já tem competência para discriminar. Ocorre, então, uma sintonia entre a produção vocal do adulto e a percepção auditiva do bebê.

Pesquisas também evidenciam que os bebês amplificam os contornos das curvas prosódicas na voz da mãe (Burnham et al., 2002). Segundo Parlato (2013), conclui-se que o bebê saudável está ativamente envolvido nessas interações precoces, influenciando a qualidade do manhês da mãe.

A criança com risco, ou seja, que não manifesta essas competências, necessita maior intensidade e continuidade de exposição à provocação e à interação do outro, para se aproximar das condições do bebê que não apresenta sinais de autismo, que busca o prazer de ser fonte de prazer para o outro. Atualmente, não se tem mais dúvidas que falhas do bebê nessa capacidade de provocação pode ocasionar fragilidade na função materna. O prazer e a surpresa da mãe frente ao filho recém-nascido fazem com que ela produza o manhês, mas serão as respostas sonoras e mímicas do bebê que sustentarão a prosódia materna. Essa prosódia produz um traço de memória no bebê que será ativado quando ocorre uma nova excitação. Esta memória poderá ser revivida por ele, mesmo de forma alucinatória (Freud, 1996). Temos assim o despertar do circuito pulsional, a partir do prazer de ser objeto do desejo do outro, antecipando as condições para constituição do eu.

Focando em sinais de risco de desenvolvimento, temos também novidades muito importantes na detecção de movimentos pré-natais e pós-natais. Prechtl (2016), neuropediatra austríaco, realizou avaliação qualitativa de alguns movimentos gerais do neonato pré-termo e termo, denominando "método Prechtl". Trata-se da detecção de movimentos que podem enunciar falhas neurológicas, como lesões cerebrais importantes. Constatados esses movimentos, já se pode iniciar um trabalho de intervenção precocíssima, o que minimizará danos.

Sabemos, porém, e devemos levar em conta que, como diz Miriam Szejer (2016, p. 70): "Qualquer classificação fixa a situação, pois os adultos podem não esperar nada mais da criança além da confirmação dessa patologia. É o grande defeito das classificações psiquiátricas como são concebidas atualmente, em uma visão administrativa da medicina." Esse é o perigo que corremos ao denunciar um sinal de risco, nomenclatura que talvez devesse ser modificada, pois tende a induzir um nível de ansiedade que nem sempre se operacionaliza em busca de ajuda. Às vezes, soma-se com fantasmáticas de "filho estragado", "filho doente", impedindo que as intervenções ocorram no sentido de minimizar falhas detectadas no presente, mas possíveis de serem controladas. Nesse momento, é fundamental a visão diagnóstica e um fazer terapêutico interdisciplinar: diferentes olhares possibilitam não só intervenções realísticas, mas também, mais possibilidades de estabelecimento de transferências garantidoras das intervenções necessárias.

Será também na detecção de risco que encontramos um sério problema: profissionais, ainda atravessados pela culpabilização da mãe no não estabelecimento da relação com o bebê, e/ou atravessados por esse raciocínio clínico, tendem a ignorar e/ou interpretar inadequadamente seus sinais de desalento e mortificação, sinais de angústia e negação, sinais das mães que conseguem denunciar que algo vai mal com seu bebê. Elas mesmas, se conseguirem denunciar via uma queixa, ficam narcisicamente mortificadas por terem que admitir um sentimento de fracasso na relação que deveria ter sido estabelecida.

Segundo trabalhos de Laznik com comunicação e tratamento com irmãos de autistas, cujo risco de vir a constituir-se no mesmo quadro é em torno de 30%, o desafio do profissional é ser capaz de estabelecer uma transferência que se contraponha à força do temor de que o bebê desenvolva algo irrecuperável. A força da plasticidade temporal e os efeitos da epigenética podem ajudar o psicanalista a sustentar essa transferência que, segundo essa autora, seria fundamental para ajudar os pais a investirem num atendimento precocíssimo. Nas palavras de Laznik (2012), o trabalho do psicanalista é introduzir uma mudança brutal no "meio ambiente", quebrando a espiral que, partindo de um bebê que não responde, vem atingir a capacidade de parentalidade dos pais, o que reforça, por sua vez, as dificuldades inatas do bebê.

Entende-se então, segundo essa autora, que a condição necessária a ser estabelecida é a dos pais poderem identificarem-se com a esperança da analista e o analista reconhecer a capacidade maternante nos pais.

Constato, tanto na clínica particular como na pública, que não basta que os profissionais saibam quais são os indicadores precocíssimos de risco, mas que possam saber manejar as dificuldades para comunicar isso aos pais, aspecto difícil até para os que possuem formação psicodinâmica. Encontramos profissionais com posturas de desconhecimento e/ou desconsideração pelas percepções maternas sobre reações detectadas nos filhos, bem como posturas defensivas frente à constatação de riscos no desenvolvimento, visto a angústia que provocam ao serem confirmadas. Ao mesmo tempo, também não podemos desconsiderar que uma atitude de minimizar a preocupação materna pode ser saudável para determinado bebê, tendo em vista a ocorrência frequente de projeções importantes e maléficas das mães para com eles, projeções que podem ser reduzidas com uma intervenção tranquilizadora.

Enfim, temos inúmeras variáveis intervindo concomitantemente nesse momento, desde a estrutura psíquica dos pais e/ou familiares envolvidos, a situação de formação do profissional e toda uma gama de variáveis socioculturais que fazem parte dessa família e do contexto geral.

Não podemos esquecer que, há três décadas, realizar um trabalho de intervenção precoce com portadores de síndrome de Down também era quase impossível. Eu aprendi na minha formação de psicóloga nos anos 1970 que uma criança com síndrome de Down só conseguia atingir um desenvolvimento cognitivo do período sensório-motor. Também aprendi que nos quadros autísticos a etiologia estava apenas ligada a falhas na maternagem.

O terror do diagnóstico e o peso do prognóstico ruim impedia que equipes conseguissem uma transferência com força suficiente para engajar familiares num trabalho de intervenção. Escondiam-se essas crianças em casa. Foi necessário ocorrer uma luta árdua das instituições e seus profissionais para esse engajamento, com seus consequentes resultados, tanto cognitivos como socioemocionais, para transformar um sentimento de pavor e morte numa atitude de esperança e busca das possibilidades. A nova realidade em relação à síndrome de Down atesta a força da intervenção precoce, tanto individualmente como com suas famílias.

Podemos pensar que os riscos de saúde mental estão fazendo o mesmo processo?

Nossas pesquisas e resultados da clínica, bem como o aparecimento de uma metapsicologia que minimiza a culpabilização das mães, uma atitude clínica que respeita o testemunho das suas percepções de não resposta do bebê, estariam construindo uma nova possibilidade para os bebês de risco em saúde mental? Eu diria que sim! Mesmo no Brasil, com todos nossos limites socioculturais, constatamos uma movimentação crescente na direção de informações e práticas na saúde pública e privada, que, mesmo tendo ainda uma característica de provocar algumas confusões diagnósticas, significam avanço.

Em termos de diagnóstico e intervenção precoce, ou oportuna, gostaria ainda de enfatizar aquilo que entendo ser também indispensável: o interdisciplinar. Precisamos abandonar a lógica do eu e do outro nessa tarefa e adotar a lógica da alteridade. Olhares individuais perpetuam a lógica de profissional "colonizado" numa determinada direção de pensamento e não facilita o surgimento de olhares que privilegiam a alteridade, de intervenções criativas e singulares, demandadas pelo sujeito bebê. Ele que pode nos apontar caminhos e precisamos escutá-lo devidamente, por meio de diferentes olhares.

Trabalhar com bebês, com a constituição do psiquismo e do desenvolvimento, exige projetos interdisciplinares nutridos pela autonomia, o que Castoriadis, como citado por Franco (2003), traduz como "psicanálise instituinte". Profissionais sozinhos, morando em construções teóricas constituídas por "Igrejas", ainda reagindo como se a roda tivesse sido inventada na sua "Igreja", destroem e/

ou dificultam o avanço criativo da alteridade de pensamento, que só é possível numa equipe interdisciplinar.

Espero que a vivência de satisfação triunfe sobre a dor, que os pictogramas não avancem aumentando o vazio nas subjetividades e que os movimentos contrários à simbolização, comuns na sociedade pós-moderna, não triunfem sobre nossa luta em busca de mecanismos que favoreçam a "significação".

Para concluir sobre as práticas de detecção e intervenção precoces na primeira infância, cito um trecho de uma fala da psicanalista Ana Helena Staal, proferida no Instituto Sedes Sapientiae (em 30 de março de 2019) por ocasião da comemoração dos trinta anos da Revista Percurso de Psicanálise: "Assim como a Amazônia é fundamental para a sobrevivência da humanidade, a proteção de mecanismos responsáveis pelo processo de subjetivação é vital para a sobrevivência do humano".

Referências

Barandon, T. (2015). Tratamento do trauma intergeracional. In M. C. Kupfer, & M. Szejer (Orgs.), *Luzes sobre a clínica* (pp. 161-181). São Paulo: Instituto Langage.

Brazelton, B. T. (2002). *Momentos decisivos do desenvolvimento infantil.* Rio de Janeiro: Martins Fontes.

Busnel, M.-C. (1997). *A linguagem dos bebês: Sabemos escutá-los?* São Paulo: Escuta.

Crespin, G. C. (2013). A emergência do sujeito no berçário institucional. In M.-C. Busnel, & R. G. Melgaço, *Bebê e as palavras – uma visão transdisciplinar sobre o bebê* (pp. 75-85). São Paulo: Instituto Langage.

Dolto, F. (1992). *A imagem inconsciente do corpo* (Cap. 2). São Paulo: Perspectiva.

Einspieler, C. et al. (2016). *Fidgety movements – tiny in appearance, but huge in impact*. Rio de Janeiro: Jornal de Pediatria.

Franco, Y. M.-C. (2003). Castoriadis: psicoanálisis, filosofia, política. Buenos, Aires, Editorial Biblos, 2003.

Freud, S. (1996). Projeto para uma psicologia científica. In *Edição Standard Brasileira das Obras Psicológicas Completas de Sigmund Freud, 1*. Rio de Janeiro: Imago. (Texto original de 1895)

Freud, S. (1995). Carta 52. In *Edição Standard Brasileira das Obras Psicológicas Completas de Sigmund Freud, I*, pp. 281-287. Rio de Janeiro: Imago. (Publicado originalmente em 1896)

Gottfried, A. E. (1985). Academic intrinsic motivation in elementary and junior high school students. *Journal of Educational Psychology, 77*(6), 631-645.

Laznik, M. C. (2013). Bebê com risco de autismo em tratamento conjunto: visa-se a reversibilidade total? In M. C. Laznik, *A hora e a vez do bebê* (pp. 87-106). São Paulo: Instituto Langage.

Laznik, M. C. (2012/2013). Dos fantasmas maternos à constituição do fantasma infantil. In M. C. Laznik, *A hora e a vez do bebê* (p. 167). São Paulo: Instituto Langage.

Meirhof, P. G. (1994). O neonato de risco-proposta de intervenção no ambiente e no desenvolvimento. In *Fisioterapia, fonoaudiologia e Terapia Ocupacional em Pediatria* (pp. 204-223). São Paulo: Sarvier.

Meirhof, P. G. (1997). O neonato Pré-termo no berçário de cuidados especiais. *Temas sobre o desenvolvimento*, 5(30), 15-19. Manual de Pediatria de Desenvolvimento e Comportamento. Editor Ricardo Halpern, SBP, Manolo.

National Scientific Council for The Developing Child, recuperado de http://developingchild.harvard.edu/activities/council/.

Parlato-Oliveira, Erika (2013). Interações sonoras. In M. C. Laznik, *A hora e a vez do bebê* (pp. 195-201). São Paulo: Instituto Langage.

Szejer, Miriam (2015). Palavras para nascer II. In M. C. Kupfer, & M. Szejer (Orgs.), *Luzes sobre a clínica* (pp. 141-153). São Paulo: Instituto Langage.

Szejer, Miriam (2016). *Se os bebês falassem* (p. 70). São Paulo: Instituto Langage.

Trevarthen, C., & Gratier, M. (2005). Voix et musicalité: nature, émotion, relations et culture. In M. F. Castarede, & G. Konopczynski (Eds.), *La voix dans tous ses états*. Paris/Toulouse: Érés.

Trevarthen, C., Gratier, M., & Malloch, S. (2002). Musicality and music before three: Human vitality and invention shared with pride. In *Zero to Three*, *23*(1), September, 10-18.

Winnicott, D. W. (2018). *Os bebês e suas mães*. Rio de Janeiro: Martins Fontes. (Publicado originalmente em 1987)

Parte V

Recursos tecnológicos: andaimes construtivos ou substitutos imediatos dos cuidados parentais?

24. Expressões midiáticas no contexto da observação de bebês

Andrea Amaral de Almeida Prado, Bruna Ballan Maluly, Cristiane da Silva Geraldo Folino, Edilaine Bronzeri Pugliese, Gisele Escorel, Mariângela Mendes de Almeida, Tereza Marques de Oliveira

Introdução: a paisagem contemporânea na tela

A era digital com seus avanços e benefícios nos deixa encantados com seus sempre novos e interessantes recursos. Facilitam nossa vida e ampliam nosso modo de ver o mundo e as relações entre as pessoas.

Em um mundo profundamente marcado por mudanças que se dão numa velocidade assustadora, a sensação de tempo se encontra profundamente alterada e vivemos em um universo marcado pela *fluidez dos vínculos* (Bauman, 2007).

Assistimos atualmente em nossa cultura o imperativo do prazer sem limites, de seres sem falta, desdobrados por meio da cultura do consumo e do imperativo da felicidade, maniacamente buscada.

Na cultura das academias, das baladas, do corpo "bem definido", do belo e do sempre feliz não há lugar para a tristeza, o medo, o sofrimento, a angústia e a depressão. É assim que os sujeitos se apresentam em seus perfis no Facebook, no Instagram e em todos os meios de exposição que a tecnologia nos oferece.

Em contraponto a este panorama, um bebê necessita nos primeiros tempos de vida de alguém que se "curve a ele", que se dedique para além do leite e dos cuidados físicos, alguém que se ofereça como continente daquilo que ele vive e que ainda não pode ser nomeado e representado. Nessa relação, o bebê precisa, além de vivenciar o prazer da experiência, se ver como alguém que mobiliza o prazer do outro. Para isso ocorrer, deve haver, além de tempo, certa disponibilidade psíquica de quem cuida.

A partir desses encontros e desencontros que vão ocorrendo é que há a possibilidade de formar a mente do bebê. Na alternância entre presença e ausência do cuidador, vai se construindo a instalação de ritmos, fundamentais para a experiência de instituir uma falta. Como humanos não podemos nem ser tudo e nem ter tudo, sempre deve haver a instalação de limites, fundamental para a estruturação da criança.

Mas como falar em regressão, silêncio, introspecção, estados de mente característicos da *preocupação materna primária*, quando o que se prega é o barulho e a "animação" a qualquer custo?

A mulher da contemporaneidade é a que posta no Facebook, que fala pelo WhatsApp, que fotografa com seu celular, que está conectada rapidamente com tudo e com todos; porém, essa mulher, quando se torna mãe, necessita do silêncio e da tranquilidade para sentir, pensar e se conectar ao seu bebê.

No entanto, assistimos mães que não conseguem se recolher ao seu mundo interno e entrar em um estado especial, um estado de *preocupação materna primária* (Winnicott, 1956), que a permite alcançar uma sensibilidade intensa para com as necessidades do seu bebê, estabelecendo uma relação especial com ele. Em vez disso, muitas mães da contemporaneidade se vêm exigidas muitas vezes a seguirem suas "agitadas" rotinas em um momento em que a calma e a introspecção são salutares à sua saúde psíquica e ao desenvolvimento de seu bebê. E a essa situação ainda são tecidos frequentes elogios: "Ela está ótima, nem parece que teve um bebê!".

Não podemos perder de vista que essa situação que não raro se impõe às jovens e desprevenidas mães pode estar servindo como defesa maníaca (Klein, 1935) para negar os medos, a tristeza, as angústias e muitas vezes a própria depressão. Isso pode comprometer o vínculo do bebê com sua mãe e, consequentemente, colocar em risco sua constituição psíquica.

Peter Fonagy (2014) nos chama a atenção para o apelo sutil que a tecno-cultura pode representar para nossas necessidades instintivas e culturais, reproduzindo os sinais básicos que precisamos para sentir-nos pessoalmente endereçados. Nascemos com sinais biologicamente preparados que nos permitem aceitar e reconhecer a autoridade do outro baseado na confiança. Esses sinais incluem o contato visual, a repetição de nomes que nos identificam, o uso de entonação especial e respostas apropriadas e sensíveis a ações e expressões. A chave que abre a mente humana à influência do outro é a presença de alguém que tem nossa mente em mente, cujo interesse em nós serve de gatilho para nosso interesse naquilo que eles têm a dizer. A internet funciona nos endereçando pessoalmente, mostrando-se sensível às nossas necessidades. Fonagy (2014) aponta que nós somos uma espécie biologicamente vulnerável diante do que a internet oferece, ou seja, uma atenção individual.

A prática de observar semanalmente, por um ou dois anos, um bebê em seu ambiente familiar cotidiano, registrando detalhadamente a experiência e discutindo-a em grupo de continência (Bick, 1948), além de contribuir para a construção do olhar psicanalítico, nos oferece a oportunidade de acompanhar, ao vivo, o impacto das comunicações midiáticas nas relações iniciais contemporâneas.

Apresentamos aqui algumas dessas experiências, em vinhetas numeradas de relato e reflexão, nas quais se destaca em *itálico* o material narrado pelas próprias observadoras, registrado após a visita. Tal material, discutido inicialmente em grupo de Seminário de Observação de Bebês, foi analisado e integrado tematicamente para elaboração conjunta deste artigo, pelo mesmo grupo em Discussão de Situação de Trabalho. Tais atividades são parte do Curso Relação Pais-Bebês: da Observação à Intervenção, no Instituto Sedes Sapientiae.

Na sala de estar com o observador psicanalítico: vinhetas de observação infantil

Contatos iniciais: aberturas e separações por meio da tecnologia

Desde o início de suas atividades, nossas observadoras já foram introduzidas em um cenário no qual os cuidados primários e a tecnologia estavam entrelaçados, mediando hesitações, ambivalências, dúvidas, rupturas e conflitos. Nossos relatos e discussões em supervisão, mostravam, muitas vezes, como turbulências interiores eram convocadas a se transformar em comunicações rápidas e indolores. Em algumas situações, a tecnologia foi responsável pelo contato inicial, trazendo a primeira imagem visual do bebê ao observador, antes mesmo do encontro real com todas as suas delicadas expectativas.

Vinheta 1

Enviei uma mensagem pela manhã falando que sabia do nascimento de Rebeca, parabenizei e pedi para visitá-la... o pai me mandou uma foto dele segurando a bebê e a mãe me mandou o endereço da maternidade. Quando cheguei na maternidade para a primeira visita, a mãe me recebeu com Rebeca no colo.

Nas observações, replicam-se situações do nosso próprio dia a dia (estamos em um vínculo sintônico com nossos tempos!). No entanto, debruçadas com um olhar sob a luz do pensamento psicanalítico, no contexto das observações, o diferencial é mobilizar-se para pensar sobre as ressonâncias emocionais subjetivas, dentro de cada situação e cada família (mesmo enfrentando uma tela "protetora" antecipando a chegada), com seu impacto em cada observador de algo que em nossa vida cotidiana acelerada é facilmente aceito.

Vinheta 2

O primeiro contato com a mãe foi telefônico. Não conseguíamos encontrar um horário que ela pudesse me receber para nos conhecermos pessoalmente, porém, se disponibilizava a conversar via WhatsApp:

> Mãe: *Boa noite, tudo bem? Me perdoe não ter retornado. Tá meio complicado por aqui. Vou me ajustar e marcamos para a próxima semana. Tá uma bagunça aqui em casa. Final de arrumação, tem que ficar tudo pronto. A faxineira vem na próxima semana. Estamos correndo para dar tempo de fazer os retoques finais no quartinho do Lucas. Estou acabando de lavar as roupinhas e o enxoval de cama. Sou um tanto neurótica, tudo tem que ficar pronto. Por isso não te liguei. Perdão.*

Observadora: *Fique tranquila! Entendo perfeitamente todas as preocupações deste momento. É muita coisa para preparar e arrumar para a chegada do Lucas.*

Mãe: *É, desta vez será tudo muito diferente!*

Nessa família, aprendemos desde o início das observações sobre trocas de intimidade intensa, mesmo antes de um encontro pessoal. A observadora e o grupo de supervisão seguem, com surpresa e empatia, a necessidade de um convite respeitoso e profundo para a observadora estar presente de perto como testemunha da celebração da vida. Aprendemos, tanto ao discutir as primeiras reuniões quanto em retrospectiva, como, desde o início, essa mãe precisava que a observadora reconhecesse sua possibilidade de cuidado materno para continuar e se fortalecer ao longo das pequenas separações e ameaças, associando crescimento e autonomia a riscos e até rupturas fatais. Como a mãe constantemente precisava nos lembrar, essa família teve dois filhos que morreram, um deles aos 3 anos de idade (gêmeo) e o outro, aos 22, em um acidente de moto.

A presença constante da tecnologia como uma companhia contínua de entretenimento que oferece vitalidade e satisfaz necessidades subjetivas

Vinheta 3

A irmã de 3 anos volta da escola e está olhando um celular em sua mão. Sua mãe o desliga e pede a ela um beijo, mas a menina ignora a mãe. A TV continua ligada.

Para o observador psicanalítico, a oportunidade e a proposta, será olhar para a tela interna da ressonância e do impacto emocional, uma vez que segue com todos os seus sentidos envolvidos e atentos ao que ocorre entre o bebê e sua família, e inclusive à forma com que a família se relaciona com sua disponibilidade atenciosa, sendo uma presença íntima, porém discriminada (com qualidades de diferenciação). Reunindo exemplos de nossa experiência, o observador foi muitas vezes colocado para assistir TV com a família, compartilhando a televisão como foco comum de atenção para desencadear a conversa, como preenchimento de possíveis espaços de desconforto e ansiedade, proporcionando uma sensação de continuidade e de companhia. Trazendo um bombardeio de elementos externos (o som alto, as cores, os enredos envolventes das novelas), o contato com a TV pareceu sugerir uma ligação relevante com o mundo externo, às vezes distante, para essas mães tão dedicadas ao contato inicial com seus bebês. Contudo, não pareceu favorecer movimentos interativos e, em algumas situações, parecia estar oferecendo uma sensação de pseudovitalidade, evitando a solidão e ocultando limites.

Vinheta 4

Quando chego na casa, a porta está aberta e a TV está ligada em alto volume num canal infantil, mas não há ninguém.

O observador pode ser aquele que percebe e ainda registra as oscilações ou a presença contínua do som, mantra rítmico que acalma e que ao mesmo tempo pode significar um analgésico, anestesiando o contato com a dor, com a turbulência e também com o mundo exterior. Será o movimento e o barulho uma companhia sempre presente que oferece uma impressão de continuidade? O bebê geralmente traz mudanças e surpresas e reedita as experiências de todos em relação a presença e ausência, continuidade e separações. Registra-se a necessidade de que a TV cumpra uma função tranquilizadora, um suporte para rupturas e para riscos de *splitting*. Paradoxalmente, se há ruído o tempo todo, tudo se mantém funcionando!

Vinheta 5

Durante todo o período de observação (um ano e meio), a grande TV da casa está constantemente ligada em volume, e muitas vezes me pego distraída por ela enquanto observo mãe e bebê.

Junto à relevância do olhar interior para dentro de si, para que a observadora compreenda o que está sendo comunicado pela família, seu foco receptivo e delicado nos relacionamentos e seu olhar, naturalmente calibrado, silencioso e ativo em direção às necessidades infantis no bebê e em seus pais, podem constituir um nível contrastante de funcionamento mental. À medida que as observações são discutidas no grupo de supervisão, a observadora encontra seu lugar em cada família e melhora sua capacidade de continência emocional. Enquanto a observadora exercita sua receptividade às dificuldades nas modulações de necessidades e intensidades dentro da família, ela aprende a modular suas próprias percepções e experiências.

Vinheta 6

A mãe coloca um CD de músicas infantis no computador. Ela canta e João olha e sorri mexendo as perninhas e os bracinhos.

Assistimos ao bebê começando a se interessar pelo que os adultos apresentam para ele como atraente e significativo. O bebê passa a pedir e a desfrutar daquilo que é interessante para os outros com quem vive. Os bebês também querem tecnologia se for um canal de identificação, brincadeira e relacionamentos!

Em uma rotina em que a família, o casal e principalmente a vida da mãe estão completamente de cabeça para baixo, a presença dos aparelhos tecnológicos com seus sons e imagens pode significar um conforto em vários níveis. Às vezes, eles podem trazer para um estado de turbulência interna, o contato com a vida de outras pessoas em situações estáveis, ou abranger projetivamente as próprias instabilidades internas. A tecnologia pode oferecer canais para justificar ausências e reorganizar os contatos. Também pode oferecer alternativas ao estado sensível de emoção não integrada e vulnerável, em que os pais permanecem por algum tempo, após o nascimento dos bebês. Essas alternativas vão desde necessidades de integração sensorial primitiva, por meio de uma contenção com uma qualidade de "segunda pele" (reunindo elementos dispersos), até os níveis mais conscientes da busca por identificações e autorreflexões. Se transferido para um nível mais compartilhado e relacional (intrapsíquico ou intersubjetivo), é possível desencadear processos de internalização e elaboração.

Esses variados padrões de relacionabilidade e níveis de funcionamento são compartilhados com o bebê como um contribuinte ativo e o observador experimenta dentro de si essa possibilidade de enriquecimento pela plasticidade, que é, felizmente na maioria das vezes, característica das vidas familiares.

A tecnologia como meio de manter os laços da vida e congelar o tempo, acompanhando experiências de luto e ausência

Uma de nossas observadoras teve um lugar especial de testemunha do desenvolvimento e vivacidade no conflito entre as capacidades da mãe para reter a vida e evitar a morte.

Vinheta 7

Durante os dezesseis meses de observação, em todas as visitas, a televisão da sala esteve ligada. Na primeira visita, o carrinho onde estava Lucas ficava ao lado da televisão e a mãe me dizia: "Não consigo deixá-lo sozinho e de vez em quando tenho que mexer nele para ver se ele está vivo".

Durante as duas semanas de férias da observadora a mãe enviou por WhatsApp vídeos para que a observadora visse os progressos de Lucas.

A mãe enviou também fotos tiradas diariamente por ela, como forma de registrar os eventos e "congelar" o tempo.

Esta observadora foi levada a sentir e apreciar a carga de receber muitas fotos e filmes do bebê durante as pausas, quando era necessário testemunhar e celebrar a vida, enfrentando as lembranças das outras crianças mortas e os riscos iminentes de perda em cada novo desafio e a cada nova etapa do desenvolvimento do bebê.

Embora este não seja o objetivo principal de nossas observações, empreendidas como uma ferramenta psicanalítica para o aprendizado profissional, não podemos evitar pensar como a experiência materna de colocar toda essa dor, pela repetição em palavras para um ouvinte atento e um olhar continente, pode ter transformado a qualidade dessa dor e culpa e ter contribuído para sua confiança em uma nova experiência de maternidade.

Tecnologia trazendo apoio do grupo, senso de pertença e permitindo o contato com o mundo externo

Vinheta 8

A mãe de João me pergunta: "De quanto em quanto tempo você ia ao pediatra? Sabe, estou em um grupo de gestantes e nos falamos por WhatsApp também. Compartilhamos as mudanças, os sentimentos etc. Outro dia, uma delas desabafou que estava achando um tédio. Vemos que é normal, que nem sempre é tudo lindo e gostoso".

A mãe coloca o bebê no sofá ao seu lado e me diz que vai olhar seus e-mails. Está surpresa quando vê que chegaram 157 e-mails, porque não os checava havia dois dias. Ela diz que se sente importante pela quantidade de e-mails.

Jovens mães da atualidade podem ser relacionadas ao que Gueller (2016) descreve vividamente como *multitask*, quando se refere às crianças que simultaneamente fazem lição de casa em seus computadores ou *laptops* consultando o Google, enquanto trocam mensagens pelo Facebook, jogam videogames e postam fotos no Instagram, abrindo muitas janelas virtuais ao mesmo tempo. Essas jovens mães talvez tenham sido a primeira geração a ter contato com essas mídias na sua infância, mas sendo filhas de mães de uma outra geração, menos habilidosas e dependentes da tecnologia, elas talvez se sintam interna e externamente pressionadas por abandonarem uma real presença e podem culpar-se por não serem capazes de mantê-la.

Afinal, a tecnologia representa uma ajuda para a integração de funções ou uma ilusão de onipresença, com diluição de conflitos, prioridades e escolhas?

Vinheta 9

A mãe pega Rebeca no colo para dar de mamar. Com apenas uma das mãos, ajuda a criança a encontrar o seio, e com a outra mão continua conversando e respondendo mensagens no celular. Nessas mensagens, escrevia para os outros filhos o que eles deveriam fazer em casa na ausência dela.

Pudemos ver pelas nossas observadoras como a tecnologia poderia representar um meio de comunicação relevante para que a mãe se sinta presente em outros ambientes que compõem seu senso de *self* também como mulher, como mãe para outros filhos, como esposa e profissional. Isso parece ser naturalmente intensificado quando o período inicial de devoção à criança e de *preocupação materna primária* (Winnicott, 1956) dá lugar a um processo de separação/individuação mais intenso (Mahler, 1982). O bebê está começando a procurar maior autonomia. Os pais também podem ser menos exigentes consigo mesmos (nem tudo pode ser perfeito e eles podem aceitar isso – os pais realizam uma parentalidade "suficientemente boa"), aceitando o ritmo do bebê e seus desenvolvimentos singulares. Como eles podem dialogar com seus "grupos", eles podem compartilhar experiências (fotos, mensagens, ideias) e se sentir apoiados por eles.

Considerações finais

Pudemos observar ao longo de nossas observações a presença dos aparelhos tecnológicos na vida cotidiana dos pais e dos bebês e presenciamos em vários momentos estes recursos sendo oferecidos pelas mães aos seus filhos, possivelmente em situações de angústia que acompanham este momento.

Para alguns dos observadores, assistir a presença contínua dos aparelhos tecnológicos na relação dos pais com seus bebês provocava também um estado de intensa angústia, resultantes de sua própria identificação com o bebê, que por vezes buscava por um olhar e por continência, olhar este perdido para a televisão, o celular, o *notebook* e o *tablet*.

A partir das discussões realizadas no grupo de supervisão, constatou-se que à medida que o lugar do observador foi sendo construído na família, com sua presença pontual e semanal e acima de tudo com seu olhar e com o seu próprio silêncio, foi surgindo uma nova atmosfera emocional.

Assim, da mesma forma que para o bebê a continência e o olhar são constitutivos, o olhar do observador para com a dupla mãe-bebê serviu, muitas vezes, para acolher as aflições maternas, ajudando a romper com o barulho característico da defesa maníaca, e transmitindo à família uma qualidade sonora diversa, facilitando a instalação de novos ritmos.

A própria elaboração deste artigo foi extremamente favorecida pela possibilidade de reunir pensamentos e experiências entre os autores por meio da tecnologia, encurtando as distâncias geográficas e permitindo ligações além dos encontros físicos, para construir uma comunicação estruturada. Entretanto, nos perguntamos se realmente teria sido possível a execução deste trabalho sem uma experiência conjunta como grupo de observação de bebês e discussão de trabalho, compartilhando um contato face a face. Como um grupo, construindo vínculos em encontros pessoais, pudemos dar origem a significados coletivos, refletindo também sobre nossas conexões e respostas às comunicações por meio da tecnologia, experimentando dentro de nós a essência da qual estamos falando. Certamente, de fato, "aprendendo com a experiência" (Bion, 1966).

Os recursos tecnológicos servem e seguirão servindo para nos mantermos conectados e "ligados" ao mundo e à realidade externa, mas a função de espelho do olhar da mãe segue e seguirá sendo fundamental, como "o olhar que pode se abrir para o imprevisível desabrochar desse sujeito desconhecido, que busca 'ser visto' para sentir-se existindo" (Haudenschild, 2015, p. 22).

Diante das exigências do mundo contemporâneo, talvez sejamos todos um pouco como bebês que têm muito a aprender com novos canais de contato, mas também representantes relevantes de uma antiga cultura universal, na qual as ligações humanas, intersubjetivas, emocionais e transgeracionais não podem ser deletadas.

Referências

Bauman, Z. (2007). *Tempos Líquidos* [Trad. Carlos Alberto Medeiros]. Rio de Janeiro: Zahar.

Bick, E. (1948/1967). Notas sobre la observación de lactantes en la enseñanza del psicoanálisis. Rev. *Psicoanálisis, 24*(1), 97-115. Buenos Aires.

Bion, W. R. (1966). *Aprender com a experiência.* Rio de Janeiro: Zahar.

Fonagy, P. (2014). Foreword. In A. Lemma, & L, Caparrota (Eds.), *Psychoanalysis in the Technoculture Era.* London and New York: Routledge.

Gueller, A. S. de (2016). *A criança em constituição na era das relações virtuais* (parte 4). Recuperado de http://vida-estilo.estadao.com.br/blogs/crianca-em-desenvolvimento/a-crianca-em-constituicao-na-era-das-relacoes-virtuais-parte- 4/.

Haudenschild, T. R. L. (2015). *O Primeiro Olhar.* São Paulo: Editora Escuta.

Klein, M. (1996). Uma contribuição à Psicogênese dos estados Maníacos Depressivos. *Obras Completas, vol. I. Amor, Culpa e Reparação e outros trabalhos* (pp. 301-329). Rio de Janeiro: Imago. (Publicado originalmente em 1935)

Mahler, M. (1982). O *processo de separação-individuação.* Porto Alegre: Artes Médicas.

Prado, A. (2016). *A Crossing of the Rubicon* (Case Study).

Winnicott, D. W. (1993). Preocupação materna primária. In *Textos Selecionados: Da Pediatria à Psicanálise* (4. ed., pp. 491-498). Rio de Janeiro: Francisco Alves. (Publicado originalmente em 1956)

Winnicott, D. W. (1990). A capacidade para estar só. In *O Ambiente e os Processos de Maturação* (pp. 31-37). Porto Alegre: Artes Médicas. (Publicado originalmente em 1958)

Winnicott, D. W. (1975). "O papel de espelho da mãe e da família no desenvolvimento infantil. In *O brincar e a realidade* (pp. 17-30). Rio de Janeiro: Imago. (Publicado originalmente em 1967)

25. Os pais, o bebê e o *iPad*: parentalidade e tecnologia

Luciana Pires

Com a intenção de refletir sobre a conjunção entre tecnologia e parentalidade nos tempos atuais, afoguei-me em leituras, tantas eram as frentes que meu texto podia tomar. Decidi por fim fazer um singelo recorte de uma das muitas cenas cotidianas que envolvem pais, bebês e as telas, convidando vocês a pensarem comigo sobre as implicações dessa cena para o psiquismo do bebê e, quiçá, para o psiquismo humano em geral.[1]

> *Num simpático sábado à tarde, observo na mesa ao lado, um casal jovem com seu bebê de colo. O bebê tem por volta de 8 a 9 meses e está sentado no carrinho, enquanto os pais discutem entre si o cardápio para enfim fazer o pedido ao garçom. Todos parecem satisfeitos com o programa.*

1 Antes de começar a tecer minhas conjecturas, preciso fazer a ressalva de que minha compreensão do assunto é limitada, e precária é a figurabilidade que o tema consegue ter para nós, dada a falta de perspectiva histórico-temporal.

O pai resolve dar uma voltinha no restaurante e, com o bebê no colo, vai apresentando os arredores e nomeando as coisas que atraem o olhar do pequeno. "Que bonito esse vaso de flores, né, Pedrinho?... E olha só o moço mexendo com os copos...". No meio de seu passeio pelo restaurante, o bebê avista, a uma distância de uns vinte passos, a mãe sentada na mesa. O pai vê que o bebê viu a mãe e ambos acenam para ela, que acena de volta.

O bebê é novo, os pais são novos e parecem envolvidos na constituição de delicado ajuste que a novidade exige. Pai e bebê voltam à mesa e o bebê é sentado no cadeirão para comer sua papinha. Pedrinho come, breve e serenamente, e eis que chega a comida dos pais. Eles então oferecem um iPad *ao bebê que, de imediato, aceita o convite para, com muito foco, se distrair de seu arredor. O bebê assiste a um programa no* iPad, *enquanto os pais comem, bebem e conversam ao lado.*

Os pais terminam a refeição, pagam a conta e o bebê segue atento ao iPad. *É então que algo na dança dessa família se altera e assistimos aos pais aflitos e desajeitados, se revezando na tarefa de tirar o bebê do cadeirão, vestir-lhe um casaco, colocar no carrinho, tudo isso sem interromper a continuidade do olhar do bebê sobre o* iPad. *Esta tarefa não se mostra nada fácil, mas os pais a executam com passes coordenados, como um time bem treinado que ambiciona a vitória.*

Enquanto a mãe levanta o bebê do cadeirão, o pai carrega o iPad *na altura dos olhos do bebê. Mantendo sua* mão no iPad, *o pai pega, com a outra mão, o casaquinho na mochila e passa para mãe, que então veste o bebê. Hora de colocá-lo sentado no carrinho, movimento que o pai acompanha, garantindo que o olhar do bebê sobre o* iPad *não seja, de modo algum, atravessado por toda essa agitação ao redor. A intenção parece se fazer crer, para o bebê e o* iPad, *que nada está acontecendo e que eles seguem magicamente unidos em seu enlace.*

Mas por que fazem isso? Por que é tão importante que o olhar do bebê não se perca do iPad*? Nos atos ansiosos dos pais, vislumbro a cena que evitam: Pedrinho estourando em choro tão logo se separasse do* iPad.

Essa cena corriqueira me deu muito o que pensar, e quero dividir um pouco dessas ideias com vocês, leitores. Em um lindo texto, a psicanalista Angela Joyce (2015) mostra, pela via do exemplo de uma interação entre uma mãe e um bebê de 3 dias, como a função materna de espelhamento de seu bebê – tal qual descrito por Winnicott em seu artigo "O papel de espelho da mãe e da família no desenvolvimento infantil" (1960) – é bem mais dinâmica do que a metáfora de um espelho físico faz crer. O que Joyce (2015) advoga faz eco a minha própria experiência de maternidade e a tantas outras que tive o prazer de acompanhar: a maternidade suficientemente boa se dá sempre por um triz, como que numa corda bamba em que a face não suficientemente boa está sempre ali ao lado.

Na cena que anteriormente descrevi, vemos como o bem suceder e o mal suceder se fazem companhia numa alternância de sonhos e pesadelos participantes da vida que acaba de começar. O modo como aqueles pais no restaurante agiram para não interromper a ligação de seu filho com o *iPad* me lembrou os vários malabarismos clownescos que eu e meu marido imprimimos para não acordar nossos filhos que tinham acabado de ser ninados ao sono. Tenho certeza que muitos de vocês irão se identificar: trata-se do drama de transferir o bebê dormindo do colo para o berço. Lembro-me de colocar minha filha para dormir no colo e, ao levá-la ao berço, colocá-la sobre o colchão e interromper o movimento, com minha mão debaixo de seu corpo e encostada no colchão, permanecendo nessa posição por tempo suficiente para que a mudança de ambientação do *holding* – do meu colo para o colchão – não fosse percebida de modo disruptivo, minha filha não acordasse e eu pudesse enfim descansar alguns minutos. No cansaço de mãe de recém-nascido, eu acrescentava a esse procedimento requintes supersticiosos: contava até cinquenta, por vezes até mesmo retendo a respiração!

Ainda na temática de não interromper o sono do bebê (e o descanso da família), alguns amigos distribuíam chupetas no colchão do berço de seus filhos, na crença de que se uma das chupetas caísse de sua boca e ameaçasse acordá-lo de seu sono, ele logo encontraria uma outra em seu caminho e se reconfortaria com ela. Sabemos também de todos os truques arquitetados por pais para tornar chupetas mais acessíveis ao uso de seus bebês e, com isso, oferecer paz a todos. Chupetas são então amarradas a paninhos, os quais são conjuntamente atados no colarinho das roupas dos bebês e crianças.

Todas essas parecem ser manobras que os pais praticam para lidar com o amor impiedoso dos primórdios que Winnicott (1960/1999) tão bem apresenta em um dos meus textos preferidos, chamado "O que irrita?". Esse texto é a transcrição de uma de suas falas de rádio na BBC, na qual ele convoca mulheres britânicas a discorrer sobre o que as irrita em ser mãe. E essas mulheres passam a falar prolixamente sobre todas as agruras diárias desse encargo, outrossim maravilhoso. Essas falas são, como já disse, a ilustração encarnada do que o autor nomeou de "amor impiedoso" ou "amor cruel" do bebê para com seu cuidador, nos primeiros tempos da relação mãe-bebê:

> *Gradualmente, a mãe descobre que a criança a trata como uma serviçal sem remuneração e exige atenção, e no começo não está preocupada com seu bem-estar, . . . cada criança invade a mãe e reclama tudo o que aí houver, e quero acrescentar agora que, se aí encontrar qualquer coisa, a criança usa-a, e usa-a até esgotá-la. (Winnicott, 1960/1999, p. 89)*

Os efeitos desse amor impiedoso podem ser ouvidos nas entrelinhas dos meus comportamentos e de meus amigos ao colocarmos os filhos para dormir, assim como no comportamento dos pais de Pedrinho. As despedidas temidas nesses exemplos são respectivamente do colo dos pais, da chupeta e da atenção ao *iPad*.

A irritação dos pais diante do amor impiedoso dos filhos atesta um duplo movimento: os pais se oferecem, simultaneamente, à ilusão de onipotência do bebê, nos termos de Winnicott, e ao afastamento e à distância. É o autor mesmo quem postula uma dualidade primordial na relação entre pais e bebês: de um lado, erotismo levando à experiência de fusão, e de outro, agressividade criando condições de separação (Winnicott, 1950/1993).

Destacamos ainda outras pérolas desta fala radiofônica transcrita:

> *Há pessoas que ficam bastante chocadas se descobrem que podem ter em relação às crianças pequenas outros sentimentos que nada têm a ver com o amor . . ., é demasiado fácil idealizar o trabalho de uma mãe. Sabemos muito bem que todo trabalho tem suas frustrações;*

> *suas enfadonhas rotinas, e seus momentos em que seria a última coisa que qualquer pessoa escolheria fazer. . . . Todos estes exemplos ilustram de quantas maneiras cuidar de crianças pequenas pode ser uma tarefa irritante e incômoda, e isso é verdadeiro por mais que os filhos sejam desejados e amados. O problema afeta aquelas mães cuja privacidade está sendo invadida. . . . A coisa terrível é que se a mãe tem algo escondido num lugar recôndito de seu íntimo é exatamente aí que a criança quer chegar. . . . Cada época tem seus costumes, mas penso que algo permaneceu inalterado através dos tempos, essa espantosa tendência da criança pequena de ir direto ao centro onde as mães guardam seus segredos. (Winnicott 1960/1999, pp. 77-87)*

Ao observar Pedrinho e seus pais, lembrei-me também, é claro, de inúmeras situações difíceis com as crianças pequenas em restaurantes. Em 2002, ano em que minha primeira filha nasceu, surgiu uma série de televisão e um *blog* intitulado *Mothern* – neologismo que pretendia nomear a mãe moderna de então. Nele era retratado com humor o dia a dia de quatro mães nos anos 2000. Um dos *posts*, datado de janeiro de 2002, falava da aventura que era levar um filho pequeno ao restaurante. O texto discorria sobre a tremenda dificuldade de "ser fina num almoço de fim de semana com os pequenos" e listava algumas dicas para que tudo não findasse em tragédia. Aqui vão algumas delas:

> *O menu. Não peça um prato para uma criança com menos de 7 anos, ela não vai comer nem metade. . .*
>
> *Bolsa mágica. Tenha sempre: um brinquedo, um bloquinho, 4 lápis-cera e um mini jogo-da-memória. A*

> *comida pode demorar e as crianças não vão ficar paradas tomando cerveja e falando da decoração do recinto.*
>
> *O revezamento. Restaurante com crianças é assim: um adulto comendo e o outro andando atrás do menino com um pedaço de batata frita na mão.*
>
> *A saída. Pague a conta, ponha os óculos escuros e saia catando o copo com tampa, a chupeta, as peças de roupa e o pouco de finesse que te restou. (Guimarães & Sampaio, 2002)*

Em 2002, para distrair as crianças e assim ganhar um breve intervalo para almoçar, entregávamos brinquedinhos, livrinhos de plástico e chocalhinhos-mordedores a eles no carrinho e ganhávamos uns cinco, dez minutos de atenção ao nosso prato. Todos que tiveram filhos devem lembrar do malabarismo diário que filhos pequenos implicam.[2]

Mas, como nos ensinam os contos de fadas, cuidado com aquilo que desejas. Pois não é que Steve Jobs parece ter ouvido os pedidos de todos nós e inventado um modo altamente eficiente de hipnotizar nossos bebês, tal qual *O Flautista de Hamelin*?!

Diante dessas associações que produzi em relação à cena de Pedrinho no restaurante, alguns contrastes saltam aos olhos: Qual a diferença entre entregar um chocalhinho ou um *iPad* para que seu bebê se distraia? Ainda, qual a diferença entre uma chupeta de borracha e o *iPad* que vem sendo chamado por muitos de chupeta eletrônica? Hoje em dia, parece-me fundamental que enfrentemos essas e outras questões para tentarmos nos posicionar diante da transformação que a intencional hiperacessibilidade do design de dispositivos como *iPad* produziu no cuidado humano. Parece-nos

---

2 O *iPad* foi lançado em 2010.

enfim fundamental definir o que é o objeto *iPad* e o que ele implica em termos relacionais.

Falemos primeiramente dos objetos que os pais apresentam aos bebês. Tanto Donald Winnicott quanto Françoise Dolto, e também Freud de alguma maneira em seu texto "Escritores criativos e devaneios" (1908/1996), incluem a apresentação de objetos entre as tarefas fundamentais do cuidado que oferecemos a bebês e crianças. Para Winnicott, a apresentação de objetos estaria entre as três funções fundamentais do bom ambiente para com a criança; ao lado do *holding* e do *handling*. Dolto, por sua vez, denunciava a extrema pobreza que representa um ambiente infantil privado de objetos que possam ser manuseados e brincados pelas crianças. E Freud lembrou como as crianças precisam se apoiar em objetos tangíveis para pensar e devanear.

Dolto (2007, 2013) dizia que os objetos e as pessoas que o bebê conhece na presença da mãe são desse modo "mamãezados", tornando-se representantes da mãe, mesmo quando esta está ausente. Assim, os objetos que os pais oferecem às crianças representam a relação que eles têm com elas e ajudam na constituição de um saudável afastamento do corpo a corpo com eles.

Em um adendo à republicação de seu célebre texto "Objetos transicionais e fenômenos transicionais", Winnicott (1951/1975) apresenta o caso do menino do cordão, que poderíamos chamar como um contraexemplo da teoria apresentada no artigo citado. Nesse caso, a construção de uma brincadeira com o cordão pelo menino foi entendida pelo psicanalista inglês, em um primeiro momento, como um fenômeno da transicionalidade e interpretado como um modo de dar conta das frequentes separações vividas em tenra infância com relação a sua mãe, como decorrência de internações psiquiátricas. Mais tarde, pelo evoluir de adoecimento aditivo desse garoto, Winnicott (1969) reformula sua compreensão e lança no campo da psicanálise a questão das patologias da transicionalidade, ou seja, problematiza os casos em que a transicionalidade não é alcançada. Dito de outro modo, Winnicott abre um atalho para o entendimento de que nem toda brincadeira promove desenvolvimento psíquico. O cordão, que primeiramente foi interpretado como um objeto transicional, passa então a ser compreendido como objeto fetiche que, em vez de promover uma separação simbólica da relação com a mãe, implica uma negação da separação. Aqui entendemos que não é o cordão em si, enquanto objeto, que define sua qualidade – transicional ou fetiche –, mas o uso que é dele feito. E a qualidade do uso, por sua vez, é decorrente da qualidade das primeiras relações mãe-bebê vividas e subsequentemente do desenvolvimento psíquico.

Voltemos agora à cena do Pedrinho no restaurante. Nessa cena, o objeto ofertado pelos pais ao menino é o *iPad*. Esse é o objeto de cultura que aparece ali mamãezado, representante da relação com os pais. Mas será ele capaz de ajudar no caminho de separação do corpo a corpo com os pais? Aqui nos parece que tem algo da especificidade do objeto virtual que vale ser analisado. São quatro os elementos principais da cena: mãe, pai, bebê e *iPad*. E o entorno do restaurante (no qual me incluo, aliás). Vemos como pai e mãe se revezam no cuidado, na cadência de presença e ausência com o bebê, constituindo um enredamento de reversibilidade. O pai, a mãe e o bebê se aproximam e se afastam alternadamente no crescente enriquecimento das relações que constituem. Algo diferente, no entanto, assistimos acontecer com o *iPad* que, uma vez na cena, sequestra a atenção do bebê, configurando um encontro de eterna presença.

Entendemos que a situação seria diferente se os pais tivessem oferecido um chocalho, por exemplo, para distrair seu filho enquanto almoçavam. O chocalho em sua agradável precariedade seguraria a atenção corporal do garoto por algum tempo: mãos, ouvidos e boca envolvidos em atitude exploratória; manteria, contudo, a presença dos pais como pano de fundo visual, auditivo e mental, produzindo um enredamento simbólico com os pais.

Já o *iPad* retira completamente a atenção do garoto dos pais e de toda a situação circundante e o envolve em uma interação passiva, sem que nada de próprio esteja em jogo, nem corpo, nem motricidade. Como podemos entender no comportamento aflito dos pais, que fazem de tudo para não separar o filho do *iPad*, esse objeto virtual se oferece como alternativa à presença dos pais, mas, em vez de preparar o caminho para a gradativa separação com a internalização da presença dos pais, estabelece uma relação de eterna e invasiva presença.

Ademais, o envolvimento com este objeto não reconhece os três tempos de exploração e uso do objeto que Winnicott postula em seu texto "Observação de bebês em uma situação pré-estabelecida" (1941/1993), quais sejam: hesitação, apreensão e descarte. Na relação com o *iPad* nem hesitação nem descarte são vivenciados, o que atesta uma relação que não traz os germes da possibilidade de separação eu e outro.

Nessa medida, o *iPad* se aproxima muito mais de uma chupeta, objeto pacificador das pulsões que adia o encontro com o outro. Mas, como dissemos anteriormente, esse dispositivo é uma chupeta sem convocação corporal, de eterna competência e da qual nunca seremos desmamados. Além disso, essa chupeta fala e apresenta imagens que passam assim a constituir o léxico dessa criança, léxico este atravessado pelo desejo de ibope, como muito bem definiu a visionária Dolto (2007) diante do fenômeno da televisão, esse objeto virtual dos anos 1960. Ela dizia que com a televisão as crianças estão expostas, no coração de suas famílias, a dizeres orientados tão somente pelo desejo de ibope ou, dito nas palavras do século XXI, pelo desejo de *likes*. Não é mais a história familiar que é dada a ouvir, contada por aqueles que têm seu corpo e voz atravessados constitutivamente por ela, com seus ditos, não ditos e hiperditos. Dolto já denunciava lá algo que só vemos se radicalizar nos tempos atuais: a retirada do corpo do campo de conhecimento das crianças. Ela dizia que as televisões eram as janelinhas dos cárceres privados em que encerramos as crianças nas cidades contemporâneas. Imaginem só o que ela diria dos celulares e *iPads*?

Sem corpo, sem agência, sem interrupção, sem apontamento de separação, o *iPad* convida o bebê a uma relação aditiva, atravessada pela lógica consumista, que ameaça constituir os humanos como apêndices das máquinas.

Por fim e para abrir para discussão com vocês, gostaria de sintetizar cinco aspectos preocupantes da relação que o objeto *iPad* propõe:

1) O *iPad* promove uma relação sem corpo e sem motricidade. E já fomos tão lindamente alertados por Régine Prat em seu texto "Fronteiras da parentalidade e recursos auxiliares: pensando a clínica de 0 a 3 anos" (Capítulo 1 do Volume I) sobre a importância crucial do corpo para o desenvolvimento da mente, da linguagem e do pensamento;

2) Estabelece uma temporalidade sem fim nem brecha, cujas consequências vemos se estender para toda organização do tempo na contemporaneidade;

3) O que orienta os programas a que temos acesso no *iPad*, o que orienta sua linguagem, em última instância, é o ibope ou a lógica dos *likes*;

4) Os dizeres do *iPad* não compõem um campo de reciprocidade, espelhamento e diálogo, no qual a existência do

bebê muda o curso da realidade externa, sendo assim contornada;

5) O último ponto que gostaria de destacar e que aprendi com a psicóloga americana Sherry Turkle (2016), pesquisadora da relação dos humanos com as máquinas, é a qualidade da atenção que o *iPad* promove: trata-se de uma atenção hiper focada que não permite o devaneio, que é um estado mental tão fundamental à integração psíquica.

Cyberobjetos, relacionamento humano com robô, relacionamentos nas telas, pessoas eletrônicas, robôs sociais...[3] Entendo que esse campo está aí para ficar e é por isso que, como antídoto aos riscos que ele implica, se faz fundamental colocar esse objeto virtual em discurso, falar sobre ele, enredá-lo em palavras compreensivas e trocas corporais. Essa tarefa se vê, contudo, dificultada, entre outras coisas, pela qualidade mono-orientada das telas que não se deixam ver em mais que um ângulo, predicativo por si só dificultador da experiência de alteridade. Precisamos falar com nossos filhos sobre o que veem em seus *iPads*, retornando esse objeto virtual para a rede simbólica que se amarra aos objetos primários, reintroduzindo-os numa cadência de ausência e presença.[4] Propomos, portanto, um desfecho diferente para a cena de Pedrinho, um desfecho em que os pais (que somos todos nós)

---

3 O dispositivo Alexa da Amazon se propõe a ler o estado emocional dos membros da família e informar a todos para que possam se preparar para os encontros.

4 Lembro de um apelo que o psicanalista Mario Corso (2008) lançou, anos atrás, na mídia, para que adultos entrassem na internet junto com seus filhos, pois se não deixamos que eles entrem na casa de qualquer vizinho, como podemos deixar eles passearem livremente pela internet? Essa reflexão derivava da triste experiência vivida por Corso de ter um paciente que se suicidara com o auxílio da internet. Aqueles que, como eu, são imigrantes digitais devem cuidar para que nosso distanciamento histórico-temporal não represente um entrave a mais na humanização desses apêndices eletrônicos.

introduzem uma pausa na relação do menino com seu objeto virtual, falam sobre ele, brincam sobre o que se via na tela, trazendo-o de volta ao campo da relação humana.

Referências

Corso, M. (2008, 10 fev.). Há um centro de valorização da morte na internet. Entrevista da Semana. *Revista Época*, Editora Globo.

Dolto, F. (2007). *As etapas decisivas da infância*. São Paulo: Martins Fontes.

Dolto, F. (2013). *Seminário de psicanálise de crianças*. São Paulo: Martins Fontes.

Freud, S. (1996). Escritores criativos e devaneios. In *Edição Standard Brasileira das Obras Psicológicas Completas de Sigmund Freud* (v. 9, pp. 78-85). Rio de Janeiro: Imago. (Trabalho originalmente publicado em 1908)

Guimarães, I., & Sampaio, J. (2002). Recuperado de http://mothern.blogspot.com/.

Joyce, A. (2015). The mirror role of mother and family in child development: a reflection. In G. Saragnano, & C. Seulin, *Playing and Reality Revisited – a New Look at Winnicott's Classic Work*. London: Karnak.

Turkle, S. (2016). *Reclaiming conversation: the power of talk in a digital era*. London: Penguin Random House.

Winnicott, D. W. (1993a). Observação de bebês em uma situação pré-estabelecida. In *Textos selecionados: da pediatria à psicanálise* (pp. 139-164). Rio de Janeiro: Francisco Alves. (Publicado originalmente em 1941)

Winnicott, D. W. (1993b). Desenvolvimento emocional primitivo. In *Textos selecionados: da pediatria à psicanálise* (pp. 269-286). Rio de Janeiro: Editora Francisco Alves. (Publicado originalmente em 1945)

Winnicott, D. W. (1993c). Agressão e sua relação com o desenvolvimento emocional (pp. 355-374). In *Textos selecionados: da pediatria à psicanálise*. Rio de Janeiro: Editora Francisco Alves. (Publicado originalmente em 1950)

Winnicott, D. W. (1975). Objetos transicionais e fenômenos transicionais (pp. 389-408). In *O Brincar e a Realidade*. Rio de Janeiro: Editora Imago. (Publicado originalmente em 1951)

Winnicott, D. W. (1999). O que irrita? In *Conversando com os pais* (pp. 77-100). São Paulo: Martins Fontes. (Publicado originalmente em 1960)

Winnicott, D. W. (1975). O papel de espelho da mãe e da família no desenvolvimento infantil. In *O Brincar e a Realidade* (pp. 153-162). Rio de Janeiro: Imago. (Publicado originalmente em 1960)

PARTE VI

Recursos terapêuticos de uma clínica multidisciplinar

26. Fronteiras da parentalidade: investimento e desinvestimento em um bebê sindrômico com comprometimento autístico

Silvana Alleoni Crivellari
Cecília Harumi Tomizuka

O objetivo desse trabalho será discutir a importância do investimento subjetivante (Silva, Almeida, & Barros, 2011) nas relações pais/bebês para a constituição psíquica do bebê.

Este trabalho foi realizado no modelo de intervenção na relação pais/bebês. Nessas terapias o alvo central é a interação, a relação entre eles e sua dinâmica familiar e não apenas o comportamento da mãe.

As intervenções ajudam os pais a ter uma percepção e discriminação sobre o bebê real ao invés de apenas enxergá-lo por suas projeções, identificações inconscientes ou expectativas narcísicas.

Nesse modelo de intervenção, observamos a família interagindo entre si. Ao mesmo tempo que os pais relatam suas angústias e ansiedades sobre seu bebê, temos também a oportunidade de observar a criança brincando, interagindo com eles e também nos comunicando, por meio do brincar, as suas próprias angústias.

O trabalho com bebês exige intervir no início da constituição psíquica, pois é nesse momento que podemos contar com a abertura de inscrições que caracterizam a primeira infância. Momento no qual a estrutura neuroanatômica prima pela plasticidade neuronal (Kandel, 1997).

A clínica mostra a importância de intervir cedo, quando se detecta alguma dificuldade no início da infância, em lugar de esperar uma possível cristalização de quadros patológicos.

Esta espera pode muitas vezes produzir efeitos danosos na constituição psíquica do bebê e uma fixação de um funcionamento sintomático sem a possibilidade de ajudá-lo a se constituir como um sujeito.

O caso de intervenção na relação pais/bebês que iremos apresentar está sendo atendido no Núcleo de Atendimento Pais-Bebês do Setor de Saúde Mental/Pediatria da Unifesp.

As sessões foram filmadas com o consentimento dos pais, além de serem solicitados vídeos caseiros. Lucas é um bebê sindrômico com comprometimento autístico.

Caso clínico

Seguem os dados do paciente:

- Nome: Lucas
- Idade: 3 anos e 7 meses de idade.
- Início da intervenção: 1 ano e 6 meses de idade.
- Informações gerais: Lucas mora com a mãe (37 anos) e com dois irmãos (um de 14 e outro de 18 anos de idade).
- Histórico: Lucas foi encaminhado para o Setor de Saúde Mental da Unifesp para avaliação após sua última

internação devido ao seu quadro clínico com 1 ano e meio de idade.

Lucas nasceu a termo de parto normal. Apesar de no início parecer ser uma criança em um desenvolvimento normal, ele já apresentava algumas dificuldades. Foi amamentado no peito, mas não sustentava a sucção na mamada e a mãe introduziu a mamadeira.

Ao iniciar o tratamento com 1 ano e 6 meses de idade, Lucas apresentava atraso em seu desenvolvimento de modo geral. Não sentava sem apoio, não girava o corpo, não tinha uma integração corporal, não engatinhava, não balbuciava e nem emitia sons. Não sorria e nem chorava.

Mantinha-se, segundo sua mãe, quietinho em seu berço o dia todo. E acordava várias vezes durante à noite, mas não chamava e não pedia por nada.

Lucas tem uma perda auditiva significativa do lado direito, necessitando do uso de aparelho; e a audição do lado esquerdo normal. É obeso e tem tônus muscular diminuído.

Aos 9 meses de idade teve crises convulsivas, sendo internado três vezes.

Na última internação, por volta dos 14 meses de idade, permaneceu hospitalizado por dois meses e intubado por uma semana.

Engasga ao comer e por esse motivo só se alimenta com comidas pastosas.

Está em acompanhamento com geneticista, neurologista, fonoaudióloga, nutricionista, endocrinologista, otorrinolaringologista, oftalmologista, fisioterapeuta, pediatria geral. Deu início ao trabalho de intervenção na relação pais-bebê, participando também do Grupo de atendimento pais/bebês.

Está sendo feita investigação de uma possível doença genética mitocondrial. (São doenças incluídas num grupo de doenças degenerativas e podem causar atrasos no desenvolvimento, atraso mental, epilepsia, autismo, demência.)

Faz uso de medicamentos anticonvulsivantes.

A gestação foi conturbada por conflitos conjugais importantes que culminaram na separação dos pais quando a mãe estava na 32ª semana gestacional.

Os avós maternos não aceitaram a gravidez e a mãe não contava com uma rede de apoio e de sustentação, enfraquecendo significativamente sua função materna; no momento, se apresentava muito desvitalizada e depressiva.

O pai não assumiu os cuidados da criança e nunca compareceu aos atendimentos. A mãe se sente bastante sobrecarregada com todos os cuidados que o filho demanda.

No início dos atendimentos, evidencia-se a dificuldade da mãe em dar um significado a qualquer gesto ou tentativa de comunicação não verbal de Lucas. Ela não supunha a existência de um sujeitinho desejante e com linguagem.

Lucas, ao chegar ao atendimento, apresentava apatia, não sorria e nem chorava, pouco demandava. Apenas emitia alguns sinais sutis, e a partir desses sinais fomos amplificando e dando voz a suas manifestações.

Nas intervenções, diante das manifestações mais sutis de Lucas em busca de um olhar da mãe, as terapeutas amplificavam esse momento ao dizer: "Olha mamãe, Lucas está te chamando. Ele quer você aqui pertinho dele". Com isso, a mãe foi conseguindo cada vez mais se aproximar e sustentar o olhar de Lucas, entendendo suas comunicações não verbais e favorecendo a constituição de um sujeito. Essa é a nossa tarefa, reconhecer os estados mentais tomando por base a observação detalhada e sintonizada do comportamento não verbal do bebê/criança, convocando para o contato (Jerusalinsky, 2015).

Nos vídeos caseiros enviados pela mãe antes das intervenções, Lucas, com 1 ano e 4 meses de idade, apresentava estereotipias; o contato com os brinquedos era apenas sensorial, sem atribuir função aos brinquedos e sem sustentação do olhar.

Notamos como o desinvestimento subjetivante na relação mãe/bebê, sem trocas de prazeres compartilhados, contribui para que Lucas tenha dificuldade de se constituir e ser capaz de inscrever memórias em seu psiquismo.

As oscilações desse investimento ainda estão presentes sendo ainda necessário um trabalho de fortalecimento: tanto da criança em seu mundo intersubjetivo, quanto da mãe, na construção do vínculo emocional com seu bebê.

Isso foi possível identificar durante as férias das terapeutas no final do ano. A mãe enviou um vídeo em que ela está cantando para ele a música "Parabéns a você". A melodia de sua voz era de uma tonalidade bem depressiva e Lucas se apresentava com um olhar vago, distante e sem expressão facial. A cena é comovente e dramática. A percepção da mãe ao constatar esse fechamento e distanciamento de Lucas a leva a ir abaixando a câmera e não mais focar o seu rosto, mas apenas seu corpo e pés.

Percebemos que a falta desse investimento subjetivante sustentado nas intervenções comprometeu a interação e seu desenvolvimento. Vemos então como o papel dessa intensa interação pais/bebê é fundamental, pois é ela que organiza o corpo do bebê e seu funcionamento, seu comportamento e suas representações, ou seja, sua entrada no mundo simbólico e relacional.

Lucas, por apresentar sinais de comprometimento genético e neurológico e pelo impacto emocional que esses fatores tiveram sobre sua mãe, além de seus próprios conflitos internos, teve essa relação fraturada. Lucas ficava imerso em seu mundo mental, assim como sua mãe muitas vezes se apresentava. Foi nessa fratura que o trabalho de intervenção se instaurou.

A falta de uma sustentação física e emocional e comprometimentos orgânicos impediram que Lucas se desenvolvesse. Não apresentava tônus muscular, não conseguia se sustentar e se constituir como um sujeito.

A partir do momento que essa fratura é trabalhada nas intervenções, é possível perceber o vínculo se constituir e se fortalecer, e o surgimento de um sujeito psíquico.

O trabalho de intervenção realizado com Lucas e sua mãe permitiu que a mãe se fortalecesse em sua função materna, na qual o manhês e a interação permeiam a relação.

Lucas já consegue sentar, sorrir, demandar, engatinhar ganhando vida, já numa relação de prazeres compartilhados com a mãe e outras pessoas.

Esse investimento subjetivante na relação ainda se faz necessário, pois existem muitos momentos de oscilação de investimento de ambas as partes.

Percebe-se que a criança e a mãe apresentam maior integração interna e mútua durante períodos de continuidade do vínculo terapêutico, apresentando regressões significativas em momentos de descontinuidade ou separações.

Tais movimentos não se justificam somente pelas determinações e limitações físicas.

Referências

Busnel, M.-C., & Melgaço, R. G. (Orgs.) (2013). *O bebê e as palavras: uma visão transdisciplinar sobre o bebê*. São Paulo: Instituto Langage.

Jerusalinsky, A. (2015). *Dossiê Autismo*. São Paulo: Instituto Langage.Instituto Langage

Kandel, E. R. (1997). Construção da imagem visual. In E. R. Kandel, J. H. Schwartz, & T. M. Jessell, *Fundamentos da neurociência e do comportamento* (pp. 311-324). Rio de Janeiro: Prentice-Hall.

Laznik, M. C., & Cohen, D. (Orgs.) (2011). *O bebê e seus intérpretes: clínica e pesquisa*. São Paulo: Instituto Langage.

Oliveira, E. P., & Cohen, D. (Orgs.) (2017). *O bebê e o outro – seu entorno e suas interações*. São Paulo: Instituto Langage.

Silva, M. M. C. Pereira da, M. Mendes de Almeida, & Barros, I. G. (2012). *O investimento subjetivante do analista na clínica dos transtornos autísticos. Cenas de uma intervenção conjunta pais-criança*. São Paulo: Instituto Langage.

Vanier, A. et al. (2016). *Laço mãe-bebê – intervenções e cuidados*. São Paulo: Primavera Editorial.

27. À flor da pele: ajudando a reconstituir a parentalidade em um caso grave de psicossomática

Juliana de Souza Moraes Mori

Silvana Vieira Silveira Santos

Desde o útero se inicia a formação de um corpo que pulsa e se movimenta manifestando sua vitalidade e existência. Neste momento, o corpo do feto depende absolutamente do corpo da mãe e o corpo desta vai expressando, a partir de suas transformações, a existência de um corpo que cresce e se desenvolve dentro dela. Nestes primórdios da existência e nos primeiros meses após o nascimento, a dependência do ambiente é absoluta.

O sujeito existe no mundo a partir de um campo de afetações, de um espaço intermediário que se estabelece entre o bebê e o mundo. Além disso, sabemos que a tendência ao crescimento e consequente maturação é inata, mas que estes acontecimentos não seriam possíveis sem a presença do outro, que chamaremos de ambiente e que na maioria das vezes se dá com a presença da mãe. Aqui, também, acontece o início da formação do psiquismo, do despertar intrauterino, da doação de sentido que tende a propiciar a elaboração imaginativa a partir do que acontece entre a mãe e o bebê.

Após o nascimento, as tarefas a serem realizadas e as conquistas a serem alcançadas em cada etapa do desenvolvimento dependerão, segundo Winnicott (1958), de um ambiente suficientemente bom. O envolvimento emocional e somático da mãe está presente na forma como esta recepciona o bebê, como segura no colo, como olha, banha, alimenta – estes cuidados devem ocorrer de tal forma que não sejam só físicos, mas também revestidos de afetos. É importante que essa mãe esteja disponível para atender às necessidades do bebê, mas que esteja ali presente corporalmente também como um ser vivo, com seu cheiro, sua respiração, seus batimentos cardíacos, sua presença viva e que possa ser sentida de toda forma possível pelo bebê, por exemplo, o contato e o calor corporal acompanham os cuidados que vão sendo realizados respeitando os movimentos de quietude, tranquilidade e excitação do bebê.

No decorrer do início da vida do bebê, podem acontecer entraves que causam complicações no seu desenvolvimento. Segundo Winnicott (1990), as primeiras complicações da vida de um bebê são as variações relacionadas às mudanças fisiológicas que dizem respeito à atividade e ao repouso e, depois, às mudanças referentes a excitações locais ou gerais. Segundo o mesmo autor, o ser humano tem uma existência psicossomática desde o nascimento até sua morte.

O desenvolvimento psicossomático é um desenvolvimento gradual e acompanha o crescimento do bebê. Nele podem ocorrer falhas em diferentes etapas ao longo do processo. Dependendo do momento em que ocorre a falha, haverá um maior ou menor grau de comprometimento – tais falhas causarão o que Winnicott (1994b) chama de "distúrbios psicossomáticos" que estão relacionados à problemática ocorrida nos primórdios do desenvolvimento no qual deveria ocorrer o alojamento da psique no corpo. Assim, temos o transtorno psicossomático como o conjunto das doenças orgânicas de causa emocional. Eles podem afetar qualquer órgão do corpo, as manifestações são reais e causam diversos problemas ao longo do desenvolvimento, principalmente pelo tempo em que estes transtornos acompanham o sujeito ao longo de sua história, visto que essas afecções resistem a intervenções puramente medicamentosas.

Um destes órgãos é a pele. A pele é nossa fronteira com o mundo, lugar onde se dão as primeiras trocas afetivas. Sendo assim, nela, podem manifestar-se diversos desarranjos que podem acontecer ao longo do processo de maturação e desenvolvimento.

O caso que vamos relatar é um caso atendido no Programa Bebês com Sinais de Risco em Saúde Mental do Departamento de Psiquiatria da Universidade Federal de São Paulo coordenado pela professora doutora Vera Blondina Zimmermann e composto por equipe multidisciplinar com residentes em psiquiatria infantil, psicólogos, fonoaudiólogos, musicoterapeuta e enfermeira.

O caso

M., que chegou ao serviço quando contava com 2 anos e 2 meses de idade, foi diagnosticada com dermatite atópica (D. A.) logo no início de sua vida, aos 2 meses de idade. Após triagem, foi atendida pela equipe composta de um residente, fonoaudióloga e psicóloga, com intervenção individual e familiar.

A dermatite atópica é uma dermatose comum entre as crianças e seu principal sintoma é a coceira de intensidade variada. A doença tem um curso crônico e traz consequências importantes na história do paciente e de seus familiares.

A chegada

M. foi trazida pelos pais após serem encaminhados pela pediatria pois não interagia nem brincava com outras crianças em um grupo no qual estava fazendo parte naquele momento.

M. teve um longo percurso por várias clínicas em virtude da dermatite, o que culminou numa internação em que a médica indicou aos pais procurar a Unifesp.

Entre os acompanhamentos realizados, um deles era feito semanalmente em um grupo terapêutico para crianças realizado no ambulatório de pediatria da saúde mental. Nesse grupo, após um tempo de observação, as terapeutas pontuam aos pais sobre algumas dificuldades de M. São elas:

- Pouca busca de atenção e de resposta aos chamados;
- Dificuldade de compartilhamento de brincadeiras;
- Intolerância a frustrações reagindo com autoagressividade (bate na cabeça) e aumento das coceiras;
- Baixo limiar a frustrações (dificuldade de aceitar o 'não');
- Usa o corpo dos outros como extensão do seu para fazer pedidos, com raros apontamentos e solicitação verbal;
- Vocabulário restrito, com frases curtas e com palavras por vezes ininteligíveis;
- Hiperativa e inquieta.

Diante disso, o setor de pediatria a encaminhou para o Programa de Bebês com Risco Psíquico para Saúde Mental para avaliação e intervenção.

Os primeiros contatos

Nas primeiras entrevistas, nos chama a atenção os pais não saberem contar quase nada sobre marcos do desenvolvimento da filha, mas saberem datas e detalhes com relação ao histórico da dermatite. Parecem, inclusive, surpresos com o relato das terapeutas com relação às dificuldades de M.

Aparentemente, estão colados e paralisados desde o início dos primeiros sintomas da dermatite em M., o que nos faz pensar que M. se apresenta apenas como este corpo que sofre, perambulando indiscriminadamente à procura de um olhar que vá além deste corpo marcado pelas feridas.

Ao primeiro contato, M. olha muito pouco nos olhos, atende muito pouco aos chamados, quase não fala e quando isso ocorre é uma fala de difícil compreensão aos ouvidos do outro. Ao se deparar com a caixa de brinquedos, fica excitada, mas somente consegue virar a caixa entornando todos os brinquedos no chão e não consegue se deter a nenhum deles. Quando escolhe um, usa-o sem funcionalidade, faz uma exploração visual, logo abandona e vai para outro. Anda agitadamente pela sala e tropeça em suas pernas.

A mãe tem uma relação bastante distanciada da filha e esta apresenta-se com as vestes sujas e descabelada, aparência que contrasta com a apresentação dos pais.

O pai, em geral, quando vamos chamá-la na sala de espera, está com ela no colo, numa atitude de contenção.

Frente a um acometimento da área física tão precoce e uma mãe tão distanciada da filha, optamos por começarmos os atendimentos em família, com a possibilidade de separarmos a filha dos pais num segundo momento. Essa estratégia também está relacionada à fala da mãe sobre a dificuldade de separar-se da filha, separação esta que só se deu com a dermatite: "*Quando ela nasceu eu ficava direto com ela no colo, só de pensar que dali a pouco iria trabalhar e me separar dela*".

Apesar do *setting* ser o mesmo, optamos por cada terapeuta ter uma função distinta, a fonoaudióloga mais com a criança e a psicóloga com os pais. No entanto, essas funções se intercalavam constantemente na tentativa de aproximar os pais ludicamente de M. e também nos momentos que os pais relatavam algo sobre M., que traduzíamos a ela, enfatizando o ocorrido e validando as vivências sofridas que ela viveu desde muito cedo.

Os pais nos contam que M. não está na escola, pois quando a colocaram, nos seus primeiros meses, sua dermatite teve uma piora considerável.

Percebemos que M., durante os atendimentos, se coçava muito pouco, mesmo quando estava com a pele muito afetada.

Gestação e parto

O pré-natal foi realizado e a mãe relata que não "curtiu" a gestação frente à excessiva preocupação com questões familiares e laborais: "*Fingia para mim mesma que não estava grávida. Tinha muita coisa para acertar*". Nega intercorrências clínicas e escolheu o parto cesárea pois tinha medo das dores. "*M. nasceu vermelha e já se via uma marca mais avermelhada na pálpebra esquerda.*"

A história pregressa

Para além deste marco inicial de uma mancha vermelha na pálpebra esquerda, as lesões na pele tiveram início como se fossem uma assadura, mas logo foi acometendo todo o corpo. Com sua piora gradativa, chegou a ser internada aos 6 meses idade, e aos 7 recebe o diagnóstico da dermatite e é conhecido o perfil alérgico da paciente – leite de vaca, trigo, ovo e amendoim. Aos 9 meses de idade, inicia seguimento para tratamento da dermatite em um ambulatório de pediatria do Hospital São Paulo, onde se trata até hoje. Chegou no nosso serviço fazendo uso diário de hidroxizina 10 mg/noite, mantendo alimentação assistida por equipe e familiares e apresentando lesões pruriginosas por todo o corpo.

A mãe refere que as preocupações com a saúde e o desenvolvimento de A. M. iniciaram antes mesmo do seu nascimento: "*Queria proporcionar tudo o que não tive. Não queria desgrudar e ficar longe dela*".

A família relata que decidem buscar nosso serviço em busca de auxílio para a promoção de um desenvolvimento saudável a M. Contam que os prejuízos referidos pelas terapeutas eram percebidos por eles desde idades mais precoces juntamente com os problemas dermatológicos, mas "*perdemos um pouco a ideia do tempo e acreditávamos que tais prejuízos seriam passageiros frente* às *questões clínicas e a idade de M*", relata a mãe.

Os encontros

Nos primeiros encontros, a fala dos pais giram muito em torno dos sintomas físicos de M., bem como a respeito de como estava desorganizada a vida dessa família. Os avós maternos tinham se mudado para a casa dos pais de M. em virtude de um problema de saúde do avô, e a mãe de M. parecia estar vivendo bastante o papel de filha – preocupada com os pais e ao mesmo tempo se sentindo desvalida no papel de mãe, pois sentia-se muito impotente com relação à dermatite da filha.

Quando indagamos sobre a história do casal, dizem ter se conhecido há muitos anos, eram amigos e quando começaram a namorar rapidamente programaram o casamento.

Enquanto se preparavam para casar-se, ela engravidou, e então, a gestação, bem como o início do casamento, foi bastante tumultuado, por questões familiares e despreparo com a nova situação. Ele é aproximadamente dez anos mais velho que ela e já tem um filho do primeiro casamento.

Após o nascimento e ao longo do primeiro ano de M., dizem que brigavam muito e a mãe diz que pensa que isso afetou a filha.

Aproximadamente no quarto encontro, falando um pouco do momento que M. nasceu, sua mãe nos fala que ao engravidar estava um pouco deprimida por algumas perdas que havia vivido em sua família. Um primo da sua idade havia falecido de morte súbita, e sua avó materna, a quem era muito apegada e gostava muito, também faleceu. Quando relata isso, diz: "*Inclusive o nome da M. é por causa dela: A., o primeiro nome é também o nome dela, e M. era a cor dos seus olhos*". Contamos isso a M. – a mãe nunca havia dito.

Depois, mas na mesma sessão, perguntando sobre o motivo da morte de sua avó, ela revela que ela teve câncer de pele. Imediatamente quando nos diz isso, tenta "se retratar" e diz: "*Quer dizer, não morreu disso, mas sim de câncer de estômago*" – o silêncio de todos, neste momento, parece ser tão literal que prescinde das palavras. Na sequência, a mãe relata que sua avó teve câncer de pele por longos anos e o tratou, no entanto, no fim da vida, foi acometida por um outro câncer (de estômago) e morreu rapidamente. Diante disso, ficou evidente que a doença de pele marcou, precedeu a morte e a separação de uma pessoa muito querida por ela.

Em outra ocasião, a mãe havia dito: "*Quando ela nasceu eu ficava o tempo todo com ela no colo, pois ficava pensando em aproveitar bastante o contato com ela antes de voltar ao trabalho*". Entendemos isso como uma dificuldade da mãe em vivenciar outra separação.

Parece estarmos diante de um impasse vivido pelo encontro dessa mãe com essa filha: A impossibilidade da vida a partir de uma separação. Para separar é necessário adoecer e, a partir disso, perambular num corpo que não consegue alojar o psíquico, ficando, então, dissociado dele.

Quando M. chegou com a pele ferida, esta membrana limitadora do corpo, víamos, por detrás disso, uma ameaça de despersonalização.

Segundo Winnicott:

> *Exemplo desta ansiedade impensável é o estado no qual não existe moldura no quadro; nada para conter o entrelaçamento de forças da realidade psíquica interna e, em termos práticos, ninguém para sustentar o bebê. (Winnicott, 1994a, p. 430)*

Ao longo dos atendimentos, M. vai constituindo um psiquismo próprio e esta mãe também pode se relacionar com sua filha de forma mais saudável – dá suporte para suas brincadeiras e necessidades, oferece ajuda e aguarda a resposta da filha, podendo respeitar seus limites; reconhece o que é natural da idade e o que já pode passar por um crivo social, fazendo M. sentir as consequências de seus atos. M. passa a chamar essa mãe para ajudar e brincar muitas vezes.

O casal fica mais afetuoso e mais presente enquanto tal e como autoridade pai/mãe – estão mais apropriados da parentalidade.

M. começa a falar, expressa-se com maior facilidade, consegue brincar simbolicamente e sustentar suas brincadeiras com outros e ao longo das sessões, claramente, suas brincadeiras ganham um enredo que permite com que M. possa representar-se nelas.

Depois de um tempo e, gradualmente, as alergias saem de cena, apesar de, eventualmente, ainda acometerem sua pele.

A dor e o prazer já podem ser vividos de outras formas.

Sabemos que a interação da psique com o soma se constitui numa fase muito precoce do desenvolvimento. Em um estágio posterior, o corpo, com seus limites construídos (um exterior e um interior) é sentido pelo indivíduo tornando-se o cerne de um eu imaginário. Esse processo foi extremamente conturbado na vida da M., em função de questões genéticas e psíquicas vindas de seus pais. Agora, M. encontra-se mais livre para retomar o curso de seu desenvolvimento e seus pais de viverem com ela a partir disso que foi reconstruído, e não mais somente com um corpo que carrega a fantasmática de seus pais.

Referências

Winnicott, D. W. (1958). A mente e sua relação com a psique-soma. In *Da pediatria à Psicanálise* (pp. 332-346). Rio de Janeiro: Imago.

Winnicott, D. W. (1990). O psicossoma e a mente. In *A Natureza Humana* (pp. 29-47). Rio de Janeiro: Imago.

Winnicott, D. W. (1994a). Fisioterapia e relações humanas. In *Explorações Psicanalíticas* (pp. 427-432). Porto Alegre: Artes Médicas.

Winnicott, D. W. (1994b). Transtorno Psicossomático. In *Explorações Psicanalíticas* (pp. 82-93). Porto Alegre: Artes Médicas.

Parte VII

Recursos presentes na clínica transcultural

28. Clínica transcultural 0 a 3 anos: atendimento de uma família migrante: decifradora de sonhos

Maria Cecília Pereira da Silva

> *O tecelão que trabalha para recosturar localmente dois mundos separados . . . entrelaça, torce, junta, passa por cima, por baixo, enlaça, o racional e o irracional, o dizível e o indizível, a comunicação e o incomunicável.*
>
> Serres, 1977, p. 38

Introdução

Nesta contribuição, apresentamos o trabalho da Clínica Transcultural com uma família andina vinda da Bolívia. Esse atendimento inaugurou nosso serviço com famílias de refugiados e migrantes e, assim como os pais com seu bebê, nós nos tornamos terapeutas transculturais com esta família. E, como sugere Serres, vamos procurar tecer, enlaçar o que muitas vezes é indizível na experiência de migrantes e refugiados.

A clínica transcultural é um modelo de intervenção psicanalítica que leva em conta a dimensão clínica, antropológica e também linguística, e que procura dar sentido às interações entre os níveis coletivo, intersubjetivo e intrapsíquico. Esta metodologia foi criada pelo psicanalista e antropólogo Georges Devereux (1970), fundador da etnopsicanálise, propondo o uso *obrigatório* dessa dupla matriz epistemológica (psicanálise e antropologia), mas não *simultâneo* (Devereux, 1972). Ele propõe o *complementarismo*, que implica uma leitura que favoreça a multiplicidade de referências e uma ruptura com a posição etnocêntrica, o que contribui para o *descentramento* do analista. *Complementarismo* e *descentragem* são os componentes essenciais dessa clínica plural que é a clínica transcultural (Moro, 2015).

Nós sabemos que cada sistema cultural tem uma língua, um conjunto de hábitos, um código de como fazer – o sujeito incorpora essas representações coletivas e se apropria de seus sentidos individualmente. A clínica transcultural leva em consideração esses aspectos culturais que permitem ao sujeito decodificar "o total" das experiências vividas e "dominar" a violência do imprevisível e, consequentemente, do não sentido.

A parentalidade no exílio

Não nascemos pais, tornamo-nos pais... Há mil e uma maneiras de ser pai e de ser mãe, com ingredientes complexos, como mostram os trabalhos de sociólogos e antropólogos.

Os elementos culturais se misturam e se imbricam com os individuais e familiares de maneira profunda e precoce: durante a gravidez, por seu caráter iniciático, com a memória de aspectos míticos, culturais e fantasmáticos; diante das mil e uma maneiras de se dar à luz, que vão se opor às lógicas médicas, psicológicas, sociais e culturais; e depois diante das mil e uma maneiras de se criar um filho, de apresentar-lhe o mundo, de conceber sua alteridade e seu sofrimento. Tudo isso vivido e reativado em uma situação de crise, sem uma rede de apoio, como ocorre nas situações de migração ou refúgio, reaviva representações por vezes adormecidas ou que se acreditavam superadas.

Quando podemos intervir no período perinatal podemos co-construir os ajustamentos necessários entre a mãe e o bebê, e também entre o marido e a mulher, evitando dificuldades mais graves. Assim vamos reconhecendo a desorientação e a dúvida das mães migrantes por meio de pequenas coisas (queixas somáticas, queixas em relação ao bebê, pedidos de ajuda social...).

Sabemos que a transmissão transgeracional (Lebovici, 1991) vai permear a vida psíquica do bebê desde a geração dos avós, por meio dos conflitos infantis de seus pais, sejam eles pré-conscientes ou recalcados. Na clínica transcultural estão presentes os traumas migratórios. E quando o peso da transmissão é demais e sua tradução é excessivamente direta, a filiação se transforma, para a criança, em uma patologia do destino ou nos "fantasmas no quarto das crianças" (Fraiberg, 1975).

Diante do exílio, a vulnerabilidade das mães e dos pais se potencializa e é observada por meio da transparência psíquica (Bydlowski, 1997)[1] no nível psíquico e no nível cultural. No nível psíquico, pela revivescência dos conflitos e pela expressão das emoções. No nível cultural, pelo mesmo processo, mas aplicado

1 Por transparência entendemos o fato de que, no período perinatal, o funcionamento psíquico da mãe é mais legível, mais fácil de perceber do que habitualmente. Com efeito, as modificações da gravidez fazem com que nossos desejos, nossos conflitos, nossos movimentos, se expressem mais facilmente e de maneira mais explícita, e, por outro lado, nós revivemos os conflitos infantis que são reativados, especialmente as ressurgências edípicas. Em seguida, o funcionamento torna-se opaco novamente (Bydlowski, 1997).

às representações culturais, às maneiras de fazer e de dizer próprias de cada cultura. Todos esses elementos culturais da geração precedente se reativam, tornam-se importantes e preciosos. Moro (2005) propõe a transparência cultural para pensar e dar figurabilidade ao que os pais vivem. Nosso objetivo em nossa clínica é o de permitir que os pais possam expressar o que lhe faz medo e de ser, segundo a bela metáfora do tecelão de Michel Serres (1977).

A clínica transcultural nasce como uma nova teoria da técnica para lidar com as dificuldades cotidianas e complexas vividas pelas e com as famílias migrantes. Uma nova maneira de fazer e de pensar, um novo *setting* para acolher essas crianças e seus pais, no contexto de uma rede que permita criar laços e o ir e vir entre espaços de prevenção e de tratamento em uma complementação criativa.

Clínica transcultural e seu setting

Em São Paulo, desde 2016, a Clínica Transcultural do Centro de Atendimento Psicanalítico da Sociedade Brasileira de Psicanálise de São Paulo (SBPSP) vem trabalhando com o modelo de intervenção grupal e com o modelo de intervenção nas relações iniciais pais-bebê, atendendo gratuitamente famílias de migrantes e de refugiados encaminhados por centros de saúde e por organizações não governamentais parceiras.

O *setting* da clínica transcultural é constituído por vários terapeutas que recebem o paciente e sua família (visto que a família carrega uma parte do sentido do sofrimento do paciente, independentemente de sua idade); os profissionais que fizeram o encaminhamento (e que também fazem parte da história da família no país); e um tradutor ou um intérprete cultural, para garantir que o paciente possa utilizar sua língua materna para se comunicar, se assim desejar. Quando somos autorizados, filmamos os encontros.

No *setting* da clínica transcultural, a equipe de terapeutas, a partir de um trabalho interno de continência e *rêverie*, abdica de seus próprios valores culturais e preconcepções, procurando transformar em sonhos as experiências traumáticas relatadas pelas famílias. Esses sonhos/pensamentos *alfa* são oferecidos ao grupo e transmitidos à família pela terapeuta principal.

As terapeutas que se ocupam das crianças procuram ser interlocutoras dos aspectos emocionais infantis que se apresentam por meio dos desenhos e do brincar durante as consultas.

Outro aspecto fundamental deste *setting* é o trabalho relacionado à contratransferência cultural, ou seja, o modo como cada terapeuta se posiciona em relação à alteridade do paciente, os afetos sentidos, as teorias etc., o seu modo de fazer e pensar culturalmente, a construção de suas conjecturas e intervenções durante o atendimento, elaborados depois da consulta.

No *setting* assim constituído, a continência e a *rêverie* de um grupo de profissionais favorecem trocas, possibilitam elaboração, ressignificação, coconstrução de um sentido cultural, e permitem uma materialização da alteridade, uma vez que cada terapeuta possui uma origem cultural diferente, com uma transformação desta alteridade em instrumento terapêutico (Moro, 2015). "Longe de serem obstáculos, a língua dos pacientes, suas representações culturais, as lógicas culturais, que lhes povoam o imaginário, são considerados elementos da cena terapêutica e fontes de criatividade para os terapeutas e para os pacientes" (Moro, 2015, p. 190).

A família boliviana

Essa família nos foi encaminhada, há dois anos, pelo centro de saúde, pois a filhinha do meio, de 3 anos de idade, apresentava um quadro de tricotilomania.

Com muita dificuldade, a família chegou até nós na primeira consulta. A equipe do centro de saúde não pôde acompanhá-los e era desconhecido para eles o local de nosso centro de atendimento, bem distante de onde moram, cerca de três horas.

Eles chegaram bem agasalhados em uma manhã fria e úmida de São Paulo. A mãe com um bebê de 11 meses de idade no colo, Juanito; a mais velha de 6 anos de idade, Ana; e Milena de 3 anos de idade, todos encapotados. O pai do bebê os acompanhava carregando uma sacola típica de uma família com filhos pequenos.

Eles acordaram às 4h30 da madrugada para nos encontrar às 8h30, chegaram com um certo atraso, famintos e já cansados. As crianças buscaram água e ficaram contentes com os biscoitos do Centro.

Ao entrar, as meninas interessaram-se pelos brinquedos e pelo material gráfico e Juanito ficou no colo paterno.

Logo nos deparamos com alguns estranhamentos. As crianças, encapotadas, estavam com as fraldas cheias e um mau cheiro tomou conta da sala. A mãe falava baixinho e havia pouca modulação em sua voz. Para nos aproximar dela, aprendemos a falar baixo também.

A necessidade de descentramento de nossos valores culturais diante desse desconhecido se fez presente.

A questão do cheiro do corpo, dos agasalhos e do falar baixo têm uma origem cultural. É característica das famílias andinas

(Moya, 2019)[2] o contato com o cheiro do próprio corpo, pois todo corpo tem um cheiro, e a água na Bolívia é rara e preciosa. O bebê boliviano, assim como o adulto, está sempre agasalhado, há muita preocupação com o equilíbrio da temperatura corporal, com a proteção do corpo contra o frio, bactérias e infecções. O modo de falar da sra. Carmen também tinha relação com sua origem, pois a mulher indígena sempre foi discriminada, restrita ao mundo privado e sem direito à palavra: a relação com o mundo para além do lar sempre foi feita pelo homem.

Ao longo desse primeiro encontro, vamos conhecendo um pouco da história dessa família.

A sra. Carmen tem três filhos, todos nascidos no Brasil, sendo um de cada pai; Juanito, o caçula, é do sr. Guillermo, seu atual companheiro.

Ela vivia com sua família na região andina da Bolívia e começou a trabalhar aos 10 anos de idade para ajudar a família financeiramente. Veio para o Brasil em 2011, com 17 anos de idade, grávida da primeira filha (Ana, 6 anos). Conheceu o pai da criança na Bolívia e veio morar na casa de uma tia dele, após abandonar os estudos em sua cidade. Nessa época, sofreu violência doméstica – trabalhava grávida, sofria violência física por parte do companheiro, que batia sua cabeça na parede quando discutiam, não se sentia confortável com a relação entre ele e a tia, que também era amante dele, e era desconsiderada e penalizada quando expunha o que percebia dessa relação. Esse relato nos tocou, mesmo sabendo que na estrutura familiar boliviana a mulher se ocupa das

2 Essas informações nos foram transmitidas em uma palestra de Jobana Moya, uma ativista boliviana pelos direitos das mulheres migrantes, integrante da equipe de base da Waris Convergência de Culturas, em 5 de fevereiro de 2019, no Centro de Atendimento Psicanalítico da SBPSP.

crianças, da casa, e trabalha muitas vezes mais que o homem nas produções de roupa, ficando sobrecarregada com várias tarefas.

Ainda em 2011, quando sua primeira filha tinha cerca de 8 meses, a mãe da sra. Carmen faleceu. O pai da sra. Carmen, que tinha histórico de repetidas doenças, trabalhava nas minas com seu irmão, bem longe de casa, faleceu quando ela estava grávida de sua segunda filha, Milena, em decorrência de câncer – segundo ela, a mesma doença da mãe. Nessa ocasião, a sra. Carmen retornou à Bolívia e permaneceu por lá alguns meses, mas não queria ficar, pois já havia conhecido o sr. Guillermo e estavam se comunicando. Quando voltou, retomou o contato e começaram a se relacionar quando Milena estava com 3 meses de vida.

A morte dos pais deixou a sra. Carmen bem deprimida, com sintomas de ansiedade e com um luto patológico. "*Ela precisa falar*", disse-nos o sr. Guillermo.

Já o sr. Guillermo vivia em uma região urbana, se mudou para o Brasil em 2009, aos 21 anos de idade e buscava trabalho e dinheiro para ajudar seus familiares. Na época, era solteiro e sem filhos. Conheceu a sra. Carmen após alguns anos e a ajudou a mudar de emprego, de maneira que os dois passaram a trabalhar na mesma confecção. O casal passou a morar junto em 2016, quando a sra. Carmen estava no sétimo mês de gestação de Juanito.

Os três partos da sra. Carmen foram cesáreas. No parto de Milena, houve complicações e a bebê ficou três meses na UTI. Após alta, Milena passou a ter coceira, vermelhidão e descamação da pele (sem melhora com os tratamentos indicados pelos médicos), o que nos fez pensar em possíveis dificuldades vinculares iniciais. Por volta dos 6 meses de vida, Milena começou a puxar e comer seus cabelos, criando áreas de clareira na cabeça.

As mulheres bolivianas (Moya, 2019) têm seus rituais de parto: o parto andino, e a cesárea é para aquelas que não tiveram a capacidade de parir, é vista como algo negativo. A mulher andina não fica nua no parto, há muito pudor com o corpo, há a preparação de alimentos que vão fortalecer a mulher grávida, chás que vão elevar a temperatura e que ajudam no trabalho de parto, a necessidade de poder caminhar e de ter o quarto com pouca luz, escolher quem vai receber o bebê, porque essa pessoa pode passar algumas características de sua personalidade para o bebê. Ainda, em algumas tribos usa-se incenso para limpar o quarto dos espíritos que possam afetar o nascimento, limpa-se o espaço, ou coloca-se água fervendo com folhas de eucalipto ou arruda para limpar o ambiente das más energias.

Ao dar à luz, o corpo da mulher fica aberto e ela só pode se banhar depois de 48 horas, com água fervida com a flor de retama,[3] que ajuda a fechar o corpo. O bebê também não deve tomar banho logo que nasce, pode ser limpo com água morna, e só após uma semana pode tomar um banho de imersão.

Há também um ritual com a placenta: ou é "plantada" ou enterrada no umbral da porta da casa ou em um lugar que seja simbólico, como sob uma árvore, que simboliza o lugar de onde se veio e para onde se irá voltar, pois acredita-se que ao morrer é possível visualizar o lugar onde está enterrada a placenta, e o umbral é o símbolo para entrar em um outro plano.

Nos hospitais de São Paulo, dificilmente esses rituais são tomados em consideração (a título de comparação, em Paris há uma maternidade só para mulheres migrantes e refugiadas onde muitos

---

3 É um arbusto com belas e aromáticas flores amarelas que dão colorido aos caminhos da serra. Possui valor ornamental e propriedades medicinais. Suas folhas são utilizadas há séculos em infusão, para doenças hepáticas, cardíacas, reumatismo, gota, ciática, infecções da pele e herpes.

rituais são respeitados e é permitido reproduzi-los durante o parto), e a mulher andina se depara com muitas diferenças culturais. Então, nós nos perguntamos como deve ter sido traumático para sra. Carmen ter tido seus bebês via cesárea e sem todos os rituais de sua cultura.

1º atendimento[4]

Esse primeiro encontro foi marcado por uma chegada atribulada; os pais se instalaram nas cadeiras ao fundo do círculo e as meninas foram logo para a mesinha no centro. Juanito permaneceu no colo do pai, enquanto a mãe nos relatou a queixa com um tom lamurioso e monotônico.

Milena, uma menininha bem retraída, que nunca conheceu seu pai, ainda usava fraldas e falava poucas palavras: "mãe" e "pai". Apesar de seu retraimento, ela se manteve bem atenta a tudo, fazia tentativas de comunicação não verbal e brincava com a irmã.

A sra. Carmen descreveu as várias doenças das crianças, especialmente as de Milena e as dela, a história das gestações e dos partos, e com profunda melancolia falou sobre a morte da mãe e, principalmente, do pai.

Falou sobre o grande volume de trabalho, suas condições precárias, dificuldades financeiras, de moradia e de locomoção das crianças para a creche. É ela quem negocia com o senhorio e quem reivindica melhores salários: "*Tudo muito difícil para mim*", ela nos disse.

---

4 Estavam presentes nesse atendimento: Terapeuta principal: Maria Cecília Pereira da Silva. Tradutora: Ana Balkanyi Hoffman. Grupo de terapeutas: Fushae Yagi, Maria Cristina B. Boarati, Maria José Dell'Acqua Mazzonetto, Paula Ramalho da Silva, Stephania A. R. Batista Geraldini e Tania M. Zalcberg.

Enquanto os adultos nos contavam todas as situações traumáticas pelas quais passaram e passam, as crianças se mantiveram conectadas: utilizaram as fitas colantes das cores vermelha (quando se falava dos partos) e amarela (das mortes); cuidaram de uma boneca mamãe, alimentando-a, dando-lhe colo e levando-a com a mamadeira para várias terapeutas alimentá-la.

Nós fomos acolhendo todas as dificuldades emocionais e traumáticas presentes nas questões somáticas ou funcionais. Conjecturamos que a tricotilomania de Milena poderia representar o desejo dessa menininha de ajudar sua mãe a se livrar de tantas coisas doloridas presentes em sua mente ou, por outro lado, uma forma de Milena comunicar quantas projeções maternas estavam sendo depositadas sobre ela, impossibilitadas de ganharem sentido.

A fala da mãe sem prosódia, o barulho das crianças, tão demandantes, unidos às situações traumáticas e violentas relatadas, provocaram na equipe sentimentos contratransferenciais de muita confusão.

Apesar disso tudo, pudemos apontar como nesse dia conhecemos um pouco da história de vida deles, tão sofrida, e como procuramos atender o pedido de ajuda das meninas: elas usaram toda a fita crepe e todo o durex da sala na tentativa de ligar, unir todos, buscando uma rede de sentido, e também nos pediram para cuidar da boneca mamãe.

Na saída, todos nos agradeceram e o pai, ao se despedir, expressou sua gratidão, falando sobre a importância de a sra. Carmen ter um espaço em que pudesse conversar, especialmente com mulheres, nos surpreendendo com seu cuidado.

A clínica transcultural tem esse potencial de oferecer um continente para as situações traumáticas, de ser um lugar único para a expressão dos sentimentos de quem é migrante, em sua língua materna.

2º atendimento (dois meses depois do primeiro atendimento)[5]

No segundo atendimento, a chegada da família foi mais tranquila. O trajeto já lhes era conhecido e os pais e as crianças pareciam contentes em estar voltando para um lugar familiar: as meninas procuraram os brinquedos e materiais da sessão anterior e Juanito foi trocado antes do início do atendimento.

Nesse encontro, havia uma confusão de línguas. Sendo o espanhol familiar para nós, imaginávamos que não havia necessidade de tradução. Mas, aos poucos, percebemos que a sra. Carmem não nos compreendia perfeitamente. Sabemos que as bolivianas vêm de uma cultura em que a mulher não tem direito a palavra e fica mais restrita ao mundo privado, com isso falam baixinho (Moya, 2019) e, diante de uma nova língua e de pouca troca com o mundo público, têm dificuldade para se comunicar e para aprender o português.

Então, com a ajuda de nossa colega e tradutora, Ana Balkanyi Hoffman, passamos a traduzir nossas comunicações com mais frequência, esclarecemos a função de nosso trabalho e compreendemos melhor alguns dados da história, especialmente sobre a falta de rede familiar.

---

5 Estavam presentes nesse atendimento: Terapeuta principal: Maria Cecília Pereira da Silva. Grupo de terapeutas: Ana Balkanyi Hoffman, Fushae Yagi, Maria Cristina B. Boarati, Maria José Dell'Acqua Mazzonetto e Paula Ramalho da Silva.

O pai disse que era muito bom estar ali conosco, "*pois nenhuma pessoa conversa assim, sobre os problemas, em outros locais. Isso ajuda muito. É um ambiente de confiança*". Apesar de a mãe estar mais feliz nesse dia e de se sentir mais leve, falou da falta de dinheiro, da dificuldade de marcar consulta com a pediatra, e se queixou que Milena continuava tirando e comendo seus cabelos.

Enquanto os adultos falavam, as crianças, com as fitas adesivas, construíam uma teia ligando as pessoas presentes na sala e fizeram vários presentes para os membros da equipe.

Em uma das brincadeiras, as meninas propuseram uma espécie de dança das cadeiras, levando as terapeutas até as cadeiras da mesinha das crianças, de maneira que parecia haver uma "mudança de posições", provocando um verdadeiro descentramento. Será que comunicavam que não havia lugar para ser criança? Teriam que logo seriam adultas e independentes?

Durante o atendimento fomos pensando em teias de aranha, emaranhados de conflitos, redes de emoções e possíveis redes de apoio como a que estávamos construindo.

Ao final, assinalamos: "*Aqui estamos fazendo uma rede de emoções, de sentimentos, e as meninas estão nos ajudando a fazer* várias ligações. Assim como as meninas fizeram as linhas com a fita crepe e os durex coloridos, nós aqui estamos ajudando vocês a construir uma rede *que acolha todos, como a rede de luz que ilumina ou a rede de dormir que embala*".[6]

---

6 Aqui há uma referência à função paterna de embalar a dupla mãe-bebê (Barriguete et al., 2004). O *setting* da clínica transcultural, com sua equipe, tem também essa função de embalar e oferecer continência essa família migrante.

3º atendimento (cinco meses depois do segundo atendimento)[7]

Havia cinco meses que não nos víamos e, logo na chegada, um clima de reencontro e alegria tomou conta de toda equipe de terapeutas e da família. Juanito já andava e Milena mostrava seus cabelinhos bem curtos pela primeira vez. Num primeiro momento, houve, novamente, uma certa confusão entre nós terapeutas. Tivemos dificuldade em reconhecer aquela menininha de cabelos curtos à mostra e mostrando que já estava falando.

Os pais estavam orgulhosos em nos contar as novidades, os progressos no desenvolvimento das crianças. Pudemos conversar sobre "*esse jeitinho de Milena de dizer alguma coisa que não vai bem, puxando e comendo seus cabelos, frente a tantas dificuldades, tristezas e perdas que tinham nos contado. Era um jeito dela pedir ajuda para todos nós, já que ela é tão pequenina e não consegue se expressar de outra maneira*".

Nesse encontro, a sra. Carmen se lembrou de suas tradições familiares, muito ligadas aos rituais que seu pai usava para afastar os sustos e medos. Seu pai era uma espécie de xamã da comunidade e usava esses rituais como uma forma de proteção da saúde. Ele ensinou-lhe essa prática. Então, ao se lembrar disso, a sra. Carmen realizou-a com Juanito, que não estava bem. "*Depois do ritual, ele sarou*", ela nos contou orgulhosa. Conversamos sobre como esse era um jeito de a sra. Carmen manter seu pai vivo dentro de si e que a presença dessas lembranças era importante no dia a dia deles no Brasil.

---

7 Estavam presentes nesse atendimento: Terapeuta principal: Maria Cecilia Pereira da Silva. Grupo de terapeutas: Ana Balkanyi Hoffman, Fushae Yagi, Maria Cristina Boarati e Paula Ramalho da Silva.

Curiosamente, esse resgate da cultura de origem por parte da família promoveu uma experiência contratransferencial de descentramento dos terapeutas da equipe.

Sessão 3, cena 1 – rituais, crenças e cultura

> Terapeuta: *Carmen, o que você está contando é muito bonito porque isso é você recuperar o seu pai dentro de você.*
>
> Mãe: *É.*
>
> Terapeuta: *É como se o seu pai tivesse vindo pra sua casa e ajudado você a cuidar do seu filho.*
>
> Mãe: *Ele ensinou muitas coisas para mim, sempre, né? Porque quando as mulheres estavam grávidas ou as mulheres que estavam doentes... ele sempre ajudou, ele sempre sabia a cura dessas coisas...*
>
> Pai: *Seu pai era... Tipo o xamã da tribo... Ele fazia parto do bebê...*
>
> Mãe: *Sim. Era mais rápido que estar no hospital, aí sofrendo, né? Ele fazia mais rápido... Remédios naturais que saram rápido o nenê.*
>
> Pai: *O pai que sabe o parto né... E ela fez cesárea...*
>
> Ela se lembra das situações das pessoas procurando por seu pai.
>
> Mãe: *Aí quando meu pai faleceu...*
>
> Terapeuta: *Eu estou pensando que quando você veio aqui você estava muito triste, nas primeiras vezes. E*

> *que como agora parece que essas lembranças fazem o teu pai ficar vivo dentro de você.*

4º atendimento (dois meses depois)[8]

Neste dia Milena estava ainda mais falante, brincando e conversando durante a brincadeira; apontamos como ela parecia mais feliz. sr. Guillermo disse que ela se desenvolveu na creche, mas logo em seguida fez uma série de reclamações – contou que ela estava abaixo do peso, que ainda puxava e comia fios de cabelo, que estavam com dificuldades para marcar alguns exames e que se preocupavam com uma possível necessidade de cirurgia.

O casal ocupou grande parte da consulta relatando problemas de saúde diversos, uma verdadeira ladainha.

Sentimos que, apesar da visível evolução de Milena e das outras crianças, os pais se agarravam nas muitas dificuldades que vinham encontrando, especialmente quanto às questões de saúde. Estariam agarrados à situação traumática da migração? Seria a expressão própria do trauma?

Curiosamente, as crianças realizaram um "banquete" com comidas típicas da Bolívia e ofereceram a todos, brincando longamente de alimentar os pais e as terapeutas. Os pais, então, reconheceram que as crianças estavam brincando mais juntas.

---

8 Estavam presentes nesse atendimento: Terapeuta principal: Maria Cecília Pereira da Silva. Grupo de terapeutas: Ana Balkanyi Hoffman, Diva A. Cirluzo Neto, Fushae Yagi, Maria Cristina B. Boarati e Maria José Dell'Acqua Mazzonetto.

Sessão 4, cena 1 – 22min40s a 24min40s

Pai: *Na cabeça da gente o susto, quando assusta, ele tem diarreia. Ou senão é infecção; mas não é infecção, é o susto mesmo.*

Terapeuta: *E, Carmen, quando você veio aqui você contou do seu pai e de uma oração para ele. Era por que ele estava com diarreia aquele dia?*

Mãe: *É porque ele estava assustado.*

Terapeuta: *Ele estava com medo, assustado?*

Mãe: *Eu fiz quando ele estava assustado…*

Pai tenta explicar que quando ele assusta, se cai da cadeira ou outra situação que possa deixá-lo assustado, eles acreditam em algo que acontece com o espírito e por isso fazem a oração ensinada pelo avô.

Pai: *Quando ele cai fica o seu espírito. Por isso que a gente chama de novo seu espírito.*

Terapeuta: *Chama de novo o espírito.*

Terapeuta: *Sai junto é isso? Para sair do susto…*

Mãe: *Para sair do susto. Aí eu chamei e melhorou do susto.*

5º atendimento (dois meses depois)[9]

Neste atendimento vieram a sra. Carmen e Milena, linda de chuquinhas e de batom. A sra. Carmen falou longamente sobre suas preocupações com a saúde física das três crianças e das dificuldades de Ana na escola.

Depois contou como sentia falta de nossos encontros e de como eles têm sido importantes para ela. Um tanto desolada e impossibilitada de compreender, ela nos disse que a família do sr. Guillermo não sabia que ele tinha uma esposa e nem conhecia Juanito.

Ao perguntarmos sobre seus sonhos, ela nos falou de seu desejo de um destino diferente para seus filhos: que eles estudem e possam ter tudo. Também nos disse que sonhou com sua mãe e fez referência aos costumes andinos (identificação com a mãe e com a pátria).

Durante toda a consulta, Milena brincou sozinha e, ao final, não queria nos deixar.

Sessão 5, cena 1

> Terapeuta: *Mas Carmen, aquela sua tristeza que você lembrava do teu pai, da tua mãe, já passou?*
>
> Mãe: *Não. Eu fico sonhando com eles.*

---

9 Estavam presentes nesse atendimento: Terapeuta principal: Maria Cecília Pereira da Silva. Grupo de terapeutas: Ana Balkanyi Hoffman, Diva A. Cirluzo Neto, Fushae Yagi, Maria Augusta M. Gomes, Maria José Dell'Acqua Mazzonetto e Paula Ramalho da Silva.

Terapeuta: *É? O que você sonhou? Que sonho tem para nos contar?*

Mãe: *Minha mãe ficava doente no sonho, aí tinha uma água.*

Terapeuta: *Como é?*

Mãe: *No sonho ela ficou doente e eu fiquei chorando. Aí eles colocaram uma água, meu pai de pé também.*

Terapeuta: *A mãe virou uma água e ficou só um fiapinho… É isso?*

Mãe: *É. Eu fiquei todo o dia pensando nisso, de ir lá, fiquei pensando de ir para lá, mas não tem condições de ir para lá. A casa da minha mãe não está tudo bem, não tem dinheiro para fazer… Está só assim terra…*

Fala das dificuldades na casa da mãe e que também não está mais conseguindo entrar em contato com ninguém de lá.

Terapeuta: *Com seu irmão?*

Mãe: *É.*

Terapeuta: *Mas no seu sonho está seu pai com sua mãe, a sua mãe está num laguinho e aos poucos ela vai diluindo…*

Mãe: *Na minha mão.*

Terapeuta: *Na sua mão?*

Mãe: *É. Vai diluindo em minha mão.*

Terapeuta: *Como se fosse a água escorrendo assim…*

Mãe: *Diluindo aí perde tudo. Aí estou na frente de meu pai... Aí fiquei orando, pensando como será que eles estão? Falando para mim se alguma coisa vai acontecer ou algum problema. Aí ela trouxe uma Bíblia para mim depois.*

Terapeuta: *No sonho?*

Mãe: *É. Eu sonhei muito seguido e fiquei pensando nela também... Eles queriam vir comigo aqui, cuidar das crianças...*

[Milena serve a mãe e as terapeutas]

Terapeuta: *Oh, mamãe, vou cuidar de você um pouquinho.*

Ao final dessa sessão pudemos conversar sobre como a sra. Carmen estava sobrecarregada: *Eu fico mais com todas essas preocupações dentro, Guillermo sai do trabalho e dorme. Eu sempre tenho que estar dando banho nas crianças, tem que fazer serviço, fico até mais tarde, tem que limpar a cozinha, fico mais preocupada mesmo. Fico um pouco mais tranquila, não gosto que fique assim tudo... eu gosto mais da limpeza. Minha mãe sempre ensinou, né? A limpeza, ficar atenta às crianças. Eu fico mais atenta na cozinha... Eu quero para meus filhos uma profissão. Eu quero dar tudo a eles. Quero que estudem, não quero que fiquem assim como eu na costura.*

Terapeuta: *Interessante que a mamãe conta tanta coisa, tanta coisa, que a gente quase não consegue olhar para essa menina tão linda. Né? Tem uma menina muito bonita aqui. Que sabe falar, que sabe brincar, que sabe pedir, que vai ao banheiro sozinha.*

Por outro lado, assinalamos que, apesar de tanta coisa, ela ainda conseguia sonhar, ela conseguia ter desejo, desejo de que os filhos tenham uma vida melhor do que a dela, conseguia ser uma mãe cuidadora. Enquanto em seu sonho sua mãe se diluiu, ela estava perdendo sua mãe e, no contraponto, havia uma mãe que estava ficando forte, crescendo para dar conta de tudo, com uma urgência de ser mãe e pai diferente.

> Terapeuta: *...uma mãe foi embora, que é a sua mamãe, mas você como mãe está crescendo. Está dando conta de um monte de coisas, está tendo um monte de sonhos para os teus filhos, para tua família...*
>
> Mãe: *Meus sonhos não perde...*
>
> Terapeuta: *...não perde mesmo, porque tua mãe foi embora, mas tem uma parte dela que ficou aí dentro. Talvez isso ajude muito você.*

6º atendimento (três meses depois)[10]

Neste dia vieram todos e os pais comentaram que tinham muito para nos contar – Ana ficara nove dias internada com quadro de broncopneumonia e seu rostinho estava em forma de lua, sugerindo o uso de corticoide. Ana ficou bem mais calada neste dia.

Nós estávamos apreensivas, porque, no intervalo entre o 5º atendimento e este, houve uma reunião de rede com profissionais

10 Estavam presentes nesse atendimento: Terapeuta principal: Maria Cecília Pereira da Silva. Grupo de terapeutas: Ana Balkanyi Hoffman, Fushae Yagi, Marcella M. de Souza e Silva, Maria Augusta M. Gomes, Maria Cristina B. Boarati, Maria José Dell'Acqua Mazzonetto e Paula Ramalho da Silva.

do centro de saúde, da creche das meninas e da Clínica Transcultural em que se falou sobre o encaminhamento da família para avaliação de situações de possível violência doméstica pelo Conselho Tutelar, mas os pais entenderam essa visita como tendo a finalidade de ajudá-los a marcarem as consultas médicas e obterem os medicamentos. Queixaram-se da comunidade boliviana em São Paulo, que não se ajuda.

Guillermo nos contou um sonho que a sra. Carmen decifrou como um presságio de más notícias e ela disse que tem tido sonhos constantes com a sua mãe: *ela está avisando sobre algo que vai acontecer*; sonhos que ela interpreta como premonitórios.

Falaram, também, sobre as dificuldades em ajudar as crianças nos estudos porque não entendem bem o português. A sra. Carmen disse que suas dificuldades para aprender ocorrem porque viu sua mãe morta: *Eu sei algumas coisas. As coisas que eu sei eu não esqueço. Agora as coisas que acontecem hoje em dia eu demoro, eu não consigo aprender rápido.*

Enquanto falávamos desse dom de decifrar sonhos ela se lembrou de seu pai, que fazia partos, e o sr. Guillermo falou de uma ocasião em que ela realizou um parto num Uber e disse que ver um bebê nascer é uma benção, é um sinal de sorte.

Sessão 6, cena 1 – sra. Carmen decifradora de sonhos e parteira

O pai contou que um conhecido pediu ajuda para eles, no meio da madrugada, para levar sua mulher para ter bebê, que acabou nascendo no táxi e a sra. Carmen fez o parto.

Terapeuta: *Você fez o parto?*

Mãe: *O taxista ficou gritando, estava mais nervoso e preocupado com sujar seu carro.*

Terapeuta: *Você tem muitas histórias, né, Carmen?*

Pai: *O motorista foi buzinando para abrir caminho...*

Mãe: *Mas não deu. Nasceu na minha mão mesmo.*

Terapeuta: *E aí você foi para o hospital?*

Mãe: *Aí eu fui, aí tiraram tudo, cortaram o cordão, peguei o nenê, né? Aí eu entrei com o nenê e ela estava sentindo muita dor. Meu pai sempre falava que algumas mulheres sentem mais dor quando o sangue fica por dentro dela, e eu falei para a médica. Aí estavam fazendo a costura porque abriu muito, muito grande a cabeça dele.*

Terapeuta: *Então, por que você diz que não consegue aprender? Olha só quanta coisa que você sabe, pode ensinar...*

Mãe: *Eu sei algumas coisas. As coisas que eu sei eu não esqueço. Agora as coisas que hoje em dia tem eu demoro, eu não consigo aprender rápido.*

Terapeuta: *Cada um tem o seu tempo.*

Pai: *Ela aprende, mas não fica em sua mente...*

Mãe: *Ele me fala, "você aprendeu alguma coisa?" Não, eu esqueci. São as coisas que eu tenho mais dos meus pais que eu sei... Eu sempre me lembro das coisas que ele fazia, eu olhava para ele, ia fazendo com ele os partos, ajudava meu pai...*

Terapeuta: *Carmen, tem algum significado quem vê nascer? Porque já ouvi falar de quem vê o rosto de quem está morrendo não esquece. E quem vê nascer? Você viu nascer.*

Mãe: *Nascer falaram que é sorte ver o nenê nascer...*

Pai: *Uma benção, né? Por isso agradecemos o motorista é uma benção para ele...*

Terapeuta: *Então vocês cuidam das crianças, vocês cuidam dos amigos, dos vizinhos...*

Pai: *Sim...*

Mãe: *É que eu não quero que passem a mesma coisa que eu passei, não gosto.*

Sessão 6, cena 2

Terapeuta: *Mas eu estava pensando se também não é sorte, se não é uma coisa boa vocês poderem ajudar os outros. Porque a gente está pensando, aguardando agradecimento e às vezes a pessoa está sofrendo tanto que nem consegue mesmo agradecer.*

Ao final, Juanito queria levar um carrinho da caixa e Ana queria levar uma mamadeira. Queriam nos levar juntos? Contratransferencialmente a equipe ficou muito angustiada com o sofrimento das crianças e muitas fantasias de violência doméstica tomaram conta de nossa conversa.

Os atendimentos com essa família continuam...

Conclusão

A importância da clínica transcultural é de oferecer nesses encontros a coconstrução de um sentido cultural com os pacientes.

Nossa atitude de descentramento e acolhimento permitiu que a transferência e a contratransferência cultural fossem alimentadas pela história dessa família boliviana, pela política, pela geografia, entre outras. Descentragem e análise da contratransferência cultural foram instrumentos preciosos para construirmos um lugar do terapeuta que não fosse obscurecido pela diferença cultural.

Nosso papel foi, então, não aquele de dizer como é preciso ser, ou mesmo como é preciso fazer, mas sim o de permitir que as capacidades dos pais surjam e que nós as sustentemos, abstendo-nos de todo julgamento sobre a "melhor maneira de ser pai ou de ser mãe". Elementos sociais e culturais participam dessa fabricação da função parental, pois têm uma função preventiva ao permitir antecipar o modo de tornar-se pais, modo de dar sentido aos percalços cotidianos da relação pais-crianças e de prevenir a instalação de um sofrimento (Moro, 2005).

Acreditamos que a elaboração das situações traumáticas vividas por essa família, ao serem ressignificadas, podem impedir a transmissão para as futuras gerações, ao mesmo tempo que, seguindo o fio de suas origens, resgatamos os valores culturais de sua terra natal.

Comentários de Régine Prat

Apesar de não ser esse o meu campo de trabalho, o que me parece incrível nessa situação é que, de certo modo, a clínica da parentalidade está presente ao descobrir um mundo estranho e estrangeiro e ter a necessidade de aprender uma nova linguagem. E isso não se pode fazer somente a partir da minha língua materna, mas ao entrar em contato com o estrangeiro. Eu, em nenhum momento, tenho medo de perder a minha identidade e por isso posso desenvolver diferentes modos de falar. O que me parece nesta situação é que o sintoma individual de Milena, da tricotilomania, pode ser uma representação de sintoma de toda a família. Poderíamos dizer que todos sofrem disso, de estarem descabelados e com os "cabelos arrancados" da Bolívia, terra materna, sem terem a possibilidade de descobrir o novo país diante de tanto sofrimento, pois esta mulher, com os três maridos bolivianos, viveu a violência na família e no casal. E ela não pode ter relações de solidariedade com ninguém, não só com a própria família, mas também com as outras mulheres, que também incluem as outras mulheres que são vítimas da violência de seus maridos.

Ela está completamente só e desesperada. Arrancar os cabelos é a expressão de uma situação de total desespero, sem nenhuma capacidade de pensar. É uma expressão comum que podemos utilizar diante de algo que nos é completamente estranho ou que não conseguimos entender e que nos deixa desesperada, podemos dizer: "me arranquem os cabelos" quando não há nenhuma solução. O que me parece extraordinário aqui é que esse sintoma da pequena pode ser a representação de sintoma de toda a família, de todos. Nos primeiros vídeos vemos esta mãe tão deprimida amamentando o pequenino como se não estivesse lá e não soubesse o que estava se passando. Para mim, ela me parecia completamente estrangeira ao que se passava em seu próprio corpo, há algo do pudor, mas também há algo que a coloca completamente estrangeira ao que se passa em relação a esse bebê e toda situação.

Poderíamos imaginar que esta cena representa algo da própria constituição da parentalidade, como um processo de ser arrancado de seu mundo, de sua identidade, assim como uma luta cultural e de reconstrução. O processo da construção da parentalidade equivale a ser arrancada de seu país, de sua língua materna, como se desde o começo ela revivesse aqui, no Brasil, um mundo estranho e estrangeiro já como mãe.

Por que Milena? Milena é a que viveu a experiência de ser arrancada porque nasceu e passou três meses no hospital. Por isso, talvez seja a mais frágil, mas também a que tem mais qualificações para expressar este sintoma de ser arrancada. Ela tenta encontrar uma solução e a sua primeira solução é adesiva. É incrível como é o poder da adesividade. É a primeira solução de Milena agora. Encontrar algo para colar, para sobreviver com, mas não é um bom recurso porque não permite se desenvolver. O que vai permitir se desenvolver será constituir uma espécie de nova família com os outros. E ter a experiência que, apesar de tudo, apesar de ser estranha, em lugar estranho, com pessoas estranhas, seja possível não ficar só adesiva, mas desenvolver uma verdadeira relação e ser entendida. E o resultado disso são os sonhos que a mãe e o pai levam nas últimas sessões. Eles estão construindo um continente não adesivo, mas com uma profundidade e uma capacidade de pensar.

Os cabelos da criança crescem, os cabelos da família estão crescendo também. Estão desenvolvendo novas possibilidades de criarem vínculos, não só de segurança, mas de solidariedade. Parece que todos nesta situação estão saindo da experiência de arrancar os cabelos e ir aprendendo com a experiência. Isso pode ser observado pelas associações ou quando as crianças pequenas desenham as figuras com os cabelos como plantados na cabeça, parece que pressentem a possibilidade de pensamento. Embora não estejam muito seguros de que os pensamentos estão dentro da cabeça e que não se pode confundir com os cabelos e não se pode arrancar. Recordei-me de um menino que ficou aterrorizado quando encontrou um careca, como se não ter cabelo equivalesse a não ter cabeça e não ter pensamento dentro. Parece que algo construiu tudo isso nesse dispositivo. E o que teria se passado se tivessem tomado somente Milena em terapia, trabalhando com os pais e a família paralelamente? Não sei, talvez o mesmo, o interessante é desenvolver a capacidade de pensamento que vai construir uma capacidade de continência e, por isso, a partir disso, uma identidade e a oportunidade de comunicar com outros que têm também suas próprias identidades. E podemos comunicar sem perder nossa própria.

Alícia Lisondo comenta em seguida que, sem dúvida, nesses poucos encontros houve um trabalho de elaboração:

> *Isso para mim é muito claro, eu também sou imigrante. Concordo que há questões na vida, que é impossível talvez de elaborar. São questões que acontecem em toda análise. Se isso seria uma utopia, a utopia é aquilo que não se via na caminhada. Mesmo que tudo não seja possível. Temos análises intermináveis, temos o inconsciente infinito, com muitos conceitos que nos permite avaliar a nossa limitação. Eu acho válido aqueles passos que pode se dar, sobretudo quando se tem crianças, e crianças tão pequenas envolvidas nesses processos. Eu queria ressaltar duas questões: o fato de que a menina esteja queimada não necessariamente implica uma violência da mãe. Há algo que seria muito importante investigar com muito cuidado para não culpabilizar a mãe. Isso por um lado. Por outro lado, acho que os sonhos em que a mãe está trazendo que ela se dilui, é algo fantástico, é uma angústia de liquefação em que temos a mãe terra com toda a simbologia da terra, ela perde muito mais que a mãe. Ela perde as raízes da*

> *identidade e ela tem que fazer um trabalho brutal de aprendizado de outras chaves culturais que estão no inconsciente. É o inconsciente cultural.*
>
> *Quando meus filhos, que são brasileiros, brigavam com a gente, os pais, eles diziam que o nosso problema é que o nosso inconsciente é argentino, que se enraizaram em uma outra cultura. Vocês conseguem imaginar o que é ver uma criança na Argentina entrando no colégio de guarda pó branco e meia azul e os meninos de calça cinza e casaco azul e ver os nossos filhos aqui entrando de camiseta com short de uma forma absolutamente descontraída, isso é uma outra cultura. Então eu acho que a sra. boliviana tem que fazer um trabalho de assimilação de uma outra cultura que não é sua língua. Em uma análise, um analista me falou: "Fique com o seu portunhol, porque se você perde o 'nhol' de português, você adoece".*

Outra participante diz:

> *Essas mães bolivianas vêm ao SUS com crianças com problemas graves e sempre com uma figura masculina que chamam de marido, e de repente, o marido tinha mais uma família, e outra e outra. Na verdade, o marido era o patrão que escravizava a mulher. A dúvida era se essa sra. boliviana não foi escravizada três vezes, e não casada três vezes. No SUS, elas não falam, e as atendentes começam a desconfiar. Era uma regra que para que as crianças fossem atendidas, o marido estivesse sempre presente nos atendimentos, a fim de não possibilitar a transmissão do segredo da escravidão.*

Quando apontávamos esse problema, sugerindo uma ajuda, elas recusavam porque tinham medo de perder o pouco que tinham.

Acrescenta Régine:

Vocês vão encontrar a pulsão da violência o tempo todo, o que se passa com essas mulheres que encontram por acaso homens violentos? Os irmãos podem ser um recurso para protegê-las, mas o que as levam a fazer essas escolhas? Na minha prática, não tenho estatística disso, mas me parece que essas mulheres confundem força e violência, pois ao buscar um homem que parece forte, quando nelas mesmas falta esta força, encontram homens alcóolicos, violentos, psicopatas etc. A origem me parece que é essa, em si mesma há uma confusão ao tentar encontrar um suporte e alguém que lhes ajude. A verdadeira ajuda é fortalecer sua própria identidade e sua capacidade de começar a se comunicar com os outros, como o que encontra aqui nesta clínica transcultural.

Seria interessante comparar este dispositivo com o dispositivo do psicodrama, porque ele realiza uma espécie de cena, psicodrama sem ação, porque isso é o que acontece. Há o mesmo processo com a possibilidade de transferir, ter uma proteção e amplificação nos grupos e de poder trocar de uma sessão à outra. Talvez esse processo e seu desenvolvimento tenham coisas que possam ser comparadas.

Referências

Barriguete, J. A., et al. (2004). A função do pai: na consulta terapêutica pais-bebês e no tratamento do transtorno alimentar na criança. In L. Solís, *Ser pai, ser mãe – parentalidade: um desafio para o terceiro milênio* (pp. 57-65). São Paulo: Casa do Psicólogo.

Bydlowski, M. (1997). *La dette de vie, itinéraire psychanatique de la maternité*. Paris: PUF. (Coll. "Le Fil rouge").

Devereux, G. (1970). *Essais d'ethnopsychiatrie générale*. Paris: Gallimard.

Devereux, G. (1972). *Ethnopsychanalyse complémentariste*. Paris: Flammarion.

Fraiberg, S. (1975). Ghost in the nursey. *J. Amer. Acad. Child Psychiat*, *14*, 387-421.

Lebovici, S. (1991). Des psychanalystes pratiquent des psychothérapies bébés-parents. *Rev. Franç. Psychanal.*, *56*, 733-857.

Moro, M. R. (1998). *Psychothérapie transculturelle de l'enfant et de l'adolescent*. Paris: Dunod.

Moro, M. R. (2005). Os Ingredientes da Parentalidade. *Revista Latinoamericana de Psicopatologia Fundamental*, *8*(2), 258-273.

Moro, M. R. (2015). Psicoterapia transcultural da migração. *Psicologia USP*, *26*(2), 186-192.

Moya, J. (2019). *Sobre a cultura boliviana*. Palestra proferida, em 5 fev. 2019, no Centro de Atendimento Psicanalítico da SBPSP.

Serres, M. (1997). *Nouvelles du monde*. Paris: Flammarion.

Solís, L., & Moro, M. R. (2004). Mulheres, mães e filhas. O papel da terapeuta mulher na consulta mãe-bebê. In L. Solis, *Ser pai, ser mãe – parentalidade: um desafio para o terceiro milênio* (pp. 67-76). São Paulo: Casa do Psicólogo.

Posfácio

Débora Regina Unikowski

Finalizo a leitura dos dois volumes desta obra completamente impactada com a riqueza teórico-clínica dos textos, com a quantidade de questionamentos propostos e com a responsabilidade de escrever este posfácio.

Vários exemplos de atendimento com ações concretas mostram a importância de significados simbólicos, sendo duplamente terapêuticos na medida em que as realidades física e psíquica são contempladas. Assim, encontramos artigos sobre distúrbios do sono, evacuação, alimentação, dificuldades de comportamento e outros casos corriqueiros na clínica, além de casos mais graves, onde está em jogo a prevenção do autismo.

Um grande número de referências fundamentais chama a atenção: Bion, Winnicott, Bick, Anzieu, Haag, Lebovici, Golse, Guerra, Stern, assim como contribuições de diversos outros autores contemporâneos, entremeadas por aplicações na técnica e diferentes articulações. Sem esquecer a ênfase dada à importância da observação de bebês, segundo o método de Esther Bick, fundamental na formação de analistas e psicoterapeutas, principalmente aqueles que se dedicam ao trabalho clínico da primeira infância.

Em verdade, há muito tempo me interesso pelos bebês na psicanálise, não só os pequenos pacientes e seus pais, quanto os bebês na mente de todos os pacientes. Portanto as questões da parentalidade, apresentadas nestes dois volumes, vêm enriquecer, e muito, esse pensar.

Acredito que as raízes das dificuldades emocionais se encontram bem no início da vida e até mesmo nas fantasias parentais antes da concepção propriamente dita. Assim sendo, quanto mais cedo pudermos ajudar pais e bebês, mais maleabilidade encontraremos para trabalhar possíveis entraves. Desfazendo o nó da dificuldade atual e permitindo que as pulsões de vida e a força do desenvolvimento nos auxiliem rumo a mudança psíquica e o crescimento.

Os pais buscam ajuda, trazendo suas histórias pessoais e fantasias, expondo sua capacidade de comunicar e de criar sentido. Trazem em suas narrativas esse bebê que está em interação desde a vida fetal, tanto com a mãe, que o gesta em seu corpo, como igualmente com o pai que o gesta mentalmente.

Figura central e sensível, o bebê tem a função de catalizador, capaz de evocar memórias e sentimentos com a força emocional de sua presença. O bebê sente prazer e sofre, principalmente comunicando seu sentir por meio do corpo, manipulado e contido por seus cuidadores. E será com eles, principalmente com a mãe, que poderá reconstruir sua entrada na história de filiação e afiliação, abrindo espaço para novas narrativas e fantasias dos pais.

No início da vida, é fundamental uma disponibilidade total da mãe para encontrar junto com seu bebê os ritmos de sono e de alimentação. Momento em que as vinte e quatro horas de um dia se juntam às do dia seguinte, dando a impressão de que não existem diferenças. Nem entre dia e noite, nem entre mãe e filho. Fazendo crer que o resto da vida será feito de pronto atendimento ao outro, sem lugar para descanso ou algum tempo para a mãe. Onde a depressão pós-parto encontra terreno fértil e, às vezes, pode eclodir uma psicose puerperal.

Régine Prat nos brinda com vários trabalhos dos quais gostaria de destacar algumas ideias. Ela nos introduz à *metapsicologia psicanalítica do parto*, diferenciando dois níveis de funcionamento psíquico: o tempo do trabalho, onde corpo e dor se ligam a níveis neuróticos, enquanto o tempo da expulsão se refere a níveis psicóticos da personalidade, sendo urgente expulsar uma parte de si para manter a vida. O parto é visto como momento de desilusão para os pais, que perdem seu filho da fantasia inconsciente, assim como para o bebê, que busca reencontrar o já conhecido de sua vida intrauterina. Parto seguido por um período de curta latência, seja de algumas horas ou dias, tempo necessário para que a mulher possa se afastar dessa experiência e perceber o bebê enquanto ser separado dela. Lembra, também, o quanto são comuns, em primíparas, sonhar com a morte da mãe, sinalizando a elaboração necessária, para tornar-se mãe, poder tomar o lugar da própria mãe. A autora traz ainda a original ideia do *trauma do nascimento para os pais*, ao se defrontarem com a extrema dependência do bebê, precisando reorganizar rapidamente seu funcionamento psíquico. Momento em que podemos ajudá-los a descobrir as competências dos bebês, liberando-os da angústia de errar e causar algum dano ao filho. Onde as identidades e os limites entre pais e filhos se consolidam permitindo a comunicação, sem misturarem-se uns aos outros. Podendo o psicanalista ser considerado a parteira do parto, como vemos no comentário do caso apresentado por Luciana Stoiani e Miriane de Toledo Heinrich.

Régine Prat discute o modo de interpretar e, especialmente com pais e bebês, dá ênfase à *ligação entre a vivência corporal e as emoções*, com um vocabulário adaptado às possibilidades de simbolização, levando em conta estados de mente primitivos dos pais. A interpretação é feita por etapas, de forma a acompanhar as transformações, sobretudo das "*sensações-sentimentos*" corporais, em "*percepções mais diferenciadas*" e, depois, em "*pensamento emocional*" (p. 206). E, quando ela se apresenta de forma direta sobre a experiência emocional dos pais, permite trabalhar com a identidade a partir da questão dos espaços de cada um, utilizando uma gradação na maneira em que são simbolizadas, indo da linguagem corporal às formas de comunicação por meio da linguagem no limite entre o verbal e o não verbal.

> *Trata-se então de encontrar as primeiras modalidades de expressão dos afetos, o vocabulário de sensações (Prat, 2016) que infiltram as somatizações, mas, igualmente de maneira mais básica, as manifestações corporais, as modalidades temporais, o ritmo e o movimento na forma de inscrever a relação com o outro. (p. 224, v. 1)*

A questão da forma da interpretação é muito importante por sua ação tanto sobre o psiquismo quanto sobre o processo analítico. Assim sendo com crianças neuróticas a interpretação se centraliza nas brincadeiras, com crianças mais comprometidas as manifestações corporais e os comportamentos são mais importantes, enquanto nas terapias pais-bebês estão em jogo *atos relacionais* na interação entre todos. As interpretações onomatopeicas são bastante utilizadas, pois permitem falar

> *de ansiedades muito primitivas (ruptura, despedaçamento, queda, explosão, afogamento, desaparecimento...) e propõem uma criação intermediária entre o som e a palavra. Elas têm status de interpretação em si mesmas, tanto no estabelecimento do processo analítico e da relação transferencial, como de um novo significado emergindo do elo entre latente e manifesto. (p. 243, v. 1)*

No artigo de Beatriz da Motta Pacheco Tupinambá e Maria José Dell'Acqua Mazzonetto, reencontramos o saudoso Victor Guerra com a ideia de "gestação subjetiva, ou seja, os pais continuam gestando o filho pensando juntos. Pensando sobre e com o filho" (p. 87, v. 1). Onde as narrativas tanto do pai quanto da mãe sobre o que fazem com o filho constroem uma *continuidade simbólica*, um fio condutor de prazer capaz de unir os três protagonistas.

Victor Guerra nos fala da dupla perspectiva da escuta, ao trabalharmos com pais e bebês: "Uma 'orelha' do lado da metapsicologia individual dessa criança (perspectiva intrapsíquica), e a outra 'orelha' no desejo dos pais e sua influência na formação (ou consolidação) do sintoma da criança (perspectiva intersubjetiva)" (p. 179, v. 1). Sem esquecer das resistências conscientes e inconscientes no psiquismo parental, material a ser trabalhado por nós.

O segundo volume se inicia observando o psiquismo primitivo, a partir do método de Esther Bick e à luz das contribuições de Bion, onde se articulam as experiências da mãe e do observador. Este último imerso num jogo de identificações, ora se identifica com o bebê, ora com a mãe, ou ainda ocupa um lugar mais distanciado, como caberia a uma avó.

Régine Prat nos lembra que chegamos mais perto do que pode estar sendo sentido pelo bebê pelas suas descargas corporais, que permitem evacuar tensões, ao mesmo tempo em que comunicam algo ao mundo externo. O observador recebe essa comunicação não organizada, que o solicita no que nele remete a um funcionamento psíquico mais arcaico, provocando "a tendência a fugir e a inibição a ver, como autoproteção" (pp. 34-35, v. 2). Efetivamente o observador experimenta um duplo impacto emocional, diretamente do bebê e "um impacto deslocado, resultante das próprias tentativas maternas de tratar os elementos recebidos do bebê, projetando-os à sua volta" (p. 43, v. 2).

Logo do nascimento vemos o desenvolvimento da capacidade de a mãe, segundo Bion, acolher e metabolizar as angústias do filho, que poderão adquirir significado, tornando-se pensáveis e com valor de comunicação, ao mesmo tempo em que a mãe poderá re-atualizar suas próprias angústias primitivas. Entretanto, por melhor que tenha sido a relação da mãe com a sua própria mãe, a insegurança se fará presente com dúvidas, medos e ansiedades, pelo temor de não entender as necessidades do bebê. Na verdade, esse momento de caos inicial se torna menos ameaçador quando o pai, o pediatra e geralmente a avó, não necessariamente nessa ordem de importância, conseguem reforçar o narcisismo da mãe. Assim podem dar suporte para que a mãe consiga utilizar plenamente sua capacidade de *rêverie*.

Bion comparou a relação mãe-bebê à relação analista-paciente. A partir da identificação projetiva tanto o bebê quanto a mãe comunicam seu sofrimento, acolhido pela capacidade de *rêverie* do analista. A contratransferência constituindo o leme, auxiliando a direcionar o trabalho do analista, que utiliza suas sensações corporais, sentimentos e *rêverie*, valorizando seus próprios aspectos bebê, para verbalizar o que está ocorrendo neste momento e interpretar para o bebê, em presença da mãe. Donde a enorme importância da contratransferência e da pessoa do analista.

Vera Blondina Zimmermann contribui, com "práticas de acolhimento pré e perinatais que previnem e/ou minimizam riscos, práticas que podem atenuar 'traços' traumáticos; 'traços' que, por sua vez, podem provocar vulnerabilidade psíquica" (p. 231, v. 2). A missão do psicanalista junto ao recém-nascido é a de dar sentido a palavras em torno do bebê ao mesmo tempo em "que minimiza a culpabilização das mães" (p. 241, v. 2).

E os recursos tecnológicos? Poderiam acrescentar algo de construtivo ou serviriam somente para ocupar bebês, como substitutos imediatos dos cuidados parentais? Andrea Amaral de Almeida Prado et al. resumem bem a mãe do século XXI, como a que vive ligada ao celular, seja para fotografar, postar nas redes sociais ou para se manter "conectada rapidamente com tudo e com todos; porém, essa mulher, quando se torna mãe, necessita do silêncio e da tranquilidade para sentir, pensar e se conectar ao seu bebê" (p. 248, v. 2).

Ainda que muitas vezes colabore para a manutenção de uma ilusão de onipresença, com diluição de conflitos, prioridades e escolhas, a tecnologia poderia auxiliar nas ausências e nas necessidades de integração sensorial primitiva, na medida em que pode reunir elementos dispersos como uma "segunda pele" até os níveis mais conscientes da busca por identificações e autorreflexões. "Se transferido para um nível mais compartilhado e relacional (intrapsíquico ou intersubjetivo), é possível desencadear processos de internalização e elaboração" (p. 255, v. 2). Entretanto nada substitui o contato e o tempo de convivência pais-bebê.

Sobre os autores

Andrea Amaral de Almeida Prado é psicóloga pela Pontifícia Universidade Católica de São Paulo (PUC-SP) com especialização e aperfeiçoamento na Relação Pais-Bebê: da observação à intervenção, pelo Departamento de Psicanálise da Criança do Instituto Sedes Sapientiae. Tem especialização em Anthroposophic Psychotherapy pelo Emerson College (Inglaterra). Cofundadora do site Amigas do Parto: www.amigasdoparto.com.br. E-mail: aa.prado@uol.com.br

Bruna Ballan Maluhy é psicóloga pela Universidade Presbiteriana Mackenzie. É mestranda na Pontifícia Universidade Católica de São Paulo, e especialista em Psicologia Hospitalar pela Faculdade de Medicina da Universidade de São Paulo. Possui aperfeiçoamento na relação Pais-Bebês pelo Instituto Sedes Sapientiae. Atua como psicóloga clínica em consultório particular e acompanhante terapêutica. E-mail: brunamaluhy@yahoo.com.br

Carla Braz Metzner é psicóloga e psicanalista pelo instituto Sedes Sapientiae, membro do departamento de psicanálise do Instituto

Sedes Sapientiae. Interlocutora do grupo de trabalho e estudos Ecos. Colaboradora do programa de Psicossomática da Unifesp, Mestranda pela PUC-SP. E-mail: carlabmetzner@gmail.com

Cecília Harumi Tomizuka é médica formada pela Universidade Estadual de Campinas (Unicamp), com residência médica em Pediatria pela Universidade de São Paulo (USP). Especialista em Saúde Mental Pais-Bebê pela Universidade de Massachusetts, Boston, com especialização em psicanálise com crianças e aperfeiçoamento em Intervenção nas Relações Iniciais Pais-Bebê ambos pelo Instituto Sedes Sapientiae. Ex- colaboradora do Núcleo de Atendimento Pais-Bebê da Unifesp. E-mail: cecilia.tomizuka@gmail.com

Cristiane da Silva Geraldo Folino é psicóloga, psicanalista e membro do Departamento de Formação em Psicanálise. Professora do Curso Relação pais-bebê: da observação à intervenção do Instituto Sedes Sapientiae. Mestre e doutora pelo Instituto de Psicologia da USP. Membro do Departamento de Saúde Mental da Sociedade de Pediatria de São Paulo e do Núcleo de Depressão entre crianças e adolescentes vinculado à mesma sociedade. Trabalha com Intervenção nas relações pais-bebê/criança pequena na Casa Curumim e é supervisora de Psicodiagnóstico em clínica-escola no curso de graduação em Psicologia. E-mail: cristianegf@uol.com.br

Débora Regina Unikowski é psicanalista de adultos, adolescentes, crianças e bebês. Membro efetivo e didata da Sociedade Psicanalítica do Rio de Janeiro (SPRJ) e diretora do Instituto de Ensino da Psicanálise da SPRJ. E-mail: deboraunik@gmail.com

Diva Aparecida Cilurzo Neto é psicóloga e psicanalista com especialização em psicopedagogia pelo Instituto Sedes Sapientiae e em psicologia da aprendizagem pela Universidade Pontifícia de Salamanca – Instituto San Pio X Madrid, Espanha. Pós-graduada pelo

Hadassah Wiso Canadá Research Institute, ICELP – Jerusalém, Israel. Membro Efetivo da Sociedade Brasileira de Psicanálise de São Paulo. Membro do grupo de estudos e investigação psicanalítica das expressões corporais da dor psíquica: dor crônica e psicossomática da SBPSP. Membro da Clínica 0 a 3 – Intervenção nas relações iniciais pais/bebê-criança pequena do Centro de Atendimento Psicanalítico da SBPSP. E-mail: dilurzo@terra.com.br

Edilaine Bronzeri Pugliese é psicóloga pela Pontifícia Universidade Católica de Campinas (PUC-Campinas), Especialista em Psicanálise pelo Departamento de Psicanálise do Instituto Sedes Sapientiae, com aperfeiçoamento na Relação Pais-Bebê: da Observação à Intervenção pelo Instituto Sedes Sapientae. Membro Filiado do Instituto de Psicanálise da Sociedade Brasileira de Psicanálise de São Paulo-SBPSP. E-mail: ebpugliese@hotmail.com

Fernanda do Amaral Costa Ribeiro é psicóloga pela Pontifícia Universidade Católica de São Paulo (PUC-SP). Especialista em Psicologia em Saúde e em Psicologia da Infância pela Universidade Federal de São Paulo (Unifesp). Aprimorada em Psicologia Clínica pela PUC-SP e aprimorada em Psicologia da Maternidade pelo Hospital e Maternidade São Luiz. E-mail: fernanda.doamaral.cr@gmail.com

Gisele Escorel é psicopedagoga clínica e atua em consultório particular. Possui pós-graduação *lato sensu* em psicopedagogia pela Pontifícia Universidade Católica de São Paulo e especialização e aperfeiçoamento na Relação Pais-Bebê: da observação à intervenção pelo Departamento de Psicanálise da Criança do Instituto Sedes Sapientiae. Foi membro integrante do Laboratório de Psicopedagogia do Instituto de Psicologia da Universidade de São Paulo entre 1993 e 2012. Coautora de publicações nas Revistas Científicas da Abrapee e da Psicologia Escolar e Educacional. E-mail: gisele.escorel@gmail.com

Juliana de Souza Moraes Mori é fonoaudióloga pela Unesp, com aprimoramento em Fonoaudiologia nos Distúrbios Psiquiátricos da Infância (USP), e especialização em Clínica Interdisciplinar na Primeira Infância (COGEAE/PUC). É mestre e doutoranda pela PUC-SP. Ex-integrante da equipe do Centro de Referência da Infância e da Adolescência (CRIA) da Unifesp. Fonoaudióloga do Departamento de Pediatria/Saúde Mental – Unifesp. Fonoaudióloga do Programa de Bebês com sinais de risco em saúde mental do Departamento de Psiquiatria da Unifesp. Atua em consultório particular há dezoito anos compondo a equipe do Espaço de Fala e a equipe Aver. E-mail: jsmmfono@gmail.com

Luciana Pires é psicanalista. É mestre e doutora pelo Instituto de Psicologia da USP com especialização pela Tavistock Clinic. É autora do livro *Do silêncio ao Eco: Autismo e a Clínica Psicanalítica* e coordenadora de grupos de estudos em psicanálise. E-mail: luciana.pires@uol.com.br

Maria Cecília Pereira da Silva é psicanalista, membro efetivo, analista didata, analista de criança e adolescente e docente da Sociedade Brasileira de Psicanálise de São Paulo (SBPSP). Pós-doutora e Doutora em Psicologia Clínica e mestre em Psicologia da Educação pela PUC-SP. Membro do Departamento de Psicanálise de Criança e Professora do Curso Relação pais-bebê: da observação à intervenção do Instituto Sedes Sapientiae. Especialista em Psicopatologia do Bebê pela Universidade de Paris XIII. Coordenadora e professora por São Paulo no Curso de Diplomados a Distância em Psicopatologia do Bebê junto à Universidade Paris XIII e à Associação Franco-Mexicana de Psiquiatria e Saúde Mental. Coordenadora da Clínica 0 a 3 – Relações iniciais pais-bebê desde

2005 e da Clínica transcultural desde 2017 do Centro de Atendimento Psicanalítico da SBPSP. Membro de associações nacionais e internacionais ligadas ao autismo e ao trabalho com bebês. E-mail: mcpsilv@gmail.com

Maria do Carmo Camarotti é psicóloga e psicanalista, mestra em Saúde Materno Infantil pelo Instituto Materno Infantil Prof. Fernando Figueira – IMIP. Especialista e formadora nas interações pais-bebê. Professora e supervisora em Clínica do Bebê na Faculdade de Ciências Humanas de Olinda – FACHO. Professora e coordenadora da pós-graduação em Clínica Psicanalítica do Bebê na Faculdade Frassinetti do Recife – FAFIRE. Membro da Coordination Internationale entre Psychotherapeutes Psychanalystes s'occupant de personnes avec Autisme (CIPPA). Membro e cofundadora do Réseau International d'Étude sur la Psychopathologie et la Psychanalyse de L'Infans-RIEPPI. Fundadora e coordenadora do Ciclos da Vida – Centro de Formação e Acompanhamento (Recife). E-mail: cacaucamarotti@gmail.com

Mariângela Mendes de Almeida é psicóloga e psicoterapeuta. Mestre pela University of East London/Tavistock Clinic (Associada Clínica ao Departamento de Criança e Família de 1988 a 1993). Doutora pela Universidade Federal de São Paulo e coordenadora do Núcleo de Atendimento a Pais e Bebês no Setor de Saúde Mental do Departamento de Pediatria (Unifesp). Membro Filiado ao Instituto de Psicanálise da Sociedade Brasileira de Psicanálise de São Paulo; integrante do Grupo Prisma de Psicanálise e Autismo e da Clínica 0 a 3 do Centro de Atendimento Psicanalítico da SBPSP. Especialista em Psicopatologia do Bebê pela Universidade de Paris XIII. Membro do Departamento de Psicanálise com Crianças e Docente do curso Relação Pais-Bebê: da Observação à Intervenção do Instituto Sedes Sapientiae. Membro de associações nacionais e internacionais ligadas ao autismo e ao trabalho com bebês. E-mail: mamendesa@hotmail.com

Marisa Amorim Sampaio é psicóloga com formação em Clínica Psicanalítica da Infância e Adolescência (Centro de Pesquisa em Psicanálise e Linguagem – CPPL). Tem mestrado e doutorado em Saúde Materno Infantil (Instituto de Medicina Integral Prof. Fernando Figueira – IMIP), com Doutorado Sanduíche na Clínica Tavistock e pós-doutorado em Psicologia Clínica na Universidade Católica de Pernambuco (Unicap). Docente permanente do Programa de Pós-Graduação em Psicologia Clínica da Unicap, integrante da linha de pesquisa Família, Interação Social e Saúde. Membro do GT da ANPEPP "Parentalidade e desenvolvimento infantil em diferentes contextos". E-mail: marisasampaio@hotmail.com

Régine Prat é psicóloga e psicanalista. Membro da Sociedade Psicanalítica de Paris (SPP) e do Grupo de Estudos de Pesquisas Psicanalíticas para o Desenvolvimento da Criança e do Recém-nascido (GERPEN); é supervisora e formadora de alunos de observação de bebês. É muito interessada pelas premissas da vida psíquica e os inícios da simbolização e seus entraves. E-mail: prategine@orange.fr

Silvana Alleoni Crivellari é psicóloga e psicanalista pela Sociedade de Psicanálise de Campinas. Especialista em Psicologia Infantil pelo Grupo de Estudos de Psiquiatria, Psicologia e Psicoterapia Infantil – GEPPI Dr. Osvaldo Danti Di Loreto. Especialização em Clínica da Estimulação Precoce pela Fundación para el Estudio de los problemas de la Infancia – FEPI, Argentina. Especialista em Psicanálise pelo Departamento de Psicanálise do Instituto Sedes Sapientiae, com aperfeiçoamento na Relação Pais-Bebê: da Observação à Intervenção pelo Instituto Sedes Sapientae. Colaboradora na Universidade Federal de São Paulo – Unifesp no setor de Pediatria e Saúde Mental – bebês de 0 a 3 anos. Coproprietária e docente do Enlace – Cursos de Especialização em Psicoterapia Psicanalítica. E-mail: silvana.crivellari@terra.com.br

Silvana Vieira Silveira Santos é enfermeira especializada em Saúde Mental e psicóloga com formação em Psicanálise Winnicottiana. Membro do Instituto Brasileiro de Psicanálise Winnicottiana. Ex-integrante da Equipe do Cria-Centro de Referência da Infância e Adolescência (Unifesp). Atua como enfermeira de Saúde Mental do Departamento de Pediatria/Saúde Mental Unifesp. Atua em consultório desde 1988. E-mail: silsilsi2008@gmail.com

Tania Mara Zalcberg é psicóloga pela Pontifícia Universidade Católica de São Paulo. Psicanalista Membro Associado da Sociedade Brasileira de Psicanálise de São Paulo – SBPSP. Professora do CINAPSIA – Curso Introdutório à Psicanálise da Infância e Adolescência da SBPSP. Coordenadora Editorial do Livro Anual de Psicanálise associado ao International Journal of Psycho-Analysis. Coordenadora e Professora do Curso Abordagem Psicanalítica da Adolescência: Temas Atuais do Instituto Sedes Sapientiae. E-mail: tmzalcberg@gmail.com

Tereza Marques de Oliveira é psicóloga e psicoterapeuta e atua em consultório particular. Doutora em Psicologia Clínica pelo IPUSP, e mestre em Distúrbios do Desenvolvimento pela Universidade Mackenzie; Formação em Psicanálise com Criança pelo Instituto Sedes Sapientiae e em Psicopatologia do Bebê pela Universidade Paris XIII/USP. Membro do Departamento de Psicanálise com Criança, do Espaço Potencial e Professora dos Cursos Da Observação à Intervenção na Relação Pais–Bebê e Winnicott: Experiência e Pensamento no Instituto Sedes Sapientiae. Professora convidada da Escola Paulista de Magistratura – EPM; Membro fundador, presidente e coordenadora geral do Centro Habitare Espaço Mãe Migrante Marie Rose Moro. E-mail: tereza.m.o@hotmail.com

Vera Blondina Zimmermann é psicóloga clínica, psicanalista e membro do Departamento de Psicanálise do Instituto Sedes Sapientiae. É doutora em psicologia clínica pela PUC-SP, professora afiliada do Departamento de Psiquiatria da Unifesp, coordenadora do Programada Bebês com Sinais de Risco em Saúde Mental desse departamento. Coordenadora do Curso de Aperfeiçoamento Clínica Interdisciplinar da Primeira Infância do Instituto Sedes Sapientiae. E-mail: vera@verazimmermann.com.br. Website: www.verabzimmermann.com.br

GRÁFICA PAYM
Tel. [11] 4392-3344
paym@graficapaym.com.br